DUX ET COMES Festschrift Franz Lehrndorfer

DUX ET COMES

Festschrift Franz Lehrndorfer zum 70. Geburtstag

Herausgegeben von Hans D. Hoffert und Klemens Schnorr

Universitätsverlag Regensburg

Die Deutsche Bibliothek – CIP-Einheitsaufnahme

Dux et comes : Festschrift für Franz Lehrndorfer zum 70. Geburtstag
hrsg. von Hans D. Hoffert und Klemens Schnorr. -
Regensburg : Univ.-Verl. Regensburg. 1998

ISBN 3-930480-68-9

Hans D. Hoffert und Klemens Schnorr (Hrsg.)
Dux et comes. Festschrift Franz Lehrndorfer
zum 70. Geburtstag

Umschlag und Gestaltung: Philipp Luidl, Dießen
Satz: Vollnhals Fotosatz, Neustadt a. d. Donau
Herstellung: DONAU DRUCK Regensburg GmbH
ISBN 3-930480-68-9

Gedruckt mit Unterstützung nachstehender
Institutionen und Personen:

Metropolitankapitel München
Bayerisches Staatsministerium für Unterricht,
Kultus, Wissenschaft und Kunst
Stadt Germering
Landkreis Fürstenfeldbruck
Fa. Thomas Jann, Orgelbau-GmbH, Allkofen
Dr. Theodor Wohnhaas, Erlangen
Günther Zawadke, Neubiberg

Inhalt

DER ERZBISCHOF
VON MÜNCHEN UND FREISING

Geleitwort

„Wie der Bischof ein Vorbote ist für den Heiligen Geist, ... so ist der Organist ein Vorbote für den Sinn der Schöpfung" – mit diesen Worten charakterisiert Reinhard Raffalt in einem Essay über die Königin der Instrumente Bischof und Organist in ihrer unterschiedlichen Verantwortung für die Feier der Liturgie. Von der Kathedra aus steht der Bischof der Liturgie in der Kathedrale vor. Von der Orgelbank aus, meist unsichtbar für die Gottesdienstbesucher, bringt der Organist sein Instrument zum Klingen. Dabei kennt sein musikalischer Dienst eine doppelte Aufgabe. Zurückhaltend, den Gesang der Gemeinde unterstützend, begleitet er die Lieder im Gottesdienst. Als solistischer Interpret nutzt er alle Möglichkeiten der Orgel, dem Kirchenraum durch Klang einen einzigartigen, im Augenblick lebenden Charakter zu verleihen. Auswahl und Interpretation des Stücks verdeutlichen dabei den jeweiligen Sinn des Festes, das die Liturgie feiert.

Dieser nicht zuletzt wegen der akustischen Verhältnisse nicht immer einfachen Aufgabe stellt sich seit dem Jahr 1969 Domorganist Professor Franz Lehrndorfer, dessen 70. Geburtstag nicht nur Anlaß gibt, ihm zu gratulieren und für seinen Dienst zu danken, sondern auch sein Wirken mit einer Festschrift zu würdigen.

Große Organisten sind in der breiten Öffentlichkeit meist nicht so bekannt wie ihre dirigierenden oder singenden Kollegen gleichen musikalischen Ranges. Die Dominanz des Instrumentes, hinter der ein Organist oft verschwindet, und die Mitte des künstlerischen Schaffens als Diener der Liturgie sind wohl die Ursache dafür, daß sich um Organisten selten ein „Star-Kult" bildet, auch wenn die Qualität ihres Schaffens in nichts dem der großen Stars der Musikwelt nachsteht.

Dem Jubilar, dem diese Festschrift gewidmet ist, kommt dieser Umstand aber sehr entgegen. In Bescheidenheit versieht er Sonntag für Sonntag seinen Dienst an der Münchener Domorgel, organisiert er und gibt im Sommer Orgelkonzerte. Dabei hat er als Lehrer in all den Jahren viele Schüler herangebildet und durch die vielen Kirchenmusiker aus seiner Schule auch fruchtbar für die ganze Erzdiözese und weit darüber hinaus gewirkt.

Am Werk Johann Sebastian Bachs und auch an seinem Leben begeistert immer wieder der Gegensatz von strenger Form und Freiheit. Bach hält sich fast sklavisch an die ihm überlieferten Formen und entfaltet dabei eine einzigartige Freiheit in seinem Schaffen, die sich über die Form ins zeitlos Gültige erhebt. Dieser Tradition weiß sich Franz Lehrndorfer vor allem in seinen Improvisationen verpflichtet. Streng in das liturgische Geschehen und in die musikalische Form und Tradition eingebunden atmen seine Improvisationen eine Freiheit und Frische, bei der es einem Bischof Freude bereitet, die Botschaft von Tod und Auferstehung unseres Herrn Jesus Christus zu verkünden.

Ich wünsche Herrn Professor Lehrndorfer, daß er noch viele Jahre seine schöpferische Kraft zum Lobe Gottes entfalten kann.

München, am Fest der Darstellung des Herrn, dem 2. Februar 1998

+ Friedrich Card. Wetter

Vorwort der Herausgeber

Die Festschrift für einen Musiker, dessen Kunst sich vor allem durch Lebendigkeit und Spontaneität auszeichnet, mit einem lateinischen Titel zu versehen, mag auf den ersten Blick etwas antiquiert oder abgehoben wirken. DUX ET COMES, das Begriffspaar aus der Fugenlehre, ist aber selbst in Zeiten schwindender Lateinkenntnisse jedem musikalisch Gebildeten so geläufig, daß man keine Bedenken haben muß, es zu verwenden, zumal sich mehrere Deutungsmöglichkeiten daran knüpfen lassen. Einmal hat Franz Lehrndorfer, dem dieses Buch gewidmet ist, während seiner Laufbahn als Organist ungezählte Fugen gespielt, komponierte Fugen, zum anderen hat er vielleicht ebenso viele regelgerecht, mit unnachahmlicher Meisterschaft aus dem Stegreif improvisiert. DUX ET COMES läßt sich aber gleichermaßen auf den Lehrer beziehen, der zuerst bei den Regensburger Domspatzen und dann als langjähriger Abteilungsleiter für Orgel und Kirchenmusik an der Musikhochschule in München über mehr als vier Jahrzehnte hinweg ganze Generationen von Schülern geprägt hat, von denen heute viele selbst in verantwortlichen Stellungen an Kirchen, Konservatorien und Hochschulen wirken, wie das Absolventenverzeichnis des Anhangs ersichtlich macht. Er hat seine Schüler nicht nur während ihres Studiums geführt, sondern sie mit stets interessierter Anteilnahme auch auf ihrem weiteren musikalischen Werdegang begleitet. Als Domorganist am Münchner Liebfrauendom, der er auch nach seiner Emeritierung als Hochschulprofessor geblieben ist, fasziniert Franz Lehrndorfer mit seinem Orgelspiel in Gottesdienst und Konzert nach wie vor einen großen Hörerkreis.

Die vorliegende Festschrift verdankt ihr Entstehen der Zusammenarbeit vieler Schüler, Kollegen und Freunde, die damit zum 70. Geburtstag am 10. August 1998 gratulieren und ihre dankbare Verehrung zum Ausdruck bringen möchten. Der Themenkreis ist weit gespannt, er reicht von der Gregorianik und theologischen Betrachtungen bis hin zum heutigen Kirchenmusikschaffen, vom Orgelbau bis hin zur Musiktheorie, und er spiegelt damit die Breite der Interessens- und Arbeitsgebiete des Jubilars. Es trifft sich gut, daß einige Beiträge wie der über die Orgeln seiner Vaterstadt Kempten oder der über seinen Lehrer und Vorgänger im Amt des Münchner Domorganisten, Heinrich Wismeyer, den Lebens- und Erfahrungshorizont Franz Lehrndorfers berühren, soweit nicht ohnehin, wie in den Beiträgen von Ulrich Kraus, Hans Maier und Gerhard Weinberger, persönliche Erinnerungen thematisiert werden. Den allerpersönlichsten Beitrag hat aber, ohne es zu wissen, Franz Lehrndorfer selbst beigesteuert, und zwar in Gestalt der anliegenden CD, auf der drei noch nicht bzw. nicht mehr auf Tonträger erhältliche Improvisationen festgehalten sind, die nun dem Publikum erstmals oder erneut zugänglich gemacht werden.

Die Herausgeber danken den Verfassern der Beiträge, dem Verlag und all denen, die durch ihre freundliche Unterstützung das Erscheinen dieser Festschrift erst ermöglicht haben.

Hans D. Hoffert und Klemens Schnorr

Carl Orff, Dießen a/Ammersee 20. 4. 73

Sehr verehrter Meister Lehrndorfer —

Eben habe ich wieder zum wie-
vielten Male Ihre Improvisationen
über Weihnachtslieder auf der
ausgezeichneten Platte abgehört —
Ich bin jedesmal beglückt
und betroffen von der unerhörten
Meisterschaft Ihrer Improvisa-
tionen. Es gibt nichts was sich
mit dieser Aufnahme, es ist meine
Lieblingsplatte, vergleichen könnte.
Und daß es heute noch so etwas
gibt, macht mich glücklich und
hoffnungsvoll. —

In großer Verehrung und
Bewunderung Ihr Carl Orff

Wolfgang Bretschneider

Kirchenmusikalische Ausbildung im Kreuzfeuer – Visionen und Perspektiven

am rand
am strand
der welt
liegen
große
schöne
bizarre
leere
schneckenhäuser
kölner dome
petersdome
hagiassofias
karolingische
romanische
gotische
byzantinische
19.
20. jahrhundert
schneckenhäuser
daraus das leben
ausgezogen

man sieht
schwarze ströme
touristeninsekten
heraus herein
eilen
wimmeln
in einer unbegreiflichen
hektik
europa
ist zu einem großen
christlichen museum
geworden
europa
zum rand und strand
der welt
mit schönheit aus bronze
marmor
aus sandstein backstein
beton
europa
ein kostbares grab

das grab ist leer
der held erwacht

aber anderswo

(W. Willms)

Ist dieses Gedicht ein weiterer Beweis für die neue Lust an Kirchenapokalyptik oder ein besorgter Aufschrei, eine prophetische Wehklage?

Daß sich die Welt mit der Kirche schwertut, belegen hundert und tausend Informationen Tag für Tag. Und nicht wenige Christen stellen sich die Frage: Hat unsere Kirche, haben die Kirchen insgesamt überhaupt noch Zukunft? Findet sich in ihnen noch Leben, Glaubwürdigkeit, Begeisterung und Begeisterungsfähigkeit? Immer häufiger trifft man junge Menschen, für die Kirche, römische Verlautbarungen, diözesane Erklärungen überhaupt kein Thema mehr sind – nach dem Motto: uninteressant, abgehakt, passé.

In einer solchen Situation die Frage nach der Berechtigung und Opportunität einer Ausbildung zum Kirchenmusiker zu stellen, ist heikel und brisant, sowohl im innerkirchlichen Bereich wie auch im gesellschaftlich-politischen. Erfahrungen in jüngster Vergangenheit können dies zur Genüge belegen.

Es gilt also, Rechenschaft abzulegen über die Gründe, die uns dazu drängen, uns auch in Zukunft verstärkt für eine solide, kompetente Qualifizierung kommender Kirchenmusiker einzusetzen.

„Immer wieder brauchen wir Spiele und andere Verrücktheiten, um bei Verstand zu bleiben“ (Ausspruch eines anonymen Schriftstellers aus dem 15. Jh.). Ein bemerkenswerter Satz, gewonnen aus persönlicher, vielleicht sogar leidvoller Erfahrung, sicher nicht zum ersten Mal formuliert und wohl auch nicht zum letzten Mal.

Menschliches Leben erreicht mit einem satten Bruttosozialprodukt noch nicht seine Erfüllung. Eine humane und menschenwürdige Existenz verlangt nach mehr als nach Erfüllung der Gesetze einer freien Marktwirtschaft.

Vor diesem Hintergrund möchte ich drei Dimensionen einer kirchenmusikalischen Ausbildung ansprechen, die mir wegweisend und allgemein gültig erscheinen:

Die Ausbildungsstätte als Lernort der Künste, des Dialogs und des Glaubens.

I. Lernort der Künste

Eigentlich eine Selbstverständlichkeit! Doch eine Fülle von Anfragen, Problemen und Mißverständnissen sammelt sich in diesem Begriff „Kunst“. Es überrascht deshalb auch nicht, wenn sie von den einen angesehen, verteidigt und beschworen wird, während die anderen sie verachten, schmähen, „bekriegen“ und sie zum narzistischen, esoterischen Spiel deklassieren, zum „Museum, das auch ihre Feinde noch pflegen, weil sie keine Neubelebung der musealen Institution befürchten müssen“ (P. M. Zulehner).

In der gegenwärtigen Stunde, wo überall der Rotstift der „Würgeengel“ seine Spuren hinterläßt, wird sich schnell zeigen, was den Verantwortlichen in Staat, Gesellschaft und in den Kirchen die „heilige Kunst“ noch wert ist.

Bei einer jüngsten Plakat-Aktion der Deutschen Bundesbahn sah ich in verschiedenen Bahnhöfen zwei Menschen, eingehüllt in Nebel, nur von hinten zu sehen, nach vorne gehend – nach nirgendwo. Darunter die Aufschrift: Fürchte den Nächsten wie dich selbst!

Zeichen unserer Zeit? Homo homini lupus. Wer kann den Wolf töten oder ihn zumindest bezähmen?

Wer unsere Zeit aufmerksam mitverfolgt, kann erstaunliche Entdeckungen machen: Da etabliert sich immer lautstarker eine „Macher-Kultur“. Ihr Programm scheint zu faszinieren:

Entmythologisierung des Sakralen und Erhabenen, Demaskierung alles vermeintlich Geheimnisvollen bei gleichzeitiger Mythologisierung des Profanen und Banalen.

Dieses Pogramm erfaßt nicht nur den Alltag, es durchdringt zunehmend auch den Bereich der Künste. 1955, bei der Eröffnung des Wallraff-Richartz-Museums im Schatten der Türme des Kölner Doms, wurde die provozierende These von der „Musealisierung der Kathedralen und der Kathedralisierung der Museen“ proklamiert. Wie kann vor diesem aufgezeigten Hintergrund sich eine Ausbildung zum Kirchenmusiker, die weder ihre eigene Vergangenheit verbissen beschwört, noch ihre gewachsenen Wurzeln verneint, sondern sich kreativ und überzeugend auf die ihr aufgegebene Zukunft einspielt, rechtfertigen?

„Die Erkenntnis, daß es Wunderbares gibt, muß unaufhörlich lebendig gehalten werden. Weil tägliches Staunen nötig ist, muß es tägliche Anbetung geben.... Es gibt keine Anbetung, keine Musik, keine Liebe, wenn wir die Segnungen oder die Niederlagen des Lebens für selbstverständlich halten. Keine Routine darf das Gefühl der Überraschung betäuben“ (Abraham Heschel, in: Gesegneter Tag, hrsg. von M. Schmeisser, 1996).

Es kann nicht darum gehen, die Rationalität zu verteufeln. Wir können und wollen die Aufklärung nicht ungeschehen machen. Aber die Schärfe des Verstandes allein macht noch nicht den ganzen Menschen aus. Technischer Fortschritt, Wirtschaft und Technik garantieren weder ein Leben noch ein Überleben in halbwegs friedlicher und versöhnter Welt. Eine abstrakte, rein spekulative Dogmatik wird dem Glauben ebenso wenig gerecht wie eine Ansammlung von Wortbeiträgen, die sich Feier des Glaubens nennt.

Hinter dem vordergründigen Glitzern des immer Neuen verbergen sich Quellen und Wasseradern und Lavaströme, die frühere Zeiten besser kannten als wir. Diese Welt des Unsichtbaren, Unhörbaren, des scheinbar Gestaltlosen gilt es, erahnbar zu machen. Hier liegt die eigentliche Aufgabe einer jeden Kunst, gerade auch die der Musik. Sie hätte die Kraft zur Wandlung, zur Veränderung.

Theologisch könnte man den gleichen Sachverhalt auch so ausdrücken: „Wird die himmlische Gnade geleugnet, dann gelangt ein Volk nicht weiter als bis zu Elektrizität und Dampf" (Muhammed Iqbal, 1873–1938).

Wer jungen Menschen diese Dimensionen erschließen kann, dem tut sich ein unendliches Land der Verheißung auf, für den ist Musik unendlich viel mehr als eine bestimmte Organisation von Klängen in einer bestimmten Zeit, mehr als eine in allen Einzelheiten zu beschreibende Gattung eines vergangenen Zeitalters. Musikwerke der Vorfahren oder Zeitgenossen werden dann oft zu sprechenden Zeitzeugen von brennender Aktualität.

Vorausgesetzt werden allerdings Kreativität, ein hohes Maß an Sensibilität, die Fähigkeit, die auf uns gekommenen „toten" Buchstaben und Noten abzuhorchen und ihnen neues Leben einzuhauchen. Ein solcher Umgang mit den Künsten läßt Menschen zu künstlerischen Persönlichkeiten heranreifen. Und eben solche bewirken bekanntlich mehr als alle Computer und Maschinen.

II. Lernort des Dialogs

Vor einiger Zeit stieß ich auf das Urteil eines bildenden Künstlers, das einer Generalabrechnung mit der Kirche gleichkam – hart, kompromißlos! Ungerecht?

„Gott ist tot – in der Kirche. Die Kirchen scheinen gott-verlassen. Darum laßt uns einen weiten Bogen um sie machen, um Gottes Willen. Gott ist in der Kirche nicht mehr zuhause. Darum laßt uns ihn dort suchen, wo wir ihn wirklich noch finden können – in den Resten der uns verbliebenen Natur, im Dickicht der Städte; in den Augen eines Menschen, der uns ansieht; in den Werken der Kunst" (W. Schmied, Ausstellungskatalog Gegenwart und Ewigkeit, 1990).

Solche Sätze machen – hoffentlich – betroffen und beunruhigen.

Wie soll man auf diesen Schrei der Enttäuschung, wie auf diese Klage des Verwundeten reagieren?

Ist der Eindruck wirklich so falsch, daß kirchliches, kirchenmusikalisches Tun oftmals in Routine, Erstarrung, Ermüdung, ja, Geistlosigkeit abgeglitten ist? Hohles Gewäsch, frömmelndes Getue vertragen sich nicht mit dem Auftrag, den Geist des Ursprungs, des Urvertrauens, des Unverfügbaren mitten in den Realitäten unserer Zeit zu entdecken und zu wecken. Um die Fesseln einer toten, einbalsamierten Tradition zu sprengen, um aus dem selbstgezimmerten oder übergestülpten Elfenbeinturm herauszukommen, weiß ich kein besseres Mittel als den Dialog. Dialog mit den Schreienden und Stöhnenden, den Summenden und Singenden, den Troubadouren und Trommlern, den Wortlosen und Ver-rückten.

Einer kirchenmusikalischen Ausbildungsstätte ist es nicht nur aufgetragen, die Zeugnisse der Komponisten aus Vergangenheit und Gegenwart abzuhorchen, sondern auch die der bildenden Künste, der Architektur, der Lyrik usw....

Was Friedhelm Mennekes einmal im Blick auf die bildende Kunst formuliert hat gilt ebenso auch für die Musik: „Gegenüber der Religion hat die Kunst die verblüffende Macht, die Religion in ihrem Kern zu brechen und gebrochen zu neuem Leben zu entfachen. Die Kunst raubt der Religion alle selbst fabrizierte Sicherheit und jagt sie in das Pathos bohrenden Fragens“ (in: Christ in der Gegenwart, 10, 1997).

Ein Fanal gegen jede Routine, gegen jede intellektuelle Müdigkeit, die höchstens noch Langeweile und Vanitas-Anmutungen auslösen kann!

Wichtig ist mir noch der Hinweis darauf, daß auch in der Kunst, in der Kirchenmusik Unsicherheit und Zweifel und Klage ihr Heimatrecht haben, haben müssen, wollen sie nicht zur Genügsamkeit, zur Banalität, zur narzistischen Selbstbemitleidigung verkommen.

Der Künstler Avis Kapoor sagt es so: „Kunst und Religion kommen darin überein, daß sie die Welt, wie der Mensch sie sieht, auf den Kopf stellen. So ist er gezwungen, sie von innen her zu prüfen und dabei ebenso sich wie seinen Gott zu berühren“ (in: Christ in der Gegenwart, 10, 1997).

Ein weiterer Aspekt im dialogischen Engagement: Der Dialog mit der zeitgenössischen Musik.

Kompositionen von Zeitgenossen im Gottesdienst? Für viele ein Alptraum! Eine Überforderung, eine Zumutung?

Und in den Ausbildungsstätten? Eine unausgesprochene oder auch deutlich artikulierte Reserve ist vielerorts zu konstatieren.

Eines ist sicher: Die Flucht vor der künstlerischen Sprache unserer Zeit wird sich bitter rächen.

Was es braucht? Eine unstillbare Neugierde, Mut zum Aufbruch und zur Zu-Mutung, persönlicher Wagemut.

Vor kurzem sagte voller Entsetzen ein junger Theologiestudent beim Anblick eines modernen Kreuzweges: „Der reißt einen ja aus der Andacht." Wer nicht mehr den Mut hat, sich herausreißen zu lassen aus vertrauten und liebgewonnenen Bildern, Tönen, Harmonien, der wird über Nacht zum geistlosen Totengräber.

Gleiches gilt auch für die Liturgie. Wenn sie – bei aller Treue zu ihren Wurzeln und gewachsenen Traditionen – nicht auch provokativ, widersprechend und somit herausfordernd ist, dann vermag sie kein Leben mehr zu zeugen.

Jungen Menschen Mut zu machen, diesen Exodus zu wagen, verlangt viel Überzeugungsarbeit, ein hohes Maß an Einfühlungsvermögen, Geduld und pädagogisches Geschick. Alle Erfahrung zeigt aber: Dieser Einsatz lohnt.

Ein letzter Dialog sei kurz erwähnt: Das „Gespräch" mit den musikalischen Kulturen außereuropäischer Länder, das Hineinhorchen in ihre Lebens- und Glaubenswelten, ihre Mentalitäten und Sehnsüchte. Was in der sogenannten E- und U- Musik schon seit langer Zeit auf oft faszinierende Weise geschieht, sucht man in der Kirchenmusik bisher weitgehend vergebens. Hier liegt mit ein Grund dafür, daß ihre „Produkte" mitunter so steril, so sang- und kraftlos wirken.

III. Lernort des Glaubens

„Wir brauchen heute Menschen nicht als Protest, sondern als einen Botschafter des Geistes. Die Menschen müssen verstehen, daß das Wunderbare an der Musik ist, daß sie Spiritualität ist." In unserer säkularisierten Welt ein erstaunliches Wort des Pianisten Ivo Pogorelich.

Dieses lebendige, nur schwer zu zügelnde Wirken des Geistes junge Menschen erfahren oder doch wenigstens erahnen zu lassen, ist auch einer Ausbildungsstätte für Kirchenmusik aufgetragen. Wer solches als Beiwerk, Ideologie oder Privatsache abtut, geht am Wesen dessen vorbei, was eine Musik für den Gottesdienst bedeutet, der verrät ihr Wesen und ihren Selbstanspruch. Dies sei auch gesagt im Hinblick auf die kirchenmusikalischen Abteilungen an den staatlichen Musikhochschulen.

Wo nicht mehr gesungen, gestöhnt, geschrieen wird, wo der Jubel, die Freude, die Begeisterung des Halleluja sich nicht überschlagen, da versandet der Glaube.

Die Geschichte Gottes mit den Menschen ist zutiefst eine Liebesgeschichte, eingetaucht in hundert Dunkelheiten, aufleuchtend aber in tausend Farben.

Wie aber soll sie aufleuchten, wenn sie sang- und klanglos geworden ist?

Mit drei Facetten soll noch kurz das, was wir mit dem Wort Glauben meinen, beleuchtet werden.

Die Melodie Gottes. Sie ist Grund und Inhalt unseres Glaubens, unserer Liebe und Hoffnung. Ist das Wort von der Melodie Gottes nicht ein herrliches Bild für das, was man allgemein oft so schrecklich abstrakt und blaß mit „Wort Gottes" oder „Verkündigung" auszudrücken pflegt?

„Barmherzigkeit will ich, nicht Opfer." „Ich bin gekommen, damit sie das Leben haben und es in Fülle haben."

In diesen Bekundungen Jesu ist die ewige Melodie Gottes konkret und aktuell geworden, und Jesus wollte, daß sie durch alle Zeiten neu und unverbraucht erklingt.

Ist nicht gerade die Musik, die vokale wie die instrumentale, mit ihren unendlichen Möglichkeiten dazu prädestiniert, diese göttliche Melodie zum Erklingen zu bringen, eine Ahnung von dem zu vermitteln, den wir das unendliche Geheimnis nennen und anbeten?

Dieses mich so bewegende Bild habe ich bei Bischof Ignatius von Antiochien gefunden. In seinem berühmten Brief an die Christen von Ephesus zu Beginn des 2. Jh. schreibt er: „Nehmt Gottes Melodie in euch auf! So werdet ihr alle zusammen zu einem Chor, und in eurer Eintracht und zusammenklingenden Liebe ertönt durch euch das Lied Christi. Das ist das Lied, das Gott, der Vater, hört, und so erkennt er euch als die, die zu Christus gehören."

„Als der Hauptmann, der Jesus gegenüberstand, ihn auf diese Weise sterben sah, rief er aus: Wahrhaftig, dieser Mensch war Gottes Sohn!" (Mk 15,39).

Dieses Bekenntnis gehört wesentlich zur christlichen Botschaft und damit zur Gottesdienstfeier. Auch der Kirchenmusiker ist Mitgestalter, „Konzelebrant" der Liturgie; auch er ist herausgefordert, Farbe zu bekennen.

Gerade in heutiger Zeit ist dies schwer. Es fordert das Äußerste: Die Spannung von totaler Verlassenheit und Hinwendung zum Vatergott auszuhalten, aus ihr zu leben und – für den Kirchenmusiker im Besonderen – die Zerreißprobe von Kreuz und Auferstehung, von Skandal und Herrlichkeit künstlerisch zu gestalten. Aber genau sie macht den christlichen Glauben und seine Feier in der Liturgie so spannend und existentiell, gibt ihm Tiefe, Kontur und Farbe.

Wie sind auf diesem Hintergrund die vielen Klagen zu verstehen, daß gerade die Kirchenmusik so ausgetrocknet und spröde, so eintönig, ohne Profil, austauschbar, mit einem Wort: so farblos sei oder sich so gebe?

Nur dies sei dazu gesagt: In letzter Zeit beobachte ich zunehmend eine Sehnsucht nach Erfahrung von offenem Himmel, von Geborgenheit, von der Schönheit und Farbigkeit allen Seins.

Die alte Weisheit, daß der Mensch letztlich nicht ohne Visionen und Träume leben kann, wird zunehmend verstanden. In einem Bericht über die „documenta" in Kassel fand ich die bemerkenswerte Prophezeiung: „Es kommt der Tag, wo man das Schöne wieder braucht, um sich bemerkbar zu machen" (FAZ, 14.8.1997).

Eine dritte Facette will sich noch zu Wort melden: Die Stille. Nach ihr wird immer lauter gerufen. Aber wie schwer ist es, sie zu erreichen! Mit Stille ist nicht die Pause gemeint, Leere, Stillstand. Es geht dabei vielmehr um Sammlung, Konzentration, Verdichtung, Zur-Ruhe-Kommen, ein In-die-Tiefe-Gelangen, ein Offen-Werden für das Unsichtbare, Ungehörte, Verschwiegene.

Der Einzelne braucht die Stille ebenso wie die Gemeinschaft. Will der Gottesdienst nicht in Aktivismus und Zerstreuung ausarten, dann muß es auch Zonen des gesammelten Schweigens geben.

Hierzu kann gerade auch der Kirchenmusiker unendlich viel beitragen. Ihm ist es gegeben, Klangräume zu erstellen, die den Menschen helfen, sich zu sammeln, aus der Hektik der Straße herauszutreten, innerlich ruhig und so in höherem Maße hör- und empfangsbereit zu werden, letztlich fähig zur Begegnung mit dem Absoluten.

Alles Lärmende, Aufbrausende und Schreiende, was auch von der Musik losgetreten werden kann, verbietet sich hier.

Eine andere Dimension von Stille ist die Verinnerlichung. Ihr läuft zuwider jede Art von Veräußerlichung, Oberflächlichkeit, „Kurzatmigkeit" und innerer Unruhe. Will Musik im Gottesdienst nicht zur Hintergrundkulisse und zum banalen Entertainment degenerieren, dann kann sie dies nur, wenn sie aus der Mitte menschlicher Existenz, aus der Tiefe urbändiger Sehnsucht kommt.

Wer etwas zu „sagen" hat, wer sich gedrängt weiß, auf seine ihm eigene Weise die christliche Botschaft weiterzugeben, der ist gefeit vor den Gefahren einer unerträglichen Geschwätzigkeit, eines hohlen, zur Schau gestellten Pathos.

Ein Wort des französischen Komponisten Lucien Deiss mag helfen, immer wieder einmal kirchenmusikalische „Gewissenserforschung" zu halten: „Wenn ein Satz ausreicht, mach keine Rede! Wenn ein Wort ausreicht, mach keinen Satz! Wenn ein Blick ausreicht, mach keine Worte!"

Es ist sicherlich nicht einfach, jungen Menschen diese Dimension von Stille nahezubringen. Und doch oder gerade deswegen muß hierauf gesteigerter Wert gelegt werden. Wer aus innerer Unruhe, aus Hektik agiert – an der Orgel, am Ambo oder vor dem Chor –, der überträgt all dies auf die Menschen, für die er etwas Gutes tun will. Aktivismus, präpariertes Virtuosentum ist zumindest in der Liturgie nicht gefragt.

Noch ein Zitat, das mich seit vielen Jahren begleitet hat: „Wenn der Chor in das Offizium nicht mehr spirituelles Leben bringt, möge er schweigen! Wenn der Gesang nicht da ist, um mich zum Gebet zu führen, mögen die Sänger schweigen! Wenn der Gesang nicht da ist, um meine innere Unruhe zu besänftigen, mögen die Sänger fortgehen! Wenn der Gesang nicht den Wert der Stille hat, die er unterbrach, möge man mir die Stille zurückbringen! Jeder Gesang, der nicht dazu da ist, die Stille zu fördern, ist eitel" (J. Samson, auf dem III. Internationalen Kongreß für Kirchenmusik, Paris 1957).

Einer Kirchenmusik im Niemandsland ist ebenso wenig Zukunft verheißen wie einem Orangenbaum in der Wüste.

Eine Kirchenmusik, die im Gestern verwurzelt ist, die auf die Zeichen unserer Zeit horcht und die die Klänge des Halleluja der Ewigkeit vorauskostet, darf sich freuen; denn ihr ist unendliche Zukunft verheißen – im gelobten Land.

„Das grab ist leer
der held erwacht"
immer wieder – unter uns.

Diese Perspektive und Vision von Kirchenmusik erfahren und erlebt zu haben, verdanke ich meinem Lehrer, Franz Lehrndorfer. Anfang der sechziger Jahre hatte ich das Glück, bei ihm studieren zu können. Was er vermittelte, war weit mehr als technische Bewältigung von Regerschen oder Messiaenschen Orgelwerken. Bei ihm konnte ich erfahren, daß wahre Musik sich längst nicht erschöpfte in der Wiedergabe von Noten, Harmonien und Rhythmen. Seine Persönlichkeit hat mich bis zur Stunde tief geprägt, nie aufdringlich, autoritär sich gebärdend, vielmehr sensibilisierend für die unaussprechlichen Tiefen geisterfüllter Musikwerke und dabei eine Freiheit gewährend, die immer neu zur eigenen Kreativität ermutigte und befähigte – gemäß einem Worte des großen Dirigenten Erich Kleiber. Am Ende einer Probe sagte er zu den Musikern: „Meine Herren, machen Sie Musik! Ich werde Sie dabei nicht stören."

Für alles, was mir Franz Lehrndorfer vermittelt und geschenkt hat, danke ich ihm von Herzen.

Harald Feller

Begegnung mit den Orgelsonaten Mendelssohns

Als ich mein Orgelstudium begann, war neben großen Werken von Bach und Reger schon bald die vielleicht populärste Orgelkomposition Mendelssohns, die „Vater unser"-Sonate, Studieninhalt. Bereits als Gymnasiast hatte die von einer ganz eigenen Harmonik getragene Melodik Mendelssohns sowie dessen Kontrapunkt, der in seiner Polyphonie immer wieder ins Homophone mündet, eine große Anziehung auf mich. Ich wußte damals nicht viel über das Leben dieses Frühvollendeten, über seine zentrale Rolle im Musikleben des frühen 19. Jahrhunderts mit seinen vielfältigen Aktivitäten als Komponist, Pianist, Dirigent, Organist, Herausgeber oder als Organisator großer Musikfeste und Gründer von musikalischen Ausbildungsstätten, noch über sein von Hegel und Goethe geprägtes Denken. Meine Begeisterung speiste sich vor allem aus einer intuitiven Wahrnehmung, die durch meinen damaligen Lehrer und Mentor Franz Lehrndorfer eine unschätzbare Förderung erhielt. Der initiatorische Grundimpuls meines Studiums, der bis heute Antrieb meiner musikalischen Vertiefung ist, ließ mich zunehmend nach etwas Greifbarem und Objektivem suchen. Ich wollte das Phänomen Musik ergründen, um der Intention eines Werks und seinem Autor wie auch dessen übergeordneter schöpferischer Quelle und damit dem Sinn so nahe wie möglich zu kommen. Bei der Annäherung an das Werk eines Komponisten gewann für mich neben dem selbstverständlichen Studium des Notentextes die Betrachtung seiner Person mit ihrem Denken und Fühlen, die sie umgebende und prägende Welt sowie die schicksalhaften Fügungen seiner Biographie an Bedeutung. Alle Informationen darüber werden als sichtbare Ansatzpunkte notwendig, um dem Geheimnis dessen, was sich durch den Autor als Schöpfung offenbart, ein wenig näher zu kommen.

Bei Mendelssohn beeindruckt mich schon das äußere Erscheinungsbild seiner Herkunft: Als Sproß einer alten und bedeutenden jüdischen Familie war er zunächst vom Judentum geprägt. Sein Großvater Moses war eine der herausragendsten jüdischen Persönlichkeiten der Neuzeit. Aus eigener Kraft schwang sich dieser zu einem der wichtigsten Vorkämpfer für die Menschenrechte der in Europa unterdrückten Juden auf. Seine tolerante und zutiefst menschenfreundliche Haltung auf dem Boden seines jüdischen Glaubens mußte damals so manchen Christenmenschen beschämt haben. Das ‚dramatische Gedicht' „Nathan der Weise" von G.E. Lessing, der ihm hier ein literarisches Denkmal setzte, vermag ein heute noch lebendiges Bild von dessen Größe zu geben. Moses Sohn Abraham, der Vater von Felix, bezeichnete sich selbst nicht ohne resignierende Ironie einmal als Sohn eines bedeutenden Vaters und Vater eines bedeutenden Sohnes. Hierin ist schon Wesentliches über seine Vermittlerrolle ausgesagt; hinzu kommt nun noch sein diesseitsgewandter Pragmatismus, der ihn dazu bewog, 1819 mit seiner Familie zum Protestantismus zu konvertieren, da er für sich und seine Kinder als Jude keine Zukunft sah. Er stellte damit nicht nur die Weichen für ein besseres äußeres Fortkommen, sondern lenkte auch unbewußt die geistig religiöse Entwicklung seines Sohnes Felix in eine neue, für seine Entwicklung entscheidende Richtung. Der Name Bartholdy wurde als äußeres Zeichen (!) für die Konversion dem Familiennamen angehängt. Ob Abraham je im christlichen Glauben Fuß faßte darf bezweifelt werden. Anders Felix, er bekannte sich aus innerster Überzeugung zum lutherischen Protestantismus, fühlte sich aber gleichzeitig der Haltung seiner Vorfahren verpflichtet. Er verkörperte somit eine großartige Synthese zwischen Judentum und Christentum, in dessen Spannungsfeld sich sein außergewöhnliches Kreativitätspotential bewegte.

Ein weiterer interessanter Aspekt, der mir zeichenhaft im Lebensplan Mendelssohns angelegt zu sein scheint und woraus später so schöne Früchte wachsen sollten, liegt in der unmittelbaren Bachtradition der Familie seiner Mutter: Über Felix' Großtante – sie war Schülerin C.P.E. Bachs und Gönnerin von W.F. Bach – und deren Schwester – sie schenkte ihrem Enkel Felix eine Abschrift der Matthäuspassion – verläuft diese musikalische Tradition weiter zu Felix' Mutter Lea Salomon, einer Schülerin des Musiktheoretikers und Bachschülers Kirnberger. Sie war es auch, die den größten Wert auf die musikalische Erziehung ihrer Kinder legte und so die musikalische Tradition ihrer Familie an ihre Kinder weitergab: *„In ihr lebten Tradition oder Nachklänge von Kirnberger her; von dort her war sie mit Sebastian Bach bekannt geworden und hatte das unausgesetzte Spiel des temperierten Klaviers ihrem Hause eingepflanzt"* (A.B. Marx).

Eine zweite Linie einer unmittelbaren Bachtradition verläuft über Felix' Theorie- und Kompositionslehrer, den Kirnberger-Schüler C.F. Zelter. Dessen große Verehrung für den Thomaskantor gab dem Knaben schon früh Impulse, sich mit dessen Musik sowie mit der Musik der Vergangenheit allgemein zu beschäftigen.

Aus dem bisher Gesagten geht hervor, welche Faktoren die großartige Entwicklung Felix Mendelssohns so schicksalhaft konstellierte. Von daher ist es nicht verwunderlich, daß er es war, der mit der spektakulären Aufführung der Bachschen Matthäus-Passion die Bachrenaissance einleiten und mit seinem eigenen Schaffen die seit Bach beinahe darniederliegende Kirchen- und Orgelmusik zu neuen Höhen führen sollte.

Noch unmittelbarer zeigt sich die musikalisch und kulturell durchaus auch gegensätzliche Grundkonstellation in seiner häufig von großer Gegensätzlichkeit gekennzeichneten Musik. Mendelssohns Orgelsonaten – sie gehören in diesem Genre für mich zu den wichtigsten Beiträgen der Romantik – sind hierfür beispielhaft. Da stehen langsame Sätze, die in ihrer eingängigen Harmonik an die Synagogengesänge des 19. Jahrhunderts erinnern, neben polyphonen Sätzen von Bach- und Händelschem Zuschnitt unter gelegentlicher Verwendung von lutherischen Chorälen. Lange Zeit verstellte in unserem Jahrhundert (das auch in der Kunst so übermächtig von einem aus dem Zusammenhang losgelösten intellektuellen Kalkül dominiert ist) der scharfe Kontrast der musikalischen Ausdrucksweisen innerhalb der Sonaten die wirkliche Bedeutung dieser Sammlung. Sie wurden als formal uneinheitlich und stilistisch bruchhaft kritisiert sowie in der schlichten Innigkeit der liedhaften Sätze oft als sentimental empfunden. Erst in jüngster Zeit sind Tendenzen sichtbar, die dem Orgelschaffen Mendelssohns und seinem Opus summum innerhalb der Orgelmusik gerechter werden.

Die Entstehungsgeschichte der Sonaten ist insofern interessant, als sie zeigt, wie eine Idee durch verschiedene Umstände, die auch unabhängig voneinander sein können, in einem schöpferischen Prozeß zu einem Ganzen zusammenwirken.

Angeregt wurden die Kompositionen von seinen englischen Verlegern Coventry und Hollier. Sie gehörten wohl zu den Bewunderern des Meisters, versprachen sich aber auch durch Mendelssohns große Popularität in England einen geschäftlichen Erfolg. Mendelssohn wollte zunächst einige „Voluntaries“ also ausgesprochen „englische“ Stücke, komponieren: Seit dem späten 16. Jahrhundert wurden in England im Gottesdienst improvisierte Sätze ohne Cantus firmus als „Voluntaries“ bezeichnet. Später fand sich diese Bezeichnung auch als Sammelbegriff für Sätze in den verschiedensten Formen, die in der Regel für die anglikanische Liturgie gedacht waren. Daß Mendelssohn den Begriff „Voluntary“ schließlich durch „Sonate“ ersetzte, hat wohl seinen Grund darin, daß die Arbeit einen größeren Umfang annahm als geplant war und er ein geschlosseneres Ganzes zu erreichen suchte:

„Das Werk für Orgel, wovon ich Ihnen am Anfang dieses Winters sprach, habe ich nun beendigt, es ist aber größer geworden als ich früher selbst gedacht habe. Es

sind nämlich sechs Sonaten, in denen ich meine Art, die Orgel zu behandeln und für dieselbe zu denken niederzuschreiben versucht hab'. Deswegen möchte ich nun gern, daß sie als ein Werk herauskämen...."

Unmittelbar bevor Coventry Mendelssohn 1844 die Veröffentlichung einer Sammlung von eigenen Orgelstücken vorschlug, brachte der Komponist bei diesem erstmals das Bachsche „Orgelbüchlein" im Druck heraus. Dies ist insofern bemerkenswert, als Mendelssohn in seinen Sonaten der pädagogischen Intention des großen Thomaskantors, der seine Choralsammlung vor allem als Lehrwerk verstanden wissen wollte („*Dem höchsten Gott allein zu Ehren, dem Nechsten, draus sich zu belehren*"), folgte, wie wir der ersten Ankündigung als „Mendelssohn's school of Organplaying" entnehmen können.

In einer eigenartig gefühlstrunkenen Sprache besprach Dr. Henry Gauntlett, einer der bedeutendsten zeitgenössischen Organisten, die Sammlung kurz nach ihrem Erscheinen. Er hob dabei vor allem die vierte Sonate heraus:

„*...Die vierte Sonate wird in England ein Lieblingsstück werden, und obwohl sie weder die sublimste ist noch die leidenschaftlichste ist, halte ich sie doch für die schönste von allen.... Die Zeit überlanger Formen und langer Analysen ist vorbei; ...was wir wünschen, ist ein starkes Gefühl, aber es muß in konzentrierter Form geboten werden – es muß so plötzlich einschlagen wie ein elektrischer Strom – es muß blutvolles Leben haben... („it must draw blood"). Und das hat Mendelssohn. Und das hat das Praeludium der vierten Sonate. Sieh dir die letzte Seite (der vierten Sonate) an... bemerke wohl den ans Herz greifenden Marsch der Pedale vom tiefen Es zum hohen F (?), und dann sprich ein Dankgebet für alle Zeiten!*"

Differenzierter schrieb Robert Schumann an Mendelssohn am 22. Oktober 1845 aus Dresden:

„*...noch zuletzt haben wir uns in Ihre Orgelsonaten versenkt, – leider nur am Klavier, aber wir hätten es auch ohne Titel herausbekommen, daß sie von Ihnen waren. Und dabei doch überall das Vorwärtsstreben, weshalb Sie mir immer als Vorbild dastehen. Diese ächt poetischen neuen Formen, wie sie sich in jeder Sonate zum vollkommenen Bild runden. – Vor allem haben mir Nr. 5 und 6 bedeutend geschienen, es ist doch wahr, lieber Mendelssohn, – so reine Harmonien, so immer reiner und verklärter schreibt niemand weiter...*"

Mit Ausnahme eines Teils der dritten Sonate entstanden diese so verschiedenartigen Sonaten zwischen August 1844 und Januar 1845. Diese kurze Zeitspanne war eine der ruhigsten und vielleicht glücklichsten in dem sonst so rastlosen Leben Mendelssohns, und er fühlte sich „*ohne Frack, ohne Klavier, ohne Visitenkarten, ohne Wagen und Pferde, aber auf Eseln mit Feldblumen, mit Notenpapier und*

Zeichenbuch, mit Cecile und den Kindern, doppelt wohl". Aber auch in diesem idyllisch anmutenden Lebensabschnitt arbeitete er neben den Orgelsonaten noch intensiv am Violinkonzert und an seinem zweiten großen Oratorium, dem „Elias", als ob ihn etwas triebe, das kompositorische Werk in der ihm noch verbleibenden kurzen Lebenszeit zu vollenden.

Bei meiner Beschäftigung mit den Orgelsonaten kristallisierte sich immer mehr der geistlich-religiöse Charakter der Musik heraus, was am deutlichsten bei den drei Sonaten zutage tritt, denen als inhaltlicher Ausgangspunkt ein protestantischer Choral zugrunde liegt. Mendelssohns Nähe zu Bach zeigt sich also auch in der Grundhaltung seiner Orgelmusik. Betrachten wir gleich den ersten Satz der ersten Sonate, so ist da einem zunächst fugenartig durchgeführten Hauptthema, der Choral „Was mein Gott will" gegenübergestellt. Dabei verwendet Mendelssohn lediglich die ersten beiden Choralzeilen, die wie ein zweites Thema behandelt sind. Verweist nicht die Herkunft des Hauptthemas – es ist dem Rezitativ Nr. 25 aus der Bachschen Matthäuspassion entlehnt, in dem das Orchester den Text des Sängers: „O Schmerz, hier zittert das gequälte Herz" musikalisch nachzeichnet – und der diesem gegenüberstehende Text der beiden Choralzeilen „Was mein Gott will, das g'scheh' allzeit, sein Will' der ist der beste" auf die Intention des Komponisten? Schon vom Notenbild her erscheinen Hauptthema und Choral auf zwei eigenen unabhängigen Systemen, was auch optisch die Überlegung, daß hier die irdische, schmerzvolle Welt (Clav.I: ff) einer transzendenten und unberührbaren (Clav.II: mezzopiano) gegenübergestellt ist, nahelegt. Beim Erscheinen des Chorals wird dieser zweimal jäh von vier herabstürzenden Anfangstönen des Hauptthemas unterbrochen, bevor er in ganzer Länge erklingt. Daß direkt danach eine polyphone Durchführung der Umkehrung des Hauptthemas folgt, scheint mir programmatisch im Sinne eines wörtlich genommenen Umkehrens. Finden sich davor schon Elemente des Hauptthemas, die mit dem Choral verwoben sind, so wird er danach von eben dessen Umkehrung förmlich eingehüllt. Nachdem er noch dreimal von dramatischen Einwürfen unterbrochen wird, erklingen die beiden Choralzeilen im Zusammenhang, indem der Choral auf die Klangebene des ersten Themas (ff) herabsteigt und sich von der mystischen Entrücktheit zu sieghaftem Triumph aufschwingt. Der sich dadurch verwandelnde Gesamtcharakter dieser Klangebene läßt das Ziel und den Sinn erkennen im Zusammenspiel von Diesseitsgewandtheit und Transzendenz. Sonatensatzform und Fuge bilden eine formale Synthese zur musikalischen Formulierung eines ergreifenden Inhalts.

Im zweiten Satz – in der parallelen Durtonart – stehen sich wieder zwei Klangebenen gegenüber, die jedoch ähnlich sind und in dialogisierender Weise miteinander in Beziehung treten. Eine verborgene Nähe zum Choral mag in der ersten Phrase erkennbar sein (siehe G. Zachers Aufsatz über Mendelssohns Orgelsonaten 1 und 6 in „Musikkonzepte"), doch wichtiger als solche mehr spekulativen Überlegungen scheint mir die musikalisch inhaltliche Zuordnung:

Es ist einer von jenen Sätzen, die häufig gerade nach dramatischen musikalischen Entwicklungen folgen und in ihrer einfachen und eingängigen Melodik dem unbewußten Erbe der Synagogengesänge entsprungen sein mögen. Sie wirken wie eine stille Betrachtung des Vorangegangenen. Ein an Bach gemahnendes Rezitativ leitet über in den befreienden, nach F-Dur gewendeten Schlußsatz, der dessen ernste Spannung löst. Die Nähe des zweiten Themas zum Hauptthema des ersten Satzes – in einen freudigen „erlösteren" Ausdruck gewandelt – gibt der Sonate auch formal eine gewisse Geschlossenheit.

In ganz anderer Weise verfährt Mendelssohn bei der dritten Sonate in A-Dur. Die beinahe identischen Eckteile gehen zurück auf das Jahr 1829. Mendelssohn hielt sich in diesem Jahr in London auf und komponierte dort für seine Schwester Fanny ein Postludium in A anläßlich ihrer bevorstehenden Vermählung. Durch einen Unfall ans Bett gebunden, war es Felix nicht möglich, dem großen Familienfest beizuwohnen, auch vergaß er offensichtlich das festliche Orgelstück seinem letzten Brief beizulegen, so daß Fanny sich noch in der Nacht vor dem Ereignis ihre eigene Hochzeitsmusik schreiben mußte.

Mendelssohn griff bei der dritten Sonate nun auf dieses Postludium zurück, und was sich zunächst nicht zusammenreimen läßt, nämlich, daß diese festliche Musik eine Doppelfuge umrahmt, in deren Verlauf der ganze Choral „Aus tiefer Not schrei ich zu dir" erklingt, findet bei genauerem Hinsehen durchaus eine Erklärung:

Der Themenkopf des ersten Fugenthemas ist dem Rezitativ seiner zweiten Symphonie „Lobgesang" entlehnt, wo es heißt: „Hüter, ist die Nacht bald hin?" Die Nacht ist zu verstehen als Unwissenheit des an die Materie gebundenen Menschen, als Seelennacht. Das Erscheinen des Chorals „Aus tiefer Not" wird in diesem Zusammenhang logisch. Ein zweites bewegteres Fugenthema, das aus der Diminuierung eines Teils der ersten Choralzeile gebildet ist, schließt sich – zunächst im selben Tempo – unmittelbar an die erste Fuge an. In seiner Auftaktigkeit erfährt der klagende Ausdruck darin eine Intensivierung. Durch eine kontinuierlich beschleunigende und crescendierende Entwicklung verändern beide nun kombinierten Themen ihren Charakter vom Lyrischen zum Dramatischen. Am Höhepunkt dieser Entwicklung mündet eine kurze Überleitung, die sich über die ganze Pedalklaviatur erstreckt, in den nun noch majestätischer wirkenden Anfangsteil.

Übertragen auf eine semantische Ebene könnte dies heißen, daß Mendelssohn die Eckteile im Zusammenhang mit der sehr bildhaften Fuge nun mehr in einem geistlich-religiösen Sinn musikalisch verwendet: Das ursprünglich für die Hochzeit seiner Schwester komponierte Orgelstück, das Anfang und Ende des Satzes bildet, legt ein Verständnis in einem biblischen Sinn als Hochzeit des Lammes, das Anfang und Ende ist, nahe. Die Läuterung durch das menschliche Leben findet in dem klagenden (1. Fuge) und ringenden (2. Fuge) Mittelteil seine musikalische Entsprechung. Erst durch seine Verknüpfung mit dem Ausgangspunkt, der gleichzeitig Ziel ist, erhält er formal wie programmatisch seinen Sinn.

In dieser Musik zeigt sich ein Mendelssohn, wie ihn ein englischer Autor so treffend charakterisierte: *„Mendelssohn ist hier kaum der frohe, melodiöse, freundliche Mendelssohn, den man z.B. in den Liedern ohne Worte antreffen kann; auch kaum der populäre Mendelssohn, der in den Herzen der englischen Musikliebhaber so tiefe Wurzeln geschlagen hat; – sondern, weit eher, der Gigant Mendelssohn....“*

E. Werner sieht in dieser Musik ein Musterbeispiel von konsequenter Chromatik vor dem „Tristan“, von der es nur ein kleiner Schritt zu den weitausgesponnenen chromatischen Orgelphantasien Max Regers sei.

Daß diese Sonate nach diesem großartigen Satz mit einem kürzeren, schlichten melodischen Satz endet, mag zunächst befremdlich erscheinen. Betrachten wir jedoch die 6. Sonate in d-moll: In dieser folgt nach dem Choral „Vater unser“, der ineinandergehend mit einer Variationskette und einer thematisch in diese integrierten Fuge ein längeres zusammenhängendes Ganzes ergibt, ein ähnlich einfacher nach Dur gewendeter Finalsatz. Die Nähe dieses Satzes zum Anfang der Arie „Sei stille dem Herrn und warte auf ihn“ aus Mendelssohns „Elias“ könnte Aufschluß darüber geben über Mendelssohns Intention bei diesen beiden in ihrer Art so ähnlichen Sätzen. Sie würden wie schon der 2. Satz der 1. Sonate als stille Betrachtung des Vorangegangenen sinnvoll, ja unter diesem Aspekt als musikalisch zwingend erscheinen.

Bemerkenswert zum Hauptteil der 6. Sonate, der ja immerhin den Choral und fünf meist ganz gegensätzliche Variationen sowie eine Fuge umfaßt, ist seine Geschlossenheit. Einerseits erreicht Mendelssohn dies dadurch, daß er den Choral und – mit einer Ausnahme – alle Variationen durch Überleitungen miteinander verbindet, andererseits behält der Choral in allen Variationen ein gleichbleibendes Tempo, wie aus den Originalmetronomangaben ersichtlich ist – nur aus diesem Grund sind diese hier wichtig. Lediglich bei den letzten beiden virtuosen Variationen ist die Choralbewegung unwesentlich schneller, was die Steigerung der Dramatik unterstreicht. Die Fuge mit einem sich aus dem Choralanfang bildenden gesanglichen Thema, die Mendelssohn unmittelbar daran angeschlossen wissen will (attacca la Fuga) steht laut Metronomangabe in einer ungefähren Proportion zum Vorhergehenden, der Proportio sesquialtera, die sonst eigentlich nur in der alten Musik Anwendung findet und sich hier (wohl eher unbewußt) fortsetzt.

Die übrigen drei Sonaten lassen zwar nicht so deutlich den inhaltlichen und formalen Zusammenhang erkennen, dennoch berühren sich die Sätze in ganz subtiler Art in ihren Urzellen, aus denen die musikalische Substanz entspringt.

Am stärksten ist Mendelssohn da, wo er aus verschiedenen überlieferten Formen eine Synthese bildet zu neuen individuellen Formen, die nicht primär einem Formwillen entsprungen sind, sondern Ergebnis eines schöpferischen Prozesses sind, der einzig inhaltlich orientiert ist. Darin gibt es sogar Berührungspunkte zu Liszt und der sonst so ganz anders gearteten neuen deutschen Schule.

In den Orgelsonaten ist auf vielfältige Weise in einer der Polyphonie eines Bach oder Händel gegründeten und dennoch vollkommen eigenen unverwechselbaren Sprache der Geist der Romantik spürbar, der hier in einer tiefen individuellen Religiosität verwurzelt ist. Er ist für mich damit wegweisend zu Brahms bis hin zu Reger.

Hermann Fischer und Theodor Wohnhaas

Aspekte zu historischen Orgellandschaften Bayerns

Ein Reisender zu historischen Orgeln, der Bayern in allen Richtungen – von Aschaffenburg bis Berchtesgaden, von Hof bis Lindau – besucht, wird beobachten und feststellen können, daß sich nicht nur die Natur der Landschaften und die vom Menschen geschaffenen Siedlungsformen an bestimmten Grenzen ändern, sondern bei seiner Begegnung mit den Orgeln auch deren zunächst äußerer Charakter, z.B. was die Prospektformen, die Spielanlage oder die Registerdispositionen betrifft. Diese für einzelne Regionen mehr oder weniger gleichartigen Eigenschaften, die eine Typisierung nahelegen, bezeichnen wir gemeinhin als Orgellandschaften.

Der Begriff Orgellandschaft besagt, daß wir es rein kulturgeographisch nur mit den vorhandenen Orgeln in einem definitiv umschriebenen Raum zu tun haben. Nützlich wird der Begriff erst im engeren Sinne, wenn Landschaft und Orgelbestand eine unverwechselbare Einheit darstellen. Das ist bei Berücksichtigung von nur historischen Orgeln auch der Fall, nicht aber, wenn man alle Orgeln, vor allem die des ausgehenden 19. und 20. Jh. einbezieht. Der moderne Orgelbau kennt nämlich kaum noch landschaftliche Eigenarten, da er weitgehend nivelliert ist, vergleichbar dem modernen Städtebau. Nur am alten Stadtkern kann man noch den ursprünglichen Charakter erkennen. Das gleiche gilt bei historischen Orgeln.

Der Orgelreisende wird in Bayern folgende vier Orgelregionen feststellen: Erstens die mainfränkische zwischen Aschaffenburg und Banz; zweitens die markgräfliche zwischen Hof und Rothenburg; drittens die schwäbische zwischen Nördlingen und Füssen; viertens die altbayerische zwischen Waldsassen und Berchtesgaden/Weilheim.

Innerhalb dieser groben Einteilung sind freilich weitere Unterscheidungen und Unterteilungen möglich, sollen aber in unserem Zusammenhang nicht näher untersucht werden. Es geht uns vielmehr um eine einfache Charakterisierung der genannten Regionen (oder Orgellandschaften) nach bestimmten Eigenschaften und um die Frage, inwieweit dabei gegenseitige Beziehungen eine Rolle spielen.

Zunächst ist die Feststellung interessant, daß die Orgelregionen weitgehend mit den ihnen zugrundeliegenden historischen Territorien identisch sind: Mainfranken mit den katholischen Hochstiften Würzburg, Bamberg und Teilen von Mainz; die mittel- und oberfränkische Region mit den protestantischen ehemaligen Markgrafschaften Ansbach und Bayreuth; Schwaben blieb trotz seiner starken territorialen Zersplitterung in zahlreiche geistliche Besitzungen, Reichsstädte und weltliche Hoheiten kulturell einheitlich und überwiegend katholisch; Altbayern ist das aus dem alten Stammesherzogtum hervorgegangene wittelsbachische Kernland des heutigen Bayern mit Ober- und Niederbayern sowie der Oberpfalz, mit einer besonders bodenständigen und überwiegend katholischen Bevölkerung.

Die Unterschiede können an bestimmten Kriterien festgestellt werden: erstens an den Prospektformen; zweitens an der Zahl der Register und Manuale; drittens an der Zusammensetzung der Dispositionen; viertens an technischen Besonderheiten (Spiel- und Registeranlage); fünftens an der Art des Disponierens und sechstens bezüglich des Standorts in der Kirche. Diese für eine Region geltenden Kriterien können zusätzlich noch chronologisch unterteilt werden, wenn beispielsweise frühbarocke und hoch- bzw. spätbarocke Orgeln in der gleichen Orgellandschaft vorkommen; denn die berücksichtigten historischen Orgeln bzw. Prospekte in Bayern verteilen sich auf das 17. und 18. Jh.

I. Mainfranken als Orgellandschaft

Orgelnachweise aus dem späten Mittelalter sind hier bis ins 14. Jh. nur punktuell bekannt (Aschaffenburg, Würzburg, später auch Bamberg). Die Einführung der Orgel in die Kloster- und Stadtkirchen fand überwiegend im 16. Jh. statt, auf dem Lande gegen Ende des 17. bis Mitte des 18. Jh. Werkstätten etablierten sich zuerst in Würzburg, Kitzingen und Bamberg, später auch in Lohr, Münnerstadt, Königsberg und Schweinfurt, mußten sich aber anfangs mit Meistern aus dem Frankfurter Raum auseinandersetzen. Überdurchschnittliche Orgelbauer waren die Schleich in Lohr, Johann Hoffmann in Würzburg und sein Nachfolger, der Hoforgelmacher Johann Philipp Seuffert. In Schweinfurt wirkten die Voit, in Bamberg die Schleich, Grebenstein, Krämer und Schott.

In manchen Stadtkirchen läßt sich der ursprüngliche Orgelstandort an der Nordwand des Langhauses oder des Chors noch nachweisen. Ab dem 17. Jh. wird die Westempore zum Orgelstandort. Die ersten Instrumente waren häufig Positive, denen dann durchweg einmanualige Orgeln im 18. Jh. folgten. An Prospektformen findet man die drei- und fünfteiligen Normalformen in verschiedenen Kombinationen, hauptsächlich aber die dreitürmige Form mit Mittelrundturm und seitlichen Spitztürmen. Es sind nur zwei alte Prospekte der Zeit vor 1650 bekannt: Breitensee (1598) und Bamberg, St. Michael (um 1615). Sie gehören dem Typ der Flachprospekte an, die im gesamten süddeutschen Raum seit der Renaissance im 16. Jh. offensichtlich die Regel waren. Erst im 17. Jh. setzten sich die Turmprospekte wahrscheinlich unter dem Einfluß niederrheinischer Meister mehr und mehr durch, so daß die mainfränkischen Barockprospekte mit ihrem Wechsel von Rund-, Spitz- und gelegentlich auch Trapeztürmen noch zum Kreis der in Nordmitteleuropa üblichen alternierenden Turmprospekte gehören.

Während sich im protestantischen Norden Deutschlands das selbständige Pedalwerk mit eigenen Baßtürmen etablierte, verlief im katholischen Süden (wie auch im katholischen Rheinland) die Entwicklung anders, nämlich hin zum angehängten Pedal mit nur wenig Grundstimmen im Baßbereich, die seitlich neben dem Manualwerk im Gehäuse integriert wurden. Daraus entwickelten sich, wohl zuerst in Mainfranken und am Mittelrhein, die später so genannten Harfenfelder mit ihrem geschweiften Obergesims, das im hessisch-thüringischen Bereich mehr segmentförmig gestaltet war. Dieses neue Gestaltungselement breitete sich dann sehr schnell über den gesamten süddeutsch-österreichischen Raum aus, da es sich als äußerst variationsfähig erwies und der barocken Vorliebe zum „schwingenden Prospekt mit seinen gleichsam erstarrten Wellenfronten", um ein anschauliches Bild zu gebrauchen, äußerst entgegenkam.

In Mainfranken bleiben die Barockprospekte im wesentlichen selbständige Möbel mit schmalem Untergehäuse samt Spielnische an der Vorderseite, in einigen Fällen auch hinterspielig. Letztere Beispiele hat man auch als „Nonnenpositive" bezeichnet, weil der Emporenraum hinter der Orgel häufig, besonders in Nonnenklöstern, Psallierchor war. Die Orgel war dann mit dem Untergehäuse in die Brüstung eingebaut. Die Gehäuse sind durchweg aus Nadelholz gefertigt und daher farblich gefaßt, im 18. Jh. durchweg marmoriert oder holzfarbig, gegen Ende des Jahrhunderts zunehmend weiß. Ungefaßte Gehäuse sind selten. Der Schnitzdekor ist immer vergoldet, Figuren, Vasen, Kartuschen oder Wappen entsprechend farbig gefaßt. Engelsfiguren oder Putten kommen bei reicher Ausstattung vor; Engelsköpfe und mit Fratzen bemalte Prospektpfeifen nur zeitlich begrenzt bis zum Anfang des 18. Jh. Andere Figuren (Christus, Maria, Heilige) sind außergewöhnlich, alttestamentliche Musikanten (König David) mehr auf die Orgeln der eingestreuten evangelischen Kirchen beschränkt.

Die in der Gotik entstandene Werkteilung der Orgel in Manualwerk und Rückpositiv ist auch in Mainfranken bis zum Ende des 17. Jh. nachzuweisen. Im 18. Jh. wird auf das Rückpositiv verzichtet, statt dessen das Manualwerk durch zusätzliche Farbregister, vorwiegend Streicher, angereichert. Im westlichen Mainfranken begnügte man sich so häufig mit einmanualigen Barockorgeln, während es im östlichen, also Bamberger Bereich, eine stärkere Tendenz zu zweimanualigen Orgeln gab. Das zeigte sich z.B. nach der Säkularisation, als die „überflüssigen" Orgeln der Klöster und Stifte veräußert wurden. Von den Orgeln der etwa 30 Kirchen Würzburgs waren um 1800 nur sechs zweimanualig (Dom, Neumünster, Dominikaner- und Franziskanerkirche, Stift Haug und Käppele), im kleineren Bamberg mit nur 16 größeren Kirchen waren es mindestens fünf (Dom, Dominikaner- und Oberpfarrkirche, St. Martin und St. Stephan, wahrscheinlich auch St. Michael). Die mainfränkischen Klöster hatten überwiegend zweimanualige Orgeln (Amorbach, Bronnbach, Triefenstein, Neustadt a.M., Oberzell, Theres, Ebrach, Banz, wahrscheinlich auch Langheim).

Das zweite Manual war nach bisheriger Kenntnis als Hinterwerk, bei den breit gezogenen Instrumenten wie in Ebrach als Mittelpositiv angelegt. In Bamberg entwickelte sich daraus das Brückenpositiv, ein Ober- oder Unterpositiv, das zwei Gehäusehälften miteinander verband und den Lichteinfall vom Rückfenster her ermöglichte, wie in Gößweinstein noch zu sehen ist. Im Zusammenhang damit entstand auch der vorwärts gerichtete freistehende Spieltisch zwischen den Gehäuseflügeln (im Gegensatz zur seitenspieligen Anlage an der Innenseite eines der Untergehäuse wie bei Stumm und in Triefenstein).

Die älteren Orgeln aus der Zeit vor etwa 1710 weisen in Mainfranken noch die alte Form der Registertraktur auf mit eisernen Registerwellen quer über der Ladenmitte, die von oben her direkt in die Schleifen durch Aussparungen in den Stöcken eingreifen. Das zugehörige Gestänge befindet sich an der Rückwand und wird vom Organisten durch (meist) senkrecht bewegliche Hebel mit Einhakmöglichkeit geschaltet. Später wurde dieser Mechanismus oft durch die einfachere Wellenbaummechanik mit Zugstangen und Manubrien ersetzt. Der Manualumfang von vier Oktaven mit 45 Tasten (kurze Unteroktave) ist die Regel bis etwa zur Mitte des 18. Jh. Danach wird die große Oktave in der Regel bis 48 Tasten (ohne Cs) ausgebaut. Die Fortführung bis zum d^3 erfolgt etwa ab 1790. Das Pedal umfaßt in der Regel 18 Tasten und geht bei kurzer Oktave bis zum a°, bei langer Unteroktave bis zum f° oder g°, seltsamerweise aber auch oft nur bis zum d°. In allen Fällen ist es durch eine Ventilkoppel mit dem Manual verbunden, bei Hoffmann noch in einem separaten Windkasten.

Die Disposition der durchschnittlichen einmanualigen Dorfkirchenorgel folgt dem Schema Principalchor aus 4', 3', 2', Mixtur 1' dreifach, Gedackt, Gamba und Salicional 8' und ein oder zwei Pedalregistern. Es wird erweitert durch Quintatön und die schwebend gestimmte Piffara, durch Spitzflöte oder Kleingedackt 4', einen flötigen 2', und bei entsprechender Größe auf Principal 8'-Basis gestellt mit Verdoppelung der Klangkrone durch Zimbel und Einführung der Terz mit Sesquialter/Decimaquinta oder auch in die Mixtur. Die Würzburger Meister Hoffmann und Seuffert bestückten so ihre Einmanualladen manchmal mit bis zu 16 Registern. Zungenstimmen sucht man im Manual vergebens, man findet sie höchstens im Pedal bei größeren Werken, dort auch nicht selten eine Pedalmixtur.

II. Der markgräfliche Orgelbau in Mittel- und Oberfranken

In Mittelfranken trifft man noch häufig auf mittelalterliche Chorturmkirchen, die sich durch den Einbau von Emporen dem Bevölkerungswachstum angepaßt haben. Die in der Barockzeit entstandenen Kirchen im sogenannten Markgrafenstil sind einfache Saalbauten mit Walm- oder Mansarddächern, zurückhaltenden Turmformen und innen wie außen von strenger Raumauffassung. Hier entstand auch die „Markgräfler Wand" mit dem Übereinander von Altar, Kanzel und Orgel als den Prinzipalstücken im protestantischen Gottesdienst. Bei genauem Hinsehen gibt es jedoch zahlreiche Varianten, z.B. auch Kanzelaltäre und Kanzelwände ohne Orgel.

In den alten Kirchen mit einem räumlich abgetrennten (Turm-) Chor findet sich meist eine kleine Chorempore mit Orgel über oder hinter dem Altar, also auch hier die Verbindung von Altar und Orgel. Im Rothenburger Bereich überwiegen die Altkirchen mit einer winkelförmigen Empore, deren Nordarm die Orgel ganz in der Nähe zur Chorwand trägt. Der häufigste Orgelstandort ist aber auch in den Markgrafenkirchen die Westempore, wo die Orgel als Gegenpol zum Altar zwischen den schallschluckenden Emporen den Raum am besten akustisch beherrschen kann. Selbstverständlich sind die Emporen und die genannten Orgelstandorte erst in der nachreformatorischen Zeit entstanden. In den einst katholischen Kirchen waren, soweit sie Orgeln hatten, diese auf den damals vorherrschenden Schwalbennestemporen aufgestellt.

Im Spätmittelalter waren auch hier die Kirchenorgeln punktuell verteilt auf die Stifts- und Klosterkirchen für den liturgischen Gesang, während sie in den Stadtkirchen auch Repräsentationszwecke erfüllten, wie z.B. in Nürnberg, Rothenburg, Bayreuth oder Hof. Nach dem 30jährigen Krieg verdichtete sich der Orgelbestand auch auf dem Lande immer mehr und wird schließlich im 18. Jh. flächendeckend. Nürnberg wurde zur „Orgelstadt" schlechthin. Hier wurden die ersten Bibel-Regale gefertigt, fanden die Instrumentenmacher ein reiches Betätigungsfeld und entwickelte sich eine auf den Export gerichtete Positivfabrikation im 17. Jh. Zur Pflege der städtischen Orgeln waren Stadtorgelmacher bestallt.

In der Markgrafschaft Ansbach gab es ab etwa 1700 privilegierte Orgelmacher, die sich allerdings auch der benachbarten Konkurrenz zu stellen hatten. Namhafte Meister waren Wiegleb in Wilhermsdorf, der für die Ansbacher Stiftskirche eine der seltenen dreimanualigen Orgeln baute, und Gessinger in Rothenburg. In der Markgrafschaft Bayreuth erlangte der böhmische Exulant Matthias Tretzscher im 17. Jh. herausragende und überregionale Bedeutung, der nicht nur die dreimanualige Orgel in Kaisheim baute, sondern auch im Straßburger Münster arbeitete. Im 18. Jh. wanderte der Schwerpunkt des Orgelbaues nach Hof, wo die privilegierten Silbermann-Schüler Graichen und Ritter und nach ihnen Heidenreich wirkten, später auch nach Bayreuth, wo mehrere Mitglieder der Familie Wiegleb tätig waren.

Daß im mittel- und oberfränkischen Orgelbau Einflüsse aus Thüringen und Sachsen spürbar sind, hängt mit der gemeinsamen Konfession und der entsprechenden Zuwanderung von Orgelbauern zusammen. In den Markgrafschaften sind daher auch im Vergleich zu Mainfranken eigene Prospektformen entstanden; es überwiegen neben den ohnehin vorhandenen Normalprospekten die Rundturmprospekte (Dreirundturmtypen) in einer gewissen Vielfalt. Größere zweimanualige Werke sind in der Mitte zweigeschossig aufgebaut wie in Thüringen und bei Silbermann. Unter den oberfränkischen Wiegleb-Prospekten tauchen Halbsegmenttürme auf, wie sie auch in Thüringen existieren, und spitzturmförmige Zwischenfelder (Spitzfelder) als belebende Elemente neben den Rundtürmen oder schräg gestellten Rechteckfeldern (als vereinfachte Harfenfelder) sind weit verbreitet. Neben diesen allgemeinen Beobachtungen lassen sich natürlich auch spezifische Personalprospekte ausfindig machen.

Dem Beobachter wird auch nicht entgehen, daß die Orgelgehäuse in den protestantischen Kirchen nur farblich (einfarbig mit farblich abgesetzten Zier'teilen) gefaßt, aber nicht marmoriert sind wie in den meisten katholischen Kirchen. Figürliches Schnitzwerk in Gestalt des Königs David mit der Harfe und von Engeln mit Musikinstrumenten ist häufig. Das Schnitzwerk ist in der Regel vergoldet, nicht selten aber auch mehrfarbig abgesetzt. An den originalen

Prospektpfeifen findet man fast immer Zierwarzen in bestimmter Anordnung, aber keine Bemalung.

Die Dispositionen der einmanualigen Dorforgeln unterscheiden sich nicht so sehr von den mainfränkischen, die zweimanualigen sehr wohl. Das zweite Manual ist gelegentlich noch Rückpositiv und immer mit einem eigenen Principalchor ausgestattet, also nicht reines Farbwerk wie in Mainfranken. Die katholisch geprägten Nachbarn im Norden und Westen neigen mehr zur streicher- und grundtongesättigten Barockorgel mit hellem Principalchor und abwechslungsreichen Farbnuancen. Im Markgrafenland treten die Streicher hinter den Gedackten, der Quintatön und Flöten im 8'- und 4'-Bereich zurück. Auch kann der Weit- oder Farbchor neben dem Principalchor bis zum 2' ausgebaut sein. Anfänglich feststellbare „Farb"unterschiede zwischen dem Westen und dem Osten (Ansbach-Nürnberg-Bayreuth) gleichen sich im Laufe des 18. Jh. weitgehend an. Es fehlen nicht oder nur selten ein Zimbelstern und der Tremulant.

III. Die Orgellandschaft Schwaben

Der Übergang von Franken in die südwestbayerische (und oberschwäbische) Orgellandschaft ist zunächst fließend, da zwischen den Markgrafschaften, der Grafschaft Oettingen und den reichsstädtischen Territorien von Nördlingen und Ulm bei gleicher Konfession genügend Berührungspunkte bestanden. Ulm und Nördlingen waren Städte sehr alter Orgelkultur und bis ins 18. Jh. Zentren des Orgelbaues mit weiter Ausstrahlung. Entlang und südlich der Donau blieb das Land trotz seiner territorialen Zersplitterung überwiegend katholisch und kulturell einheitlich. Tonangebend im Bauen und Ausstatten wurden die Klöster und Reichsstifte, die es im Winkel zwischen Donau und Lech zahlreich gab.

Über die Bedeutung der Stadt Augsburg für den mittelalterlichen Orgelbau gibt es Hinweise, jedoch noch zu wenig gesicherte Kenntnisse. Es bleibt umstritten, ob der Bischof Wikterp schon im 8. Jh. seinen Dom mit einer Orgel schmückte. Sicher ist aber, daß bald nach der Jahrtausendwende Orgeln in Augsburg erklangen. Aktivitäten an Orgeln in den meisten schwäbischen Städten oder durch schwäbische Orgelmacher lassen sich vielfach für die vorreformatorische Zeit nachweisen. Die ältesten Zeugnisse von süddeutschen Orgeln stammen aus dieser Region (Augsburg 1518, Konstanz 1522, Nördlingen 1544). Der auf die Reformation folgende

Bildersturm fand auch unter den Orgeln reichlich Nahrung. Ihm folgte noch im 16. Jh. eine erste Blüte des Orgelbaues, zuerst im Süden, die sich dann nach Norden verschob und um 1600 in Augsburg verdichtete; dort entstanden Werkstätten, die sich hauptsächlich auf „selbstschlagende" Musikautomaten für den Export spezialisierten, meist kunstvoll gearbeitete Stücke, die man noch in Museen bewundern kann. Daneben und danach entstanden im gesamten Land zahlreiche Orgelbauwerkstätten, die oft in mehreren Generationen tätig waren. Genannt seien nur einige Namen: Hayl, Ramis, Prescher und Weidner im 17. Jh., Fuchs, Schmahl, Kronthaler, Gabler, Freywis, Jäger, Hörterich, Simnacher, Riepp und Holzhay im 18. Jh. Ihnen verdanken wir die weithin bekannten Orgeln in Neresheim, Ochsenhausen, Ottobeuren, Roggenburg, Rot a.d.R., Ursberg und Weingarten, um nur die wichtigsten zu nennen.

Mit den vielfältigen Anwendungsmöglichkeiten sind in Schwaben mehr als anderswo ganz unterschiedliche Arten von Orgeln und damit zusammenhängende Standorte entstanden. Lettnerorgeln sind ebenso nachweisbar wie Schwalbennestorgeln, aber erst mit der klösterlichen Praxis lassen sich die Chororgeln, die Orgelpaare, die „Legorgeln" (liegende Positive), die integrierten Chor- und Kanzelorgeln und die aufwendig gestalteten und oft geteilten großen Orgeln erklären, die wir zumeist dem Ehrgeiz der Prälaten und dem erfinderischen Können schwäbischer Orgelbauer verdanken. Kein Orgelreisender wird es versäumen, diese „Wallfahrtsorte" aufzusuchen und sich ein Bild zu machen, oder um festzustellen, was original ist und was originell.

Von diesen großen Beispielen abgesehen, ist Schwaben in seinen ländlichen Bereichen wesentlich bescheidener mit Orgeln ausgestattet. Viele Kirchen erhielten erst im 19. Jh. eine Orgel, die nicht immer eine vorhergehende Generation von Positiven ablöste. Die Anschaffungen waren zudem in der Regel Brüstungsorgeln von bescheidenem Ausmaß auf der oberen Empore; sie sind platzsparend und klanggünstig angebracht und hinterspielig. Fast alle haben einen dreiteiligen Prospekt mit niedriger Mitte, damit der Organist auf den Altar sehen kann. Das Pedal ist entweder angehängt oder an der Rückwand der Empore angebracht. Die große Zeit der Brüstungspositive begann im 19. Jh.

In Schwaben kann man eine ganze Palette von historischen Orgelprospekten in chronologischer Abfolge aufsuchen: Die schon genannten ältesten Renaissanceprospekte in Augsburg (Fuggerkapelle), Konstanz und Nördlingen sind Flachprospekte mit harmonisch gegliederten Pfeifenfeldern und entsprechend geformten Flügeltüren. Die halbkreisförmig eingetiefte Mitte scheint eine schwäbische

Eigenart zu sein und wurde vielfach realisiert, so auch in Augsburg (St. Ulrich und Afra) und Innsbruck (Hofkirche). Einen schwarz-gold gefaßten Flachprospekt der Frühbarockzeit findet man in Kaisheim, die schon von Prescher mit Türmen barocker gestalteten Gegenbeispiele in Niederschönenfeld, Wemding und Wettenhausen. Typisch schwäbische Architekturprospekte mit Säulengliederung, schwerem Gebälk und Sprenggiebeln aus der Übergangszeit stehen in Landsberg, Ellwangen, Holzen oder Mussenhausen, ein spätes Beispiel in Lindau. Die Formen des 18. Jh. sind vielfältig. Normalprospekte kommen im Norden häufiger vor als im Süden, sind aber insgesamt in der Minderheit. Harfenfelder sind häufig, Rundtürme dominierend, weil sie der Vorliebe für geschmeidige Grundrisse entgegenkommen. Die Vielzahl der Typen sperrt sich gegen eine Systematisierung.

Bemerkenswert sind die geteilten Prospekte, die erhaltenen Rückpositive, die Kronpositive, die freistehenden Spieltische, in der Regel Prachtstücke der Schreinerkunst, und die damit zusammenhängenden technischen Probleme der Trakturführung. Mit Sicherheit ist keine süddeutsche Orgellandschaft so durch ausgefallene Ideen und ihre Realisation ausgezeichnet, mit so vielen (zehn) dreimanualigen Barockorgeln ausgestattet, die mit solch künstlerischer Qualität ausgeführt sind, wie in Schwaben. Schwaben erweist sich geradezu als Experimentierfeld barocker Ideen.

Auch im Klangfarbenreichtum mit integrierten Streichern und der Tendenz zur Grundtönigkeit, besonders bei Gabler, oder der verstärkten Einführung von Zungenstimmen durch Gabler, Riepp oder Holzhay lagen die schwäbischen Meister an führender Stelle, von den französischen Einflüssen durch Riepp ganz zu schweigen.

Im landläufigen Sinne werden Orgellandschaften gern nach der Zahl und Größe von mehrmanualigen Instrumenten beurteilt. Hinsichtlich dieses Kriteriums schneidet Schwaben für das 17. und 18. Jh. überdurchschnittlich gut ab. Ein grober Überblick für Bayerisch Schwaben zeigt uns schon mindestens sieben mehrmanualige Orgeln im 17., und 27 im 18. Jh. gebaute Orgeln, darunter Nördlingen mit III/24 (1668 Prescher), Kaisheim mit III/29 (1678 Tretzscher), Roggenburg mit III/43 (1761 Schmahl) und Ottobeuren mit IV/49 (1766 Riepp) Stimmen. In der Frühbarockzeit beläuft sich die Registerzahl der Zweimanualigen zwischen zehn und 27 (sechs Beispiele); in der Hochbarockzeit zwischen elf und 37 (25 Beispiele). Würde man noch das außerbayerische Oberschwaben miteinbeziehen, das ja zur Orgellandschaft gehört, so kämen z. B. acht dreimanualige (Neresheim, Obermarchtal, Rot a.d.Rot, Salem (2), Ulm, Villingen, Weißenau) und drei viermanualige (Ochsenhausen, Weingarten, Zwiefalten) Orgeln noch hinzu. Diese Dichte resultiert ganz einfach aus der großen Zahl reichsfreier Prälatenklöster im Winkel zwischen oberer Donau und Lech.

IV. Altbayern, die Orgellandschaft mit den vielen Gesichtern

1623 gewann Bayern die Kurwürde und die Oberpfalz zurück. Kurfürst Maximilian I. machte trotz des 30jährigen Krieges das katholisch gebliebene Land und den Staat zu einer der führenden Großmächte in Europa mit höchstem Ansehen. Mit dem Wiederaufbau wuchs die kulturelle Bedeutung, italienische Meister brachten den Barock nach Bayern, der hier auf fruchtbaren Boden fiel und zu eigenständigen, stark landschaftsgebundenen Kunstschöpfungen heranreifte, die gerade im 18. Jh. ihren Höhepunkt erreichten, als der Kurstaat Bayern nur noch eine mittlere Rolle im Konzert der europäischen Großmächte spielen konnte. Politisch gab es zwar Rivalitäten und mehrfache Grenzverschiebungen zum habsburgischen Österreich, der ehemals bayerischen Grenzmark im Osten, doch sie vermochten nicht die gemeinsamen kulturellen Wurzeln beider Länder zu durchtrennen, so daß vieles Gemeinsame auf beiden Seiten dem kulturellen Austausch nur dienlich sein konnte.

Altbayern als Flächenstaat mit seiner Städtearmut, dem Reichtum an Einzelgehöften und einem weitgespannten Siedlungsnetz verdankt diese Struktur der relativ starken Zentralmacht, die die Eigenstaatlichkeit garantierte. Es hebt sich dadurch auch in seinen Mundarten, seinem Brauchtum und seiner Volkskunst von den benachbarten Landschaften deutlich ab, z.B. den Schwaben und Franken, die in Kleinstaaterei zerfielen.

Als Orgellandschaft läßt sich Altbayern jedoch so zentralistisch nicht definieren. Das gilt nicht einmal für das altbayerische Kernland von Ober- und Niederbayern, viel weniger für das westliche Oberbayern, das als Brücke nach Schwaben von dorther beeinflußt wird, und für die Oberpfalz, die im Spannungsfeld zwischen Böhmen und Franken von beiden Seiten „unterwandert" wurde. Aber auch das Kernland um München und im Südosten war in den großräumigen Ideenaustausch eingespannt. Kurz: Der Zentralstaat verhinderte die kleinräumige Aufteilung des Marktes in einzelne konkurrierende Werkstattbereiche wie in Schwaben und Franken und begünstigte gleichzeitig durch den größeren Markt weiträumige und grenzüberschreitende Tätigkeitsfelder. Im Orgelbau überwogen so deutlich die Impulse von außerhalb, und mit Ausnahme der Egedacher, die weit nach Osten ausstrahlten, waren die bodenständigen Werkstätten entweder durch Zuwanderer aufgeblüht (z.B. König in Ingolstadt, Bayr in München, Brandenstein in Stadtamhof) oder relativ bedeutungslos.

So zog es im 17. und 18. Jh. mehrfach fränkische Orgelbauer nach München: Hans Mehrer aus Forst (um 1620), Johann Philipp Hildebrandt aus Würzburg (1738), Anton Bayr aus Heidingsfeld (1745). Im 16. Jh. war es der bayerische Meister Hans Kindler aus Ingolstadt, der in Franken tätig wurde. Aus Mainfranken stammten auch die Orgelbauer Schleich, Brandenstein und Funtsch, die nachmals in Amberg und in Stadtamhof bei Regensburg eine reiche Tätigkeit entfalteten.

Die Passauer Orgelbauer Butz, Freund und Egedacher wirkten hauptsächlich donauabwärts bis Wien in dem bis dahin reichenden Bistumsgebiet. Umgekehrt arbeiteten Tiroler Meister im bayerischen Voralpengebiet, z.B. Sebastian Achamer aus Hall i.T.. Andererseits zog es den Münchener Daniel Herz über Brixen nach Wilten bei Innsbruck. Aus Graz stammten die Mitterreither, die sich um 1725 in Altötting und Landshut ansiedelten.

Lebhaft war auch die Zuwanderung aus dem Schwäbischen: Daniel Hayl und seine Nachkommen erreichten den Pfaffenwinkel, hatten aber Aufträge bis nach Salzburg und Südtirol. Die größten Werke von Balthasar Freywis aus Aitrang standen im Pfaffenwinkel, selbst so bekannte Orgeln wie die in Ettal, Polling oder in der Wieskirche stammten von dem Schwaben Johann Georg Hörterich aus Dirlewang. Die Orgelbauer Fuchs im schwäbischen Donauwörth, denen wir die Denkmalorgel in Fürstenfeld und andere Orgeln in Altötting, Freising oder München verdanken, stammten allerdings aus Bad Tölz, sind also nicht als Zuwanderer zu betrachten. Daß den schwäbischen Meistern so die Tore nach Altbayern offen standen, hängt mit der Ausdehnung des Augsburger Bistums zusammen, das im Norden bis Pfaffenhofen und im Süden über Landsberg, Weilheim bis in die Gegend von Bad Tölz reicht.

Die charakteristische territoriale Struktur ist auch verantwortlich für die ungleiche Verteilung der Denkmalorgeln und -prospekte. Im Alpenvorland und an der mittleren Donau häufen sich die Chorherrenstifte des Augustinerordens, weniger dicht, aber gleichmäßiger sind die Benediktinerabteien verteilt. Sie alle waren die Träger der Orgelkultur, wenn auch vergleichsweise nicht mit solchem Aufwand, wie wir ihn von den schwäbischen Reichsprälaturen kennen. Die Säkularisation hinterließ in Altbayern stärkere Spuren, manche Klöster, z.B. Wessobrunn, sind ganz verschwunden. In den erhaltenen Klosterkirchen fehlen heute die Chororgeln, die man nach 1803 verkauft hat, anders als etwa in Schwaben, wo man sie noch finden kann.

Eine Aufstellung der 1803 vorhandenen Klosterorgeln in Altbayern nach Manual- und Registerzahl ergibt: Von den 28 Benediktinerklöstern waren mindestens 20 mit zweimanualigen Orgeln ausgestattet, die kleinste mit II/16, die größte mit II/33 Registern (Benediktbeuern). Die sechs Prämonstratenserkirchen hatten vier zweimanualige Orgeln, die größte mit II/21 Registern in Steingaden. In den zwölf Zisterzienserkirchen finden wir überwiegend einmanualige Instrumente mit Ausnahme von Fürstenfeld II/27, Pielenhofen II/20, Raitenhaslach II/26 und Waldsassen II/37. In den zwölf Augustinerchorherrenstiften befanden sich mindestens neun Zweimanualige, die größte mit II/34 in Polling, die kleinste mit II/18 Registern in Herrenchiemsee. Ein ähnliches Bild ergibt sich bei den Dom- und Stiftskirchen, die zweimanualige Werke besaßen, der Passauer Dom hatte mit 38 Registern auf drei Manualen die größte altbayerische Orgel, dicht gefolgt von Waldsassen.

In Altbayern kann man auch wie in Schwaben die Chronologie der Orgelprospekte anschaulich studieren: Die ältesten Prospekte aus dem 17. Jh. (Thalkirchner Orgel, Dom in Freising) sind flach und mit Flügeltüren verschließbar. Daneben sind die Architekturprospekte mit Säulen und Giebeln typisch für das weitere Jahrhundert (Landshut, Bernried, St. Veit, Landsberg, Regensburg, St. Emmeram, Prüfening, Neukirchen Hl. Blut). Auffallend ist, daß die im Norden üblichen Normalprospekte hier die Ausnahme bilden (Weiden 1565, der älteste Prospekt überhaupt und Sammarei). In der Oberpfalz treten sie nach 1700 häufiger auf, sozusagen als Implantate aus Franken oder Böhmen.

Im 18. Jh. werden Grund- und Aufriß der Prospekte bewegter, die Harfenfelder, gerade oder geschwungen, bilden neben hauptsächlich Rundtürmen die wichtigsten Prospektglieder, die in großer Vielfalt zusammengestellt werden. Im Nachbarschaftsvergleich ist jedoch folgendes festzustellen: Rückpositive sind eine Seltenheit; nur im schwäbischen Einflußbereich kommen sie noch vor. Auf die Oberpfalz begrenzt sind einige Unterpositive (Kappel, Frauenzell, Weltenburg). Etwas häufiger findet man geteilte oder in der Mitte niedrig gehaltene Gehäuse aus Rücksicht auf das Rückfenster.

Die verschiedenen Werkstätten entwickeln eigene Prospekttypen (Personalprospekte): In der Oberpfalz kann man zwischen den Funtsch- und Weiß-Prospekten recht deutlich unterscheiden. Eine völlig eigene Note haben die Brandenstein-Prospekte, wohl die besten in Altbayern, anzutreffen zwischen Waldsassen und Raitenhaslach. Für die Werkstatt Fuchs in Donauwörth sprechen bestimmte

Merkmale, weniger für König, der noch nicht recht erkannt werden kann. Bayr in München bedient sich anfangs noch der Modelle aus seiner mainfränkischen Heimat, paßt sich aber dann seinem neuen Umfeld an. Ganz charakteristisch sind wieder die Prospekte der Egedacher, sowohl die des 17. als auch die andersartigen des 18. Jh., wo die dreieckigen Schleierbretter ein bekanntes Merkmal darstellen.

Altbayerische Orgeln sind auch in ihrer Klangstruktur teilweise recht eigenartig, zumindest regional doch verschieden. Fränkische und böhmische Einflüsse in der Oberpfalz sind auch in der Dispositionsweise zu erkennen. Die Dispositionen eines Bayr, Brandenstein, Fuchs, König und der Egedacher unterscheiden sich nur in Nuancen. Allen gemeinsam ist der Manualaufbau mit Principalchor und den Grundfarben Gedackt und Gamba mit Flöte 4'. Unterschiedlich sind die Erweiterungen, der Principalaufbau des II. Manuals und des Pedals, die Vorliebe für bestimmte Farbregister und Registernamen (Sedetz, Decimaquinta, oder Echo für Salicional), besonders bei Brandenstein. Typisch ist die Bezeichnung Tutti für die Pedalkoppel.

Am Spielschrank, soweit erhalten oder bekannt, findet man Manuale mit kurzer Oktave (C-c^3 45 Tasten), ein Pedal mit 18 Tasten C-a°, und Registerhebel, im 17. Jh. noch senkrecht verschiebbare zum Einhaken (Vilgertshofen), auch noch bei Egedacher (Vornbach), im 18. meist waagrecht verschiebbare (Seligenporten). Diese Einrichtung sowie die kurze Oktave war um die Mitte des 18. Jh. in Franken und Schwaben nicht mehr gebräuchlich.

So erweist sich Altbayern im eingangs definierten Sinne als eine Orgellandschaft mit mehreren „Gesichtern" und auch am überkommenen Bestand von alten Orgeln und Orgelgehäusen als sehr vielschichtig.

Aus Statistiken von 1814 können wir ersehen, daß auch die Pfarr- und die meisten Filialkirchen auf dem Lande mit Orgeln versehen waren. Es ist auffallend, wie klein und bescheiden die Instrumente, vielfach nur Positive, damals waren; es überwogen die Instrumente mit vier bis acht Registern, ein kleiner Teil war sehr alt, die meisten stammten aus dem 18. Jh. Von diesem Bestand ist heute nichts mehr vorhanden, sind doch inzwischen mehrere Wellen der Orgelbautätigkeit über das Land gezogen und haben eine völlig andere Orgellandschaft entstehen lassen. Diese Entwicklung ist in ganz Bayern zu beobachten, vielleicht mit Phasenverschiebungen in den einzelnen Landesteilen, aber doch eine generelle, wobei sich Bayern keineswegs von anderen deutschen und benachbarten Ländern unterscheidet.

Johannes Berchmans Göschl

Zwischen Theorie und Praxis: Gedanken zum Gregorianischen Choral als Lehrdisziplin in Geschichte und Gegenwart

Im ersten Augenblick mutet es eigenartig an, daß an den meisten musikwissenschaftlichen Instituten der deutschen Universitäten die Behandlung der Gregorianik sich hauptsächlich auf deren Spätrepertoire, insonderheit auf das Repertoire von Hymnen, Tropen und Sequenzen erstreckt, während der wichtigste Bereich des gregorianischen Repertoires, das Proprium Missae, erstaunlicherweise vielfach ausgeklammert oder nur im Vorbeigehen gestreift wird. Bei näherem Hinsehen ist für diese selbstgewählte Abstinenz gegenüber jenem sehr früh entstandenen und klassischen Teilrepertoire, in dem der Gregorianische Choral seinen Kulminationspunkt erreicht hat, ein plausibler Grund zu erkennen: die aus aufführungspraktischer Sicht fatale Situation, sich zu keiner Lösung in der Rhythmusfrage des Gregorianischen Chorals verstehen zu können. In der Tat spielt in keinem Bereich der Gregorianik die Frage nach der rhythmischen Gestaltung eine solch zentrale Rolle wie in dem rhythmisch sehr subtil differenzierten Repertoire des Proprium Missae. In diesem Punkt aber ist die Musikwissenschaft der Gegenwart, insoweit sie sich an den Forschungseinrichtungen der deutschen Universitäten artikuliert, nicht wesentlich über den von Peter Wagner im ersten Drittel unseres Jahrhunderts erreichten (und längst überholten) Forschungsstand hinausgegangen, nur mit dem Unterschied, daß sie sich in der Frage des ursprünglichen Choralrhythmus noch um einiges „agnostischer" gibt als Wagner. Denn immerhin bezieht dessen gemäßigter Mensuralismus, der für den ursprünglichen Choralrhythmus eine Differenzierung der Notenwerte im proportionalen Verhältnis 1:2 (bzw. umgekehrt) annimmt, eine klare Position, so unhaltbar diese Rhythmustheorie im Blick auf den heutigen Stand der Forschung auch erscheint.

Woher aber soll nun der heutige Choralpraktiker – der Choral-Dozent, der Schola-Leiter, der Kantor und Schola-Sänger – sein Wissen in der so zentralen Frage des ursprünglichen Choralrhythmus beziehen, mit der ja auch in besonderer Weise der gesamte Fragenkomplex des Wort-Ton-Verhältnisses und nicht zuletzt der Interpretation selbst zusammenhängt, wenn in diesem Punkt keine Hilfe von der „reinen" Musikwissenschaft zu erwarten ist?

Ein Blick zurück in die wechselvolle Geschichte des Gregorianischen Chorals kann helfen, sich von einer unrealistischen Erwartungshaltung freizumachen. Er zeigt, daß die Geschicke des Gregorianischen Chorals zu keiner Zeit wesentlich in der Verantwortung und Kompetenz der „reinen" Musikwissenschaft lagen, daß es vielmehr immer die eher praxisorientierten Pflege- bzw. Ausbildungsstätten waren, denen der Gregorianische Choral seine Entstehung, die allmähliche Ausformung seines Repertoires sowie seine Entwicklung und Überlieferung verdankt. Zwar hat sich die „reine" Musikwissenschaft zu allen Zeiten des Gregorianischen Chorals angenommen und hat in dessen Geschichte ihre Spuren hinterlassen, doch was die Frage der rhythmischen Gestaltung und, in engem Zusammenhang damit, den Fragenkomplex der Interpretation des Gregorianischen Chorals betrifft, kann man feststellen, daß die Lehren der „reinen" Theoretiker keine nachhaltige Akzeptanz bei den Praktikern bzw. mehr praxisorientierten Wissenschaftlern fanden. Das hat damit zu tun, daß eben diese Lehren zum großen Teil nicht aus der Praxis gewonnen und auch nicht dem Korrektiv der lebendigen Praxis unterzogen wurden, wodurch sie sich dann für eine solche als irrelevant erwiesen. Die aus mittelalterlichen Quellen bestens bezeugte Kluft zwischen den Musiktheoretikern und der praktischen Choralpflege hat hier ihre Wurzel. Das Bestreben der mittelalterlichen Theoretiker, Begriffe und Inhalt der griechisch-römischen Musiktheorie (die sie im übrigen vielfach falsch auslegten oder mißverständlich darlegten) der lebendigen Choralpraxis anzupassen, stieß bei den Praktikern bzw. jenen Gelehrten, die aus der Praxis kamen, auf Widerstand und Ablehnung. Und so waren es diese selbst, d. h. die Lehrer in den Kloster- und Kathedralschulen, die Chorleiter und Kantoren in den monastischen Gemeinschaften und an den Kathedralen, die Schreiber und Notatoren der gregorianischen Neumenhandschriften, die für Lehre und Praxis des Gregorianischen Chorals zu den unterschiedlichen Epochen verantwortlich waren und denen der Gregorianische Choral seine Existenz und authentische Überlieferung durch die Jahrhunderte sowie letztlich sein Überleben bis zum heutigen Tag verdankt.

Eine mit den eben beschriebenen Zusammenhängen des Mittelalters vergleichbare Situation ist um die Mitte des letzten Jahrhunderts zu konstatieren. Es war die Zeit der beginnenden Choralrestauration, die im kurz vorher neu besiedelten französischen Kloster Solesmes ihren Ausgang nahm, die Zeit einer mächtig aufblühenden Erneuerungsbewegung nach Jahrhunderten eines stetig fortschreitenden Verfalls der Choraltradition in Lehre und Praxis. In der Euphorie der Wiederentdeckung vieler – über Jahrhunderte verschollener bzw. der Vergessenheit anheimgefallener – mittelalterlicher Choralhandschriften regte sich allenthalben ein emsiger Forschergeist, der unverzüglich daranging, aus eben diesen wiederaufgefundenen mittelalterlichen Quellen den authentischen Gregorianischen Choral zu rekonstruieren. Daß diesem Vorhaben in der Anfangsphase der Choralrestauration auf der ganzen Linie ein nur begrenzter Erfolg beschieden sein konnte, leuchtet aus heutiger Sicht ohne weiteres ein, bedenkt man, wie unvollkommen die wissenschaftliche Methode noch war, deren man sich damals bediente. Dennoch läßt sich unter den damaligen Choralforschern eine klare Trennungslinie ziehen zwischen solchen, die für die weitere Entwicklung der Choralrestauration nur eine geringe oder überhaupt keine Bedeutung erlangt haben und deshalb heute so gut wie vergessen sind, und solchen, die bei aller Begrenztheit und Relativität ihrer eigenen Forschungsergebnisse doch für die Zukunft die richtigen Perspektiven eröffnet und für die Choralinterpretation einen zunächst einmal einigermaßen gangbaren Weg gewiesen haben. Zur Gruppe dieser Letzteren gehörten Wissenschaftler, die, angeführt von den Mönchen von Solesmes, aus der Praxis kamen und tagtäglich die Gelegenheit hatten, die Resultate ihrer Forschungen mit den Erfordernissen, Möglichkeiten und Grenzen der Praxis zu konfrontieren. Die Gruppe der Erstgenannten hingegen setzte sich überwiegend aus „reinen" Wissenschaftlern zusammen, die von vornherein davon absahen, ihre Forschungen dem Korrektiv der Praxis zu unterziehen, und so in ihrer rhythmischen Deutung der mittelalterlichen Neumen zu – einander oft diametral entgegengesetzten – Lösungen gelangten, die, wollte man sie aufführungspraktisch umsetzen, eine nicht selten geradezu halsbrecherische und dem Geist der Liturgie widersprechende Virtuosität erforderten und die infolgedessen von den Praktikern als unrealistisch und inakzeptabel abgelehnt wurden.

Die Rede ist von den beiden Rhythmussystemen des letzten Jahrhunderts, dem Äqualismus und Mensuralismus, deren Widerhall noch bis in die jüngere Vergangenheit zu vernehmen war, wenn auch der mensuralistische Lösungsvorschlag für die Praxis so gut wie keine Rolle gespielt hat und in der theoretischen Wissensvermittlung nicht recht viel mehr als eine kuriose historische Reminiszenz geblieben ist. Demgegenüber entsprach die äqualistische Lösung dem Gebot der Stunde, in einer Zeit vielfach ungesicherter Erkenntnisse in bezug auf die zahlreichen in den ältesten Neumenhandschriften enthaltenen Vortragshinweise einen allen zugänglichen Weg aufgezeigt zu haben, den Gregorianischen Choral endlich wieder – nach Jahrhunderten Unterbrechung der lebendigen Tradition – singbar zu machen und so seine weltweite Verbreitung zu ermöglichen.

Zur Ehre vieler dem Äqualismus zuneigenden Forscher, vor allem der prominentesten Vertreter der Schule von Solesmes, muß gesagt werden, daß sie sich der Vorläufigkeit und Korrekturbedürftigkeit des von ihnen vorgeschlagenen Weges durchaus bewußt waren und sich die Option eines dem paläographischen Befund der Neumenhandschriften entsprechenderen Rhythmusverständnisses für die Zukunft offenhielten, obgleich dies aus ihren einschlägigen Veröffentlichungen so gut wie nicht hervorgeht. Dennoch mußten noch einige Jahrzehnte vergehen, bis um die Mitte unseres Jahrhunderts in der Person Dom Eugène Cardines, eines Mönchs von Solesmes, jener Forscher in den Blickpunkt des Interesses rückte, der diese Option Wirklichkeit werden ließ. Mit dem Namen und der Persönlichkeit Eugène Cardines verbindet sich in besonderer Weise ein ganz bestimmter Forschungszweig der Gregorianik, der in den letzten 50 Jahren das Gesicht des Gregorianischen Chorals entscheidend verändert hat: die Gregorianische Semiologie. Das Wort „Semiologie" bedeutet im Kontext des Gregorianischen Chorals Lehre vom Sinn (logos) der (Neumen-) Zeichen (semeion) der mittelalterlichen Choralhandschriften. Gemeint ist in erster Linie der musikalische Sinn der Neumen und insonderheit deren rhythmische Bedeutung, dies jedoch stets in Relation zum Text, der den Gregorianischen Gesängen als Urquelle und entscheidende formbildende Kraft zugrundeliegt. Der eigentliche Durchbruch dieser noch relativ jungen Wissenschaft fällt zeitlich zusammen mit der Berufung Dom Eugène Cardines zum Professor für Gregorianische Paläographie an das Pontificio Istituto di Musica Sacra in Rom im Jahr 1952. Dort wurden unter seiner Leitung etwa 40 größere wissenschaftliche Arbeiten angefertigt, teils als Zulassungsarbeiten für den akademischen Magistergrad, teils als Dissertationen zur Erlangung des Doktorats. Das nahezu einzige Ziel all dieser Untersuchungen galt der systematischen Erforschung aller Neumenzeichen, mit denen der Gregorianische Choral in den verschiedenen Handschriften des 10. und 11. Jh. aufgezeichnet wurde. Dieses Ziel konnte größtenteils erreicht werden, so daß man heute in der Lage ist, sämtliche Neumenzeichen der verschiedensten Handschriftenfamilien zu lesen und ihre Bedeutung für die Interpretation zu bestimmen. Damit konnte ein neues Kapitel Choralgeschichte und vor allem ein neues Kapitel Interpretationsgeschichte des Gregorianischen Chorals aufgeschlagen werden, das die Rückkehr zu den ältesten Quellen und damit indirekt die Rückkehr zur Intention der Komponisten zum obersten Prinzip erhoben hat.

Das systematische Studium der Neumenzeichen hat vor allem zwei grundlegende Tatsachen ans Licht gebracht: Erstens, der Gregorianische Choral ist nach der Intention seiner Komponisten weit entfernt von jener statischen Feierlichkeit, die durch ein rigoroses Festhalten an der metrisch-rhythmischen Gleichwertigkeit der Noten zustandekommt, wie es der Äqualismus propagiert hat. Er ist, im Gegenteil, eine Kunst voll pulsierenden Lebens, die sich in feinsten Nuancierungen der rhythmischen Bewegung ausdrückt. Zweitens, diese subtile rhythmische Differenziertheit ist nicht Selbstzweck, sondern steht ganz und gar im Dienste des Textes, der den Gregorianischen Gesängen als wichtigstes Formprinzip zugrundeliegt. Der Gregorianische Choral ist in seinem tiefsten Wesen klangliche Resonanz des Wortes Gottes, das in der Liturgie verkündet wird, und klangliche Resonanz des Gebetes, das in der Liturgie vom Menschen zu Gott aufsteigt.

So offensichtlich es ist, daß durch die Gregorianische Semiologie ein neues Zeitalter der Gregorianik eröffnet wurde, so klar ist andererseits zu konstatieren, daß diese Entwicklung an der „reinen“ Musikwissenschaft großenteils oder mancherorts sogar ganz vorbeigegangen ist. Wieder waren es nicht die „reinen“ Theoretiker, sondern die Praktiker bzw. Forscher, die aus der Praxis kamen und die Ergebnisse ihrer Untersuchungen unverzüglich mit der Praxis konfrontierten, denen die Gregorianik der Gegenwart die weithin zu beobachtende Erneuerungsbewegung verdankt. Daß es dabei auf Seiten der „reinen“ Musikwissenschaft zu jener anfangs erwähnten „agnostischen“ Haltung in bezug auf die rhythmische Gestaltung des Gregorianischen Chorals sowie generell auf Fragen der Choralinterpretation und, damit eng verbunden, zu einer fast totalen Stagnation der wissenschaftlichen Beschäftigung mit dem Gregorianischen Choral gekommen ist, hat sie sich selbst zuzuschreiben. Dafür ist in erster Linie eine mangelnde Dialogbereitschaft verantwortlich zu machen, die sich nicht zuletzt darin äußert, daß die mittlerweile stattlich angewachsene semiologische Fachliteratur – von einigen rühmlichen Ausnahmen abgesehen – schlichtweg ignoriert wird, wie z. B. die Bearbeitung des gesamten Fragenkomplexes der Gregorianik in der Neuauflage der Enzyklopädie „Musik in Geschichte und Gegenwart“ eindrucksvoll unter Beweis stellt.

Man kann nicht umhin, dieses Auseinanderdriften von Musikwissenschaft und praxisorientierter Semiologie bzw. semiologisch orientierter Praxis in der heutigen Zeit zu bedauern. Die Chance gegenseitiger Bereicherung und Befruchtung wird so leichtfertig vertan. Dennoch entspricht es – gerade im Blick auf die erörterten historischen Zusammenhänge – einer realistischen Sicht der Dinge, sich damit abzufinden. So war es immer, und daran wird sich vermutlich auch in Zukunft nicht viel ändern. Um das Wesen des Gregorianischen Chorals zu erfassen und es adäquat weiterzuvermitteln, bedarf es mehr als einer distanzierten wissenschaftlichen Betrachtungsweise, bedarf es des Studiums der liturgischen Zusammenhänge und ganz besonders der stetigen Konfrontation mit der lebendigen Praxis des Gregorianischen Chorals, vor allem innerhalb des vitalen Kontextes der Liturgie, eventuell auch außerhalb der Liturgie, etwa im Rahmen eines geistlichen Konzertes.

Als Fazit der vorangegangenen Ausführungen steht die Erkenntnis: Im Bereich des Gregorianischen Chorals war und ist der Ort einer adäquaten Wissensvermittlung und der Garant einer lebendigen Tradition nicht die Universität, sondern die kirchenmusikalische Ausbildungsstätte. Sie allein ist unter günstigen Bedingungen in der Lage, Theorie und praktische Ausrichtung zu jener Einheit zu verschmelzen, die den Gregorianischen Choral im aktuellen liturgischen Vollzug zur künstlerisch verantwortbaren und lebendigen Wirklichkeit werden läßt. Daß die Universität dies nicht leisten kann, ist ihr nicht als Negativpunkt anzulasten, sondern zeigt nur, daß im Fall des Gregorianischen Chorals ihr Auftrag ein anderer ist, nämlich der seiner Einordnung in das Gesamt der Musikgeschichte und des Aufzeigens der vielfältigen Verbindungslinien, die vom Gregorianischen Choral her die gesamte nachfolgende Musikgeschichte durchziehen. Das nimmt jedoch dem Desiderat einer engeren beiderseitigen Kontaktnahme von Universität und musikalischer Ausbildungsstätte, aus der beide Seiten nur großen Gewinn schöpfen können, nichts von seiner Aktualität und Dringlichkeit.

Ein gewisser Praxisbezug stellt also eine unerläßliche Voraussetzung für eine fundierte Wissensvermittlung im Bereich des Gregorianischen Chorals dar. Wo aber, so ist allenthalben der Einwand zu hören, findet sich heute noch dieser Praxisbezug? Denn zweifellos ist mit der Einführung der Muttersprache in die Liturgie ein beträchtlicher Rückgang des Gregorianischen Chorals in der heutigen Zeit verbunden. Und ist angesichts dieses Rückgangs, so lautet ein weiterer Einwand, der dem Gregorianischen Choral zugedachte Stellenwert in der kirchenmusikalischen Ausbildung angemessen und gerechtfertigt?

Ersterem Einwand kann entgegengehalten werden, daß der offensichtliche Rückgang des Gregorianischen Chorals in der Liturgie nicht unbedingt als Verlust anzusehen ist. In der Tat kann man feststellen, daß dadurch der Gregorianische Choral nicht verloren, sondern gewonnen hat. Gerade weil es mit dem Gregorianischen Choral zurückging, gab es die Chance eines Neuanfangs, nun auf einer im Unterschied zu früher ungleich solideren wissenschaftlichen Basis, jener der von der Gregorianischen Semiologie bereitgestellten Forschungsergebnisse. Man kann zwar heute nicht von einer allgemeinen Renaissance des Gregorianischen Chorals in der Liturgie sprechen. In einem größeren Ausmaß wird es diese vermutlich auch in Zukunft nicht geben. Das hängt z.T. mit der ebenfalls durch die Semiologie vermittelten neuen Erfahrung zusammen, daß es sich hier um einen echten Kunstgesang handelt, der – von Akklamationen und einfacheren Ordinariumsgesängen abgesehen – für die aktive Beteiligung einer durchschnittlichen Gemeinde nicht in Frage kommt, sondern eigens dafür geschulten Sängergruppen vorbehalten ist. Dennoch läßt sich vielerorts eine neue, konfessionsübergreifende Wertschätzung des Gregorianischen Chorals innerhalb und außerhalb der Liturgie feststellen, der man die Qualität einer echten Erneuerungsbewegung bescheinigen muß und derzufolge heute der Gregorianische Choral sich einen festen Platz innerhalb der gesamten Palette des kirchenmusikalischen Angebots gesichert hat. Fragt man nach den Gründen dieser neuen Wertschätzung des Gregorianischen Chorals, wird man letztlich auf eine tiefere Dimension verwiesen, in der dieser Gesang bisher unerreicht geblieben ist und die ihn für die Liturgie zu allen Zeiten unentbehrlich macht. Die Rede ist von der unbestreitbaren religiösen Kraft des Gregorianischen Chorals, von der ihm eigenen Fähigkeit, tiefere Schichten in der Seele des Menschen zu erreichen und die Erfahrung von Transzendenz zu ermöglichen. In diesem Sinn besitzt der Gregorianische Choral Modellcharakter für die liturgische Musik schlechthin, wie ihm seit Pius X. immer wieder auch von autoritativer kirchlicher Seite bescheinigt wird.

Diese seine maßstabsetzende und katalysatorische Funktion in bezug auf liturgische Musik ist schlechthin auch der tiefste Grund, warum dem Gregorianischen Choral ein hoher Stellenwert in der kirchenmusikalischen Ausbildung der Gegenwart einzuräumen ist. Auch unabhängig von der Frage, inwieweit und in welchem Umfang der Gregorianische Choral in der kirchenmusikalischen Tätigkeit zum Einsatz kommt, ist eine intensive Auseinandersetzung mit ihm für jeden angehenden oder bereits praktizierenden Kirchenmusiker unerläßlich. Nirgendwo anders kann er mehr erfahren über das innerste Wesen und den Auftrag der liturgischen Musik, sei sie rein vokal, rein instrumental oder beides zusammen, als in der Begegnung mit dem Gregorianischen Choral, dem gerade aus diesem Grund die Liturgiekonstitution des Zweiten Vatikanischen Konzils unter allen Gattungen liturgischer Musik den Vorrang eingeräumt hat (Sacrosanctum Concilium, Art. 116).

Professor Franz Lehrndorfer war einer von jenen, die – allen entgegengesetzten Tendenzen zum Trotz – die Bedeutung des Gregorianischen Chorals für die Liturgie und Kirchenmusik der nachkonziliären Kirche klar erkannt hat. In seiner Funktion als Leiter der Abteilung Katholische Kirchenmusik der Hochschule für Musik München hat er entscheidende Initiativen eingeleitet, um die Gregorianik im Fächerkanon der kirchenmusikalischen Ausbildung fest zu verankern. Dem Autor dieses Beitrags ist es ein Bedürfnis, dem Jubilar tiefempfundene Anerkennung auszusprechen und ihm an dieser Stelle herzliche Glück- und Segenswünsche zu übermitteln. Ad multos annos!

Barbara Haas

Die zwölf Kirchensonaten von Robert M. Helmschrott

Der 1938 in Weilheim (Oberbayern) geborene Robert M. Helmschrott kann – 60jährig – auf ein fast abgeschlossenes kirchenmusikalisches Schaffen zurückblicken, das neben der verlegerischen Betreuung durch die Verlage Böhm & Sohn, Augsburg, Möseler, Wolfenbüttel, Strube, München, Bank, Amsterdam, LDC Torino vereinzelt auch in wichtigen Veröffentlichungen – wie Gotteslob, Psalmenbuch, „Halleluja-Buch" vor dem Evangelium – und in zahlreichen Manuskripten vorliegt.

Rückblickend läßt sich sein Schaffen in die Stationen 1967, 1977 und 1987 einteilen, die nicht Anfang einer Werkperiode, sondern Endphase einer stilistisch bezogenen Zeiteinheit darstellen.

Bei Helmschrott ist das kirchenmusikalische Schaffen nicht auf die Anzahl der Werke hin relevant, sondern vielmehr auf die jeweils persönliche Charakteristik einer personalbezogenen, werkimmanenten Ästhetik.

Die vokale und die rein instrumentale Kirchenmusik hat bei ihm nicht nur ein funktionelles, liturgiebezogenes Ziel, vielmehr ist in ihr von Anfang an eine vieldeutbare allegorische Sinngebung erkennbar.

I. Anspruch

Der Begriff Kirchenmusik wird von Helmschrott nicht nur als historisches Faktum, als eine Musik in der Zuordnung für einen Raum oder Zweck gesehen, sondern vielmehr ausgeweitet in eine Bestimmung, die der Musikausübung im Kirchenraum des 20. Jh. entspricht.

Nach dem Zweiten Vatikanischen Konzil hat auch die Kirchenmusik (oder die Musik in der Kirche) eine Befreiung aus der Definition von Papst Pius X. erfahren. Sie hat nicht mehr nur dienenden Charakter, sondern ist eigensprachliche Kunst in Kirche (und in der Liturgie) und Welt, die ihre aus persönlicher Erfahrung formulierte Klanggestalt als gleichwertige und eigenständige Sprachmitteilung im Sinne von Verkündigung in jeden Werkprozeß miteinbringt.[1] Diese Erkenntnis und Auffassung entbindet sie von jeder Rücksichtnahme auf einen historisch bezogenen Tonsatz. Vielmehr ist sie frei in ihrer Entfaltung aus einer im religiösen Bewußtsein gespeisten Form und Klangphantasie.

Diese so definierten Inhalte des erweiterten Begriffs Kirchenmusik rücken das Geistliche bzw. geistig Geistliche in ihr notwendigerweise in den Vordergrund.

„Wenn Sinn und Zweck der Kirchenmusik, in Interpretation und Komposition, sich heute nicht auf die am Ende des 20. Jh. mögliche geistig-geistliche Substanz und Zielrichtung hin orientiert, bleibt sie rein zeremonielles Handeln und ist deswegen im Ritual beliebig austauschbar oder gar verzichtbar."[2]

Dieser hohe Anspruch an die Kirchenmusik, bzw. an die geistliche Musik unserer Zeit, war für Helmschrott stets Leitlinie und Ausgangspunkt in seinem kirchenmusikalischen Schaffen

II. Stationen

II.1. „Missa in a" und „Unisono-Messe"

Helmschrott war von Anfang an von Strawinsky und Hindemith gefesselt und somit wohl auch von Strawinskys grundlegender Erkenntnis, die dem unverrückbaren Satz Beethovens „Musik ist höhere Offenbarung als alle Weisheit und Philosophie" in nichts nachsteht: „Musik schafft Ordnung zwischen den Dingen, zwischen ihm und uns."

Schon 1960 schrieb Wolfgang Roscher über Helmschrotts „Missa in a":

„Das Werk des einundzwanzigjährigen Komponisten stellt einen bemerkenswerten Beitrag zur modernen Meßordinariums-Vertonung dar. Trotz aller zu Recht bestehenden Versuche vieler Liturgiker, das kompositorische Augenmerk gerade

[1] Bereits in Helmschrotts „Missa in a" von 1959 steht als Motto ein Zitat von Papst Pius XII.: „Die moderne Kirchenmusik ist die Musik, die mehrere Stimmen – Musikinstrumente nicht ausgeschlossen – miteinander verbindet und in neuerer Zeit dem Fortschritt der Tonkunst entsprechend komponiert ist. Sie muß jedoch, da sie unmittelbar für den liturgischen Gebrauch bestimmt ist, Frömmigkeit und religiösen Sinn verraten und ist unter dieser Bedingung für den Dienst in der Liturgie zugelassen."

[2] Robert M. Helmschrott in einem Vortrag über „Das Geistliche in der Musik" an der Ludwig-Maximilians-Universität in München, Juni 1997.

unserer jungen Kirchenmusiker auf Propriums-Motetten zu lenken, bewahren die Ordinariumstexte der Messe nach wie vor ihre magnetische Anziehungskraft für den Komponisten, der hier ein kultisches Wortgebäude von immer feststehenden und daher auch dem Volke inne gewordenen Aussageblöcken, Gebetssäulen und Betrachtungsbildern vorfindet, die zu immer neuer künstlerischer Ausdeutung mit den Form- und Klangmitteln der jeweiligen religiösen Gegenwart anspornen. So zeigt auch Helmschrotts „Missa in a" keine müden und platten Konventionalismen oder allzu billige Gebrauchsmusiktendenzen, sondern die Sprache der „vox temporis", in der die „vox Dei" geheimnisvoll beschlossen liegt. In formaler und instrumentatorischer Hinsicht wirkt das überragende Beispiel von Strawinskys Messe nach, die in knappster Aussage Singstimmen und Instrumente in ritueller Strenge miteinander vereint. Klanglich gesehen, verbinden sich die gregorianischen Vorbildern verpflichteten melodischen Linien jedoch zu harmonischen Schwerpunkten, die an Hindemiths „Apparebit repentina dies" geschult erscheinen. Satztechnisch dominieren auf weiten Strecken kanonische Kontrapunkte, die auf die große Tradition der polyphonen Imitationskunst zurückgreifen. So sind in die persönliche Tonsprache Helmschrotts eigentlich eine Fülle günstiger Voraussetzungen für einen neuen Sakralstil zugrundegelegt, und es verschlägt daher wenig, daß man einen schöpferisch differenzierten Rhythmus noch etwas vermißt. Das auch leistungsfähigen Pfarrchören mittlerer Größe zugängliche Werk ist wärmstens zu empfehlen!"[3]

Das pluralistisch-allegorische Moment erscheint auch in der 1957 konzipierten und 1959 in drei Sprachen und drei Ländern erschienenen „Unisono-Messe".
In diesem eigentlich kirchentonal orientierten Werk kündigt sich bereits eine gewisse Klangeigenständigkeit an, die dem kirchentonal bezogenen Duktus harmoniefremde Töne zuordnet.

II.2. Meditation über den Psalm „De profundis"

Die Begegnung mit dem kunstsinnigen Seelsorger Dr. Hyazinth Pakosch 1966 in Erding, der zum engsten Kreis Romano Guardinis zählte, hatte unmittelbare Folgen auf Helmschrotts 1966/67 entstandene Meditation über den Psalm 130 „De

[3] Wolfgang Roscher, *Robert M. Helmschrott: MESSE IN A FÜR SOLI, GEMISCHTEN CHOR, ORGEL UND SECHS BLÄSER*, Besprechung der Aufführung im 2. Programm des Bayerischen Rundfunks am Samstag, dem 18. Juni 1960, um 19.05 Uhr, Salzburg 1960.

profundis“: Komprimierung des bisherigen Klangdualismus. In der Folge entstanden fünf Stücke unter dem Sammelbegriff „Metamorphose – Psalmmeditationen für Orgel und Schlagwerk“[4], die als vierteiliger Zyklus „Metamorphose. Symphonic Dialogue for Organ and Percussion“ 1997 neu aufgelegt wurden[5].

III. Die zwölf Kirchensonaten

III.1. Zweisätzigkeit

Anläßlich der Ingolstädter Orgeltage entstand 1984 ein fünfzehnminütiges Werk für Posaune und Orgel – die erste Kirchensonate – bestehend aus einem langsamen und einem schnellen Teil. Der langsame Satz hat elegischen Charakter („Elegie“), der schnelle Teil ist toccatenhaft („Laudatio“) und zitiert das instrumental umgesetzte sprachliche Synonym für „Lobet den Herren“. Dabei bezog sich Helmschrotts Vorstellung eines konzertanten Spielstücks auf eine eigenständige Interpretation von „concertare“, wonach der virtuose Teil einer langsamen Einleitung bedarf. So entstand zwangsläufig eine Zweisätzigkeit.

Die Namensgebung dieses Stückes („Kirchensonate“) war nicht Zufall, sondern ergab sich aus dem für den Anlaß der Ingolstädter Orgeltage entstandenen Entwurf eines langsamen und schnellen Satzes, der sowohl als konzertantes Spielstück, als auch als instrumentaler Funktionsträger im liturgischen Kontext eingeordnet werden soll: Der langsame Teil kann vor der Lesung gespielt werden; der schnelle Teil ist eine Antwort auf die Lesung bzw. steht stellvertretend für den Halleluja-Ruf vor dem Evangelium.

„Suonare in chiesa“ bedeutet hier gleichzeitig „suonare nella liturgia in chiesa“, einer Vorstellung, die bereits im Hochbarock ihren Höhepunkt in Arcangelo Corellis (1653–1713) „Sonata da chiesa à tre op. 1“ und „Sonata da chiesa à tre op. 3“ erlebt hat.

Dazu Joachim Dorfmüller, der gemeinsam mit Dorothea Helms 1988 Helmschrotts „Sonata da chiesa“ Nr. V für Querflöte und Orgel uraufgeführt hat: „Der liturgische Bezug – um nicht zu sagen der liturgische Stellenwert, der konzertanten

4 LC 0523, Möseler Verlag Wolfenbüttel/Zürich, aufgezeichnet im Liebfrauendom in München 1984.

5 WWE 1 CD 20012, Col legno, München 1997.

Ambitionen in keiner Weise entgegensteht, sondern ihnen meditative Akzente vermittelt – konkretisiert sich durchaus greifbar und sinnfällig im programmatischen Sujet, das jeder einzelnen Sonate zugrundeliegt. Die jeweils ersten Sätze, gleichsam die musikalischen Initialzündungen nach dem verlesenen Wort, tragen primär meditativ-elegische Charakterzüge. Die Thematik dieser Sätze ist dominant kantabel, was gelegentlich instrumental ausgerichtete, dynamisch-agressive Einschübe keineswegs ausschließt. Der Kontrast, der sich hier andeutet, erfährt jedoch erst im jeweils zweiten Satz seine definitive Ausprägung. Hier dominiert für Helmschrott das jubilierende Element, das Element des Lobpreises, das Alleluja schlechthin.“[6]

III.2. Tonsprache

In ihrer Satzstruktur enthält die erste Kirchensonate alle bis dahin im kirchenmusikalischen Vokal- und Instrumentalwerk von Helmschrott zu entdeckenden Charaktere. Zugleich aber weist sie auf eine Ordnung der Töne hin, die für Helmschrott Anlaß waren, ein „Gemälde“ in allen zwölf Kirchensonaten zu entwerfen, die er selbst als „Kernstück seines bisherigen kirchenmusikalischen Schaffens“[7] zusammenfaßt.

Der Komponist Günter Bialas beschreibt Helmschrotts Tonsprache als eine „Bewegung in einer neuen Tonalität, die man als eine freie Grundton-bezogene, aber mit dem Material der zwölf Töne arbeitende“ einordnen kann, und fährt fort: „Aber viele seiner Wirkungen kommen auch sehr von der Klangfarbe her. Ich glaube, ohne daß ich es weiß, daß Messiaen bei ihm eine große Rolle spielen könnte, aber auch andere Komponisten. Helmschrott ist nicht so einfach einzuordnen, auch nicht ohne Weiteres in die Hindemith- oder Strawinsky-Richtung, wenngleich er ganz sicher nicht zu den Komponisten der seriellen Musik gehört.“[8]

[6] Joachim Dorfmüller, *Zwei Tage für und mit Robert Maximilian Helmschrott. Ein kleines Komponistenfestival am Institut für Musikpädagogik der Westfälischen Wilhelms-Universität Münster*, 29. und 30. Januar 1992, S. 12.

[7] Robert M. Helmschrott im Gespräch mit der Autorin am 8. Dezember 1997, München.

[8] Günter Bialas (1907–1986) im Gespräch mit der Autorin am 2. März 1992, Glonn.

III.2.1. Material, der „Modus H“

Den Großzyklus, bzw. die Einheit der zwölf Kirchensonaten, erreicht Helmschrott einerseits dadurch, daß er für alle zwölf Sonaten ein eigenes Bezugssystem entwickelt, und andererseits dadurch, daß deren Tonmaterial – der „Modus H“, der sich auf die zweite Transposition des zweiten Modus von Olivier Messiaen beziehen läßt und dadurch eine klangliche Affinität zur französischen Orgelmusik annimmt – bereits in der ersten Sonate durchklingt.

„Modus H“ (h, cis, d, e, f, g, gis, ais, h)

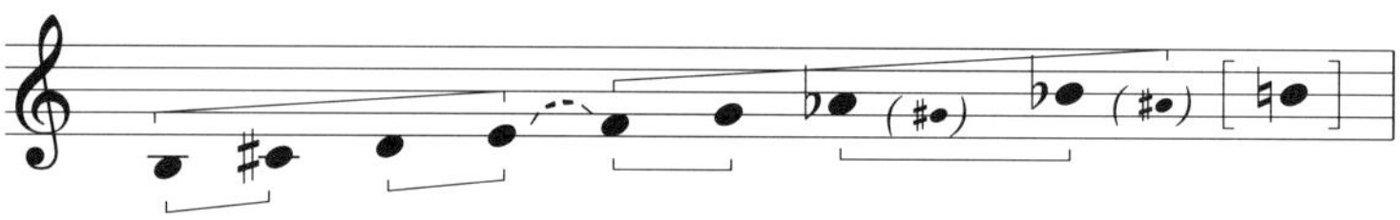

Helmschrott weicht vom sieben- oder zwölftönigen Tonsystem ab und beschränkt sich bei den Kirchensonaten ausschließlich auf eine achttönige Reihe, die er aus dem dur-moll-tonalen Kontext heraus entwickelt.

Zunächst bezieht er sich vor allem auf h-Moll und hebt das Bezugssystem von Tonika zu Dominate insofern auf, als er die Quinte ‚fis‘ tiefalteriert. Dieser Eingriff stört oder zerstört nicht die alte natürliche Ordnung eines in der Natur, bzw. in der Schöpfung schon immer vorhandenen Tonsystems und negiert dabei womöglich die Existenz von Gott, sondern durch die Aufhebung der in der Obertonreihe vorhandenen Bezugssysteme entsteht eine neue Ordnungsmöglichkeit der Töne, die sowohl in ihrem linearen Bezug zueinander wie auch in ihrem harmonischen Miteinander neue Klangfelder entstehen läßt.

Weiterhin ist festzustellen, daß Helmschrott dem h-Moll seine harmonische wie melodische Struktur beläßt. Die übermäßige Sekund ‚g‘-‚ais‘ entfällt bzw. sie wird durch das Einfügen des ‚gis‘ des melodischen Molls relativiert. Durch diese scheinbar willkürliche Umfunktionierung des dur-moll-tonalen Tonsystems entsteht eine neue Tonordnung, der von Helmschrott selbst so genannte „Modus H“, in dem jeder Ton zu einem „Tonort“ wird.

Die Töne ‚h‘, ‚cis‘, ‚d‘ und ‚e‘ sind in ihrer Abfolge von Ganzton und Halbton identisch mit den Tönen ‚f‘, ‚g‘, ‚gis‘ (oder ‚as‘) und ‚ais‘ (oder ‚b‘).

Diese beiden Tetrachorde sind durch einen Halbton getrennt. Eine Halbtontrennung in dieser Tonreihe findet auch statt zwischen dem zweiten und dritten Ton (‚cis‘, ‚d‘) und dem sechsten und siebten Ton (‚g‘, ‚gis‘). Die in den beiden Tetrachorden vorhandenen vier Töne können also auf einen Ganztonschritt reduziert werden; d.h. der Tonschritt ‚d', ‚e' im ersten Tetrachord entspricht auch dem Tonschritt ‚h', ‚cis'. Dieser Tonschritt einer Sekunde ist archetypisch und entspricht für Helmschrott auch den Tonformeln der gregorianischen Neumen. Helmschrott selbst sagt an anderer Stelle, ohne Bezug auf seine Kirchensonaten, daß er „aus dem Geist der Gregorianik" komponiere. Dieses archetypische Muster eines vereinfachten Bezugsystems der Töne banalisiert nicht das klangliche Ergebnis, sondern setzt es auf ästhetisch sicheren Boden und macht es von stilistischen Einflüssen unabhängig.

Die zwölf Kirchensonaten sind in dem aus der ersten Kirchensonate entwickelten „Modus H" geschrieben, wobei deren beiden Tetrachorde als Klangkonzept „als innere Einheit teilweise offen zutage treten, teilweise aber auch relativ verschlüsselt und damit weniger vordergründig", so schreibt Joachim Dorfmüller und fährt fort: „Helmschrott entwickelt aus dieser Modusvorlage eine freitonale Sprache, innerhalb derer Linearität, Struktur und Textur (Zusammenhang der Zusammenklänge) von den Spannungsmomenten der Intervalle bestimmt werden."[9]

Dieser „Modus H" hat aber auch einen anderen Entwicklungshintergrund. Die beiden 1975 und 1977 geschriebenen Orchesterstücke „Influentiae" und „Entelechiae" teilen das zwölftönige Tonmaterial in zwei Mal sechs gleichartige Klangmuster. Mag sein, daß dieses strukturelle Denken von dem Münchner Komponisten Fritz Büchtger angeregt wurde, bei dem Helmschrott 1961 bis 1963 Kompositionsunterricht hatte und der seinerseits durch sein 12töniges, an Rudolf Steiners Musiktheorie orientiertes Tondenken Helmschrott beeinflußt hat. Auch die Begegnung mit dem italienischen Komponisten Luigi Dallapiccola 1968 und 1974 in Siena mag zu diesem strukturellen Denken beigetragen haben. Helmschrott selbst sieht sich aber nicht als Schüler eines Komponistenlehrers; vielmehr sagt er, „ruft er beim Komponieren ab, was schon in der Schöpfung vorhanden ist"[10].

Das so zugeordnete Tonmaterial gibt den Kirchensonaten eine Einheit, die im Zusammenhang der melodischen und harmonischen Bezüge und unter Berücksichtigung der Charakteristik der einzelnen Soloinstrumente zu einem vielfältigen Bezugssystem wird.

9 Joachim Dorfmüller, ebd.
10 Robert M. Helmschrott, ebd.

III.3. Besetzung

Das Ordnungsbewußtsein und die Anerkennung von Zahlensymbolik, trotz der Aufhebung des Siebentonsystems und des Zwölftonsystems, kommt durch den zyklischen Entwurf zum Ausdruck.

Ohne einer Willkür zu verfallen, könnte man die zwölf Kirchensonaten auch der Jahreszeit-Symbolik zuordnen.

Jedenfalls ist festzustellen, daß in der Besetzung der zwölf Sonaten[11] wieder ein Ordnungsgedanke abzulesen ist:

Sonate 1 für Posaune und Orgel,
Sonate 2 für Oboe und Orgel,
Sonate 3 für zwei Trompeten (oder zwei Oboen) und Orgel,
Sonate 4 für Trompete und Orgel,
Sonate 5 für Flöte und Orgel,
Sonate 6 für Trompete, Posaune und Orgel,
Sonate 7 für Cello und Orgel,
Sonate 8 für Violine und Orgel,
Sonate 9 für Violine, Cello und Orgel,
Sonate 10 für Klarinette und Orgel,
Sonate 11 für Horn und Orgel,
Sonate 12 für drei Trompeten, drei Posaunen und Orgel.

Sonate 3, 6 und 9 sind für zwei Soloinstrumente und Orgel geschrieben. Sonate 12 multipliziert die Zweierbesetzung mit der Besetzung von Sonate 3, 6 und 9 und erhält dadurch Schlußcharakter.

Die zwölfte Kirchensonate entstand als Auftragswerk des Bayerischen Rundfunks zur 400-Jahrfeier von Orlando di Lasso, trägt den Namen „Lasso-Sonate", und ist eine Rückbesinnung auf das musikalische Umfeld dieses großen Meisters des 16. Jh.

Helmschrott zitiert in dieser Sonate aus Orlando di Lassos „Chromatischen Motetten" und stellt Bezüge zu seiner eigenen Tonsprache her. Somit spannt er einen Bogen über die Musik in Geschichte und Gegenwart und schafft als

[11] Die Sonaten sind bei Bote & Bock, Berlin, erschienen. Auslieferungslager: Schott International Mainz. Ende 1998 erscheinen bei col legno sämtliche Kirchensonaten auf CD.

Abschluß dieses 12teiligen Kirchensonatenzyklus eine Apotheose, die den formalen und inhaltlichen Wert dieses Entwurfs in die von ihm konzipierte Mehrfachbeziehung setzt.

Obwohl das „Konzert für Orgel, Streichorchester und Schlagzeug" von 1993 in seiner Zweisätzigkeit als 13. Sonate gelten könnte, in Bruchstücken ein „Konzert für Orgel, Blechbläser und Schlagzeug" vorliegt (als 14. Sonate) und eine zweisätzige „Sinfonie für Orgel und Orchester" (als 15. Sonate) geplant sind, betrachtet Helmschrott den zwölfteiligen Kirchensonatenzyklus als abgeschlossen.

Die Titel der einzelnen Sonatensätze lauten:

I	(1984)	Elegia – Laudatio
II	(1985)	Cantilena – Alleluja
III	(1985)	Antifona – Jubilus
IV	(1985)	Sequenza – Lauda
V	(1988)	Aria – Canticum
VI	(1986)	Invocazione – Hymnus
VII	(1991)	Lamento – Speranza
VIII	(1990)	Nomos – Exclamatio
IX	(1991)	Responsum – Psalmos
X	(1992)	Ekloge – Rondellus
XI	(1993)	Accentus – Concentus
XII	(1994)	Conductus – Motetus

Die Satzbezeichnungen verdeutlichen die Möglichkeit einer liturgischen Zuordnung des konzertanten Spielcharakters dieser zwölf Kirchensonaten und verraten zugleich die Vielfältigkeit musikalischer Beziehungen und die Neigung zu musikalischer Poesie.

Daß das hier vorgestellte Konzept und die dargelegten Beziehungen in der Vielfalt eine Einheit bilden, macht die zwölf Kirchensonaten von Robert M. Helmschrott zu einem einzigartigen kompositorischen Ereignis und mit Recht hält Günter Bialas Robert M. Helmschrott für „einen der wichtigsten Komponisten im Bereich der Kirchenmusik"[12].

Der vorstehende Text beruht auf einem Interview mit dem Komponisten.

[12] Günter Bialas, ebd.

Wilhelm Hafner

Zur Uraufführung von Olivier Messiaens „La Nativité du Seigneur"

Der Orgelzyklus „La Nativité du Seigneur" stellt das meistgespielte Werk Olivier Messiaens (1908–1992) dar. Einen wesentlichen Beitrag zur Rezeption Messiaenscher Orgelmusik leistete in Deutschland auch Franz Lehrndorfer, der einzelne Sätze des um 20 Jahre älteren französischen Meisters bereits ab 1961 im Programm hatte[1] (d. h. zu einer Zeit, in der die Orgelwerke Messiaens hierzulande noch wenig zu Gehör gebracht wurden) und der ab den 70er Jahren sich auch um die zyklische Wiedergabe von „L'Ascension" und „La Nativité du Seigneur" verdient gemacht hat.[2] Betrachtungen zur Uraufführung, d. h. zum Beginn der Rezeption des zuletzt genannten Werkes bieten sich an.

Daß Olivier Messiaens „La Nativité du Seigneur" im Jahre 1936 uraufgeführt wurde, ist in der Fachwelt allgemein bekannt. Die Umstände hingegen, die zur Erstaufführung dieses Zyklus geführt haben, lagen lange Zeit im Verborgenen. Mehr Licht in die Zusammenhänge brachte erst eine vor wenigen Jahren vorgenommene Teilveröffentlichung der aus den Jahren 1926–1948 stammenden Korrespondenz zwischen Bérenger de Miramon Fitz-James (1875–1952), dem Gründer und damaligen Präsidenten der französischen Orgelgesellschaft „Amis de l'Orgue", und seinem Mitbegründer und Generalsekretär, dem nachmalig berühmten Musikwissenschaftler und Organologen Norbert Dufourcq (1904–1990).[3]

[1] So z. B. „Dieu parmi nous" am 13. Mai 1961 (München, St. Ludwig), 1. Juli 1963 (München, Liebfrauenkirche), 5. November 1963 (Würzburg, Neumünsterkirche), 28. Dezember 1963 (Memmingen, Maria Himmelfahrt), Juni 1964 (Ottobeuren, Basilika) usw.

[2] „L'Ascension" am 29. Juni 1971 (Erding), 25. Juli 1974 (München, Liebfrauenkirche); „La Nativité du Seigneur" am 20. Juli 1978, 3. Dezember 1988, 18. September 1996 (jeweils München, Liebfrauenkirche).

[3] François Sabatier, Bérenger de Miramon Fitz-James et Olivier Messiaen, in: L'Orgue N° 224 (1992) (= Numéro spécial Olivier Messiaen), S. 5–11. Aus dem genannten Briefwechsel schöpfte der Generalsekretär und spätere Ehrenpräsident der Gesellschaft noch selbst für folgenden Beitrag: Norbert Dufourcq, La première édition des trois Livres d'orgue de Jehan Alain, in: L'Orgue N° 216 (1990), S. 11–14.

Eine erste Erwähnung in dieser Korrespondenz erfuhr Messiaen am 12. Januar 1930, als Bérenger de Miramon seinen Generalsekretär über das anstehende Preisträgerkonzert informierte, zu welchem die Gesellschaft den 21jährigen Organisten, zusammen mit Joseph Gilles, Vorjahresgewinner des Conservatoire-Preises, eingeladen hatte.[4] Das Konzert, in dessen Rahmen Messiaen sein „Diptyque“ (1929) zur Uraufführung brachte, fand am 20. Februar 1930 unter Mitwirkung von Lina Falk (Gesang) in der Eglise de la Trinité, Paris, statt. (Eineinhalb Jahre später sollte Messiaen an der dortigen Cavaillé-Coll-Orgel die Nachfolge Alexandre Guilmants und Charles Quefs antreten).

Von einer Uraufführung der „Nativité du Seigneur“ ist in Miramons Korrespondenz ab Oktober 1935 die Rede. Vorausgegangen war eine Anfrage Messiaens, dem der Präsident – dem Wortlaut der an Dufourcq gerichteten Zeilen vom 10. Oktober[5] zufolge – unter anderem mitteilte,

- daß er sich wünschen würde, daß er, Messiaen, drei seiner Stücke für den im darauffolgenden Jahr stattfindenden Kompositionswettbewerb der Gesellschaft zurückbehalte,
- daß man ihn mit Sicherheit im Jahre 1937 engagieren werde,
- daß, falls seine neuen Stücke bis dahin schon verlegt seien, man für deren Wiedergabe allenthalben ein Konzert außer der Reihe („séance hors série“) organisieren könne,
- und daß drei Konzerte in der Trinité innerhalb von zwei Jahren zuviel seien angesichts der Gepflogenheit durchzuwechseln.

Statt dessen, so Miramon, wolle er ihm eine vereinsinterne Aufführung mit geladenen Mitgliedern („avec la crème des Amis de l’Orgue“), Kritikern und Literaten anbieten[6], und zwar entweder im März oder im Juni des darauffolgenden Jahres, zusammen mit der Rezitation einiger der Gedichte seiner Mutter[7], wofür er Copeau gewinnen wolle.

Es kam jedoch anders. An dem von den Amis de l’Orgue ausgeschriebenen Kompositionswettbewerb, bei dem Jehan Alain mit seiner „Suite“ für Orgel vor

[4] Nach Angaben M.-L. Jaquet-Langlais organisierte die (1927 gegründete) Gesellschaft zur damaligen Zeit jährlich fünf Konzerte in verschiedenen Kirchen von Paris, wovon jeweils eines dem Preisträger in der Orgelklasse von Marcel Dupré am Pariser Conservatoire galt. Vgl.: Marie-Louise Jaquet-Langlais, Ombre et lumière. Jean Langlais. 1907–1991, Paris (Combre) 1995, S. 72.

[5] F. Sabatier, Bérenger de Miramon Fitz-James et Olivier Messiaen, S. 8.

[6] In Neuilly-sur-Seine verfügte Miramon über eine nach Plänen A. Marchals konstruierte und von der Firma V. Gonzalez erbaute dreimanualige elektro-pneumatische Hausorgel.

[7] Cécile Sauvage (gest. 1927), Messiaens Mutter, war Schriftstellerin gewesen.

André Fleury und Gaston Litaize als Gewinner hervorgehen sollte, nahm Messiaen nicht teil; auch ließ sich eine Dichterlesung, wie vom Präsidenten geplant, nicht verwirklichen.[8] Es mußte also eine andere Lösung gefunden werden.

Bereits 14 Tage später, am 24. Oktober 1935, übermittelt Bérenger de Miramon an Norbert Dufourcq folgende Nachricht:

„Messiaen hat mich gebeten – wobei er gleichzeitig versprach, seine Orgel Ende Februar Joly und Wolf[9] zur Verfügung zu stellen (worum ich ihn ohnehin gebeten hätte) –, den Amis de l'Orgue die Uraufführung seiner neun neuen Stücke über die Mutterschaft der Hl. Jungfrau anzuvertrauen, und zwar in etwa zeitgleich mit deren Erscheinen bei Leduc.

Ich habe ihn darauf aufmerksam gemacht, daß wir selbst bereits die Absicht hatten, ihn für das Jahr 1937 um ein Konzert in der Trinité zu bitten, und daß eine dreimalige Benutzung ein- und derselben Kirche innerhalb von nur zwei Jahren zuviel für unsere Gepflogenheit des Durchwechselns sei.

Er verzichtet auf das ganze Versprechen vor x-Jahren, wenn wir ihm nur die ungeduldig ersehnte Gelegenheit einräumen wollten, unser Publikum sobald wie möglich sein neues Werk hören zu lassen. Er bezeichnet es als weit organistischer und in harmonischer Sicht weniger aggressiv als die vorausgegangenen Werke.

Vor einer solch mystischen Begeisterung und einer derartigen Liebe zur Orgel [...] habe ich nachgegeben. Um den 15. März herum werden wir also in der Trinité ein Sonderkonzert veranstalten, bei welchem Langlais, Lesur und Grunenwald die neun Stücke vortragen werden. Dauer: eine Stunde. Kein Honorar für die Ausführenden. Von ihm selbst dürfen wir erwarten, daß er einen perfekten Registranten abgibt. [...] Er ist ganz voller Dankbarkeit."[10]

8 F. Sabatier, a.a.O.

9 Denis Joly und Félicien Wolf waren die beiden Conservatoire-Preisträger im Fach Orgel des Jahres 1934.

10 „Messiaen m'a demandé (tout en s'engageant à prêter son orgue fin février à Jolly [sic!] et Wolf, quelle que soit ma réponse) de donner aux Amis de l'Orgue la première audition de ses neuf pièces récentes sur la Maternité de la Ste Vierge, dès leur édition chez Leduc. Je lui ai fait observer que nous avions l'intention de lui demander en 1937 un récital à la Trinité et que aller trois fois dans cette église en deux ans c'était beaucoup pour notre goût du changement. Il renonce à tout engagement avant x années, si nous voulons bien lui donner l'occasion impatiemment désirée de faire entendre le plus tôt possible à notre public sa nouvelle œuvre. Il la dit beaucoup plus organistique et moins agressive harmoniquement que les précédentes. J'ai cédé devant cet élan de mysticité et cet amour de l'orgue [...]. Vers le 15 mars, nous donnerons une séance hors série à la Trinité, dans laquelle Langlais, Lesur et Grünenwald [sic!] joueront les neuf pièces. Durée: une heure. Pas de cachet pour les exécutants. Nous tâcherons de lui faire une belle assistance. [...] Il en est pénétré de reconnaissance." F. Sabatier, a.a.O., S. 8f.

So mußte für das Sonderkonzert nur noch ein geeigneter Zeitpunkt gefunden werden[11]. Darum ging es Bérenger de Miramon am 13. Dezember 1935, wenn er an seinen Generalsekretär folgendes schreibt:[12]

„Da ist Messiaen, der mich darum bittet, das Sonderkonzert für sein neues Werk zwischen 24. Februar und 7. März legen zu wollen. Von Langlais, Lesur und Grunenwald übernimmt jeder jeweils drei Sätze. Grunenwald, der davon die drei schwierigsten spielt, muß im März zu seinem Militärdienst fort. Dieses Konzert kann daher nicht, wie wir ursprünglich ins Auge gefaßt haben, im April stattfinden.“

Wie der Leser unschwer bemerkt haben dürfte, war es dem ambitionierten Komponisten nicht nur gelungen, dem Vorsitzenden der Orgelgesellschaft binnen kürzester Zeit ein zusätzliches Konzert abzuringen; auch ging er ungeniert über das für Ende Februar 1936 (s.o.) geplante Preisträgerkonzert hinweg, in dessen Vorteil – wie seinerzeit bereits er selbst – diesmal Denis Joly und Félicien Wolf kommen sollten und welches auf den darauffolgenden 6. Mai verschoben werden mußte.[13]

Tatsächlich nun fand das von den Amis de l'Orgue ausgerichtete Sonderkonzert am 27. Februar 1936 in der Eglise de la Trinité, Paris, statt, auf dem Programm die Uraufführung von Olivier Messiaens „La Nativité du Seigneur“. Die Realisierung des Vorhabens hatte Messiaen – wohl in Anbetracht des Umfanges der jüngst fertiggestellten Partitur (Grenoble, 1935) – den Händen dreier etwa gleichaltriger und nicht minder bedeutender Organistenkollegen anvertraut. Daniel-Lesur (geb. 1908), ehemaliger Studienfreund des Komponisten am Conservatoire und wie jener noch im selben Jahr (zusammen mit Yves Baudrier und André Jolivet) Mitglied der „Jeune France“ werdend, eröffnete das Konzert mit den ersten drei Sätzen des Zyklus („La Vierge et l'Enfant“ – „Les Bergers“ – „Desseins éternels“). Jean Langlais (1907–1991), der 1927 gemeinsam mit Messiaen in die Orgelklasse Marcel Duprés eingetreten war und sich um das Orgelschaffen seines Studienkollegen schon seit mehreren Jahren verdient gemacht hatte[14], setzte das Konzert mit

[11] Vgl. bereits F. Sabatier, a.a.O., S. 9.

[12] „Voilà Messiaen qui me demande de placer la séance spéciale consacrée à sa nouvelle œuvre entre le 24 février et le 7 mars. Langlais, Lesur et Grünenwald travaillent chacun trois pièces. Grünenwald qui joue les trois plus difficiles part en mars pour son service militaire. Cette séance ne peut donc, comme nous le pensions, se placer en avril. [...].“ F. Sabatier, a.a.O., S. 9.

[13] F. Sabatiers Angaben zufolge (a.a.O., S. 10) wurde dieses Konzert letztlich nur von F. Wolf allein bestritten, der Werke von J. S. Bach, R. Schumann, F. Liszt, O. Messiaen („Apparition de l'Eglise éternelle“, L'Ascension: II. Satz) sowie seine eigene „Passacaglia“ zur Aufführung brachte.

[14] Messiaensche Orgelwerke waren in den Konzerten Langlais bereits wie folgt vertreten: 27. (28.?) Dezember 1930, St.-Antoine-des-Quinze-Vingts („Diptyque“, zweite Aufführung des Stückes nach seiner Uraufführung durch den Komponisten, s.o.); 29. Mai 1933, St.-Antoine-des-Quinze-Vingts („Apparition de l'Eglise éternelle“); 6. März 1935, St.-Pierre de Montrouge („Le Banquet céleste“).

den Werkteilen IV–VI („Le Verbe" – „Les Enfants de Dieu" – „Les Anges") fort. Nach einem erneuten Wechsel an der Orgelbank übernahm Jean-Jacques Grunenwald (1911–1982), Organist Schweizer Abstammung und jüngst Gewinner des ungeteilten Conservatoire-Preises für Orgel und Improvisation (1935), das letzte Drittel des Programmes („Jesus accepte la souffrance" – „Les Mages" – „Dieu parmi nous"), das mit der neunten Meditation zweifelsfrei den schwierigsten Part enthielt. Grunenwald war es auch, der – nach einer Andacht („Salut du Très Saint Sacrement"), die sich an die Konzertdarbietung anschloß und während welcher unveröffentlichte Motetten André Cordès-Mongins, des dortigen Chordirigenten, dargeboten wurden[15] – Messiaens „Le Banquet céleste" als Zugabe beisteuerte.[16]

Reaktionen zu dem Konzert von Seiten der Beteiligten finden sich nur spärlich. Daniel-Lesur hebt vor allem das Orgelspiel Jean-J. Grunenwalds hervor[17]; so auch Jean Cou, ehemaliger Technischer Berater der Commission Supérieure des Monuments Historiques pour les Orgues en France und Orgelsachverständiger der Stadt Paris, wenn er schreibt:[18]

„Ich habe ihn [J.-J. Grunenwald] zum ersten Mal am 27. Februar 1936 gehört. Die Amis de l'Orgue hatten für die Uraufführung von ‚La Nativité' an der großen Orgel der Trinité ein – im wahrsten Sinne des Wortes – ‚außer der Reihe' stehendes Konzert organisiert. Ein historisches Konzert, wie sich voll und ganz herausstellen sollte [...]. Jean-Jacques Grunenwald kam dabei die Aufgabe zu, ‚Dieu parmi nous' zu spielen. Noch immer kann ich mich daran erinnern, mit welchem Ausdruck er diese donnernde Toccata wiedergab. [...]."

Jean Langlais soll die Schwierigkeiten nicht vergessen haben, auf die er, durch seine Blindheit bedingt, beim Auswendiglernen von „Le Verbe" gestoßen sei.[19] Dies sei für ihn, so die spätere Gattin des Organisten, zu einer umso härteren Prüfung geworden, als Messiaen von seinen Interpreten „eine textgetreue Wieder-

[15] Bérenger de Miramon Fitz-James, L'Activité des Amis de l'Orgue, in: Bulletin trimestriel des Amis de l'Orgue N° 26 (Juni 1936), S. 15 f., spez. S. 15.

[16] F. Sabatier, a.a.O., S. 9. – Beide Stücke, sowohl „Dieu parmi nous" als auch „Le Banquet céleste", sollten Gegenstand einer der ersten Schallplatteneinspielungen Grunenwalds an der Orgel der Kathedrale von Soissons werden (1959, Résonances N° 24, unter dem Titel „Musique de Notre Temps").

[17] Jean-Jacques Grunenwald, in: L'Orgue. Cahiers et Mémoires N° 36 (1986/II), S. 12 f. („Hommages").

[18] „Je l'entendis pour la première fois le 27 février 1936. Les Amis de l'Orgue avaient organisé un concert ‚hors série' – le mot était juste –, pour la première audition, sur le grand orgue de la Trinité, de ‚La Nativité'. Concert historique qu'il mit en pleine lumière [...]. A Jean-Jacques Grunenwald revenait de jouer ‚Dieu parmi nous', je me souviens encore du caractère qu'il sut donner à cette foudroyante toccata. [...]." Jean-Jacques Grunenwald (a.a.O.), S. 12 („Hommages").

[19] M.-L. Jaquet-Langlais, a.a.O., S. 101.

gabe“ („un respect absolu du texte“)[20] verlangt haben soll. Bei Langlais bedankte sich der Komponist auch postwendend mit folgenden Zeilen:[21]

„Paris, 29 février 1936,
Cher ami,
Merci pour ta grande affection et la merveilleuse exécution de la ‚Nativité‘, ‚Les Anges‘ ont été préstigieux.
Tu es un type formidable.
Je t’embrasse.
Messiaen.“

Was Bérenger de Miramon, den Organisator des Konzertes betrifft, so war auch er mit dem Ergebnis zufrieden; nicht nur das, für ihn würde das Datum der Uraufführung sogar in die „Annalen unserer Gesellschaft“ eingehen („S’il est une date qui comptera dans les annales de notre Association, c’est bien celle du 27 février 1936“)[22]. Auch betont er die interpretatorische Leistung der drei Organisten, die von der „sichtlichen Neuartigkeit und echten Schönheit der Messiaenschen Komposition“ („la nouveauté évidente et la profonde beauté de l’œuvre d’Olivier Messiaen“)[23] angetan gewesen sein sollen. Die Neuartigkeit des Werkes, vor allem die seiner musikalischen Sprache war es auch, welche in der weiteren literarischen Auseinandersetzung mit dem Opus im Vordergrund stand.

Stellvertretend für den zum Teil noch unsicheren Umgang mit dem zeitgenössischen Werk[24], welches noch in den Vorkriegsjahren eine zunehmende Rezeption erfahren sollte[25], sei abschließend Henri Martelli zitiert, der die Uraufführung von Olivier Messiaens „La Nativité du Seigneur“ in einer Nummer der „Revue Musicale“ besprach:

[20] M.-L. Jaquet-Langlais, a.a.O., S. 101.

[21] M.-L. Jaquet-Langlais, a.a.O., S. 103.

[22] B. de Miramon Fitz-James, L’Activité des Amis de l’Orgue, S. 15.

[23] B. de Miramon Fitz-James, a.a.O.

[24] In seiner Besprechung des zwischenzeitlich im Druck erschienenen Werkes (Paris, Leduc, 1936) bemerkt A. de Montrichard u.a.: „Analyser l’art d’Olivier Messiaen n’est point chose facile, tant la nouveauté mélodique, harmonique, rythmique, est audacieusement propre à l’auteur. Système musical d’assimilation malaisée, mais si pleinement digne d’être étudié de très près! […].“ Amédée de Montrichard, Musique d’orgue, in: Bulletin trimestriel des Amis de l’Orgue N° 26 (Juni 1936), S. 18.

[25] Weitere, meist ausschnittsweise Aufführungen erfuhr der Zyklus am: 28. Januar 1937 (Paris, Schola Cantorum) durch O. Messiaen (Sätze II, I u. VI); 23. Februar 1937 (Paris, Ste.-Trinité) durch A. Fleury (zweite vollständige und zugleich erste Wiedergabe des Werkes durch einen einzigen Spieler); 17. Februar 1938 (Paris, Ste.-Trinité) durch O. Messiaen (Sätze I, IV, VIII und IX); 29. Juni 1938 (Nantes, Ecole César Franck) durch A. Fleury (Sätze II und VI).

„Ein sehr gewichtiges Werk Olivier Messiaens, neun Meditationen für Orgel, vereinigt unter dem Titel: ‚La Nativité du Seigneur', ist in der Dreifaltigkeitskirche vor kurzem zur Uraufführung gebracht worden.

Es handelt sich um einen umfangreichen Stoff, bei dessen Behandlung der Komponist sorgfältig auf eine klare klangliche Disposition geachtet hat, unterstützt durch einen mächtigen Aufbau. Dieser sollte es ihm auch erlauben, der Komposition über eine Dauer von fünf oder sechs Viertelstunden hinweg Geschlossenheit zu verleihen. [...].

Das vorliegende Werk Messiaens, logisches Resultat eines natürlichen Bemühens bei der Suche nach neuen Ausdrucksmitteln, vertritt offenkundig etwas Neuartiges innerhalb des zeitgenössischen Schaffens. Wird es, kann es indessen eine Zukunft haben? Für mein Dafürhalten rührt ein Hindernis von der Schwierigkeit her, die ein abendländisches Ohr beim Versuch, die verschiedenen Skalen der obendrein ungewohnten Modi auseinanderzuhalten, hat und vielleicht immer haben wird. Trotz unterschiedlicher vorhandener Muster führt es, zumindest was die Farbigkeit betrifft, alles auf ein- und dieselbe Grundskala zurück. [...]

Im Grunde genommen spielen die Mittel jedoch eine untergeordnete Rolle, wenn nur das Ergebnis interessant ist. Und das ist hier ganz und gar der Fall.

Die technischen Schwierigkeiten, mit denen das Werk durch und durch bespickt ist, verschwanden unter den Händen dreier Interpreten, die dem Komponisten ihre Mitwirkung angeboten haben; ich meine Daniel-Lesur, Jean Langlais und Jean-Jacques Grunenwald."[26]

[26] „Un très important ouvrage d'Olivier Messiaen, neuf méditations pour orgue, réunies sous le titre: ‚La Nativité du Seigneur', vient d'être donné en première audition à l'église de la Trinité.
Le sujet était vaste. Aussi, pour le traîter, l'auteur n'a-t-il pas balancé à employer de larges plans sonores, solidement étayés par une imposante charpente. Celle-ci, au surplus, devait lui permettre, au cours des quelque cinq ou six quarts d'heure que durent ces neuf pièces, de faire œuvre durable. [...].
La présente œuvre de Messiaen, aboutissement logique d'un effort naturel vers la recherche de nouveaux moyens d'expression, représente manifestement quelque chose de nouveau dans la production contemporaine. Aura-t-elle, peut-elle avoir toutefois un lendemain? A mon sens, l'éceuil proviendrait de la difficulté qu'a et aura, peut-être toujours, une oreille occidentale de différencier les différentes gammes de modes aussi inhabituels. Dans le moule de chacun de ceux-ci, elle ramène tout, quant à la couleur, à une seule et même gamme. [...].
Au fond, peu importent les moyens, si le résultat est intéressant. Et ici, il l'est, et franchement.
Les difficultés dont est parsemée, hérissée, cette œuvre fondirent sous les doigts des trois interprètes qui avaient tenu à apporter leur concours à l'auteur; j'ai nommé, Daniel-Lesur, Jean Langlais et Jean-Jacques Grunenwald." Henri Martelli, Olivier Messiaen: „La Nativité du Seigneur", in: La Revue Musicale N° 165, XVII. Jhg. (1936), S. 291 f.

Hans Haselböck

Diabolus in organo? Zur Bedeutung eines vergessenen Orgelregisters

I. Schnurrpfeifereien

Studiert man die Aufzeichnungen über die Dispositionen von Orgeln, so werden in früheren Zusammenstellungen zumeist nur die *klingenden* Stimmen angeführt, während die sogenannten *Nebenzüge* (man verstand darunter zumeist die Koppeln und den Tremulanten, später auch noch die verschiedenen Spielhilfen) anfänglich häufig gar nicht genannt werden, später aber zumeist in gesonderten Rubriken zu finden sind. Während diese Nebenzüge oder Nebenregister durchaus eine akustische Wirkung und einen Wert und eine Bedeutung bei der Handhabung der Orgel und der Auswertung ihres Klangbestandes haben, gab es mitunter eine Reihe von Einrichtungen, die musikalisch nicht wirksam waren, sondern eine optische Besonderheit des Instrumentes mit einer gewissen symbolischen Bedeutung bildeten: sich drehende Sonnen, der taktschlagende König David, der flügelschlagende Adler, die Engel und Trompeter, die ihre Instrumente zum Mund führen und ähnliche Einrichtungen dieser Art. Man hat demnach in diesem Bereich der Orgelregister zwischen klingenden Stimmen und Figurenregistern zu unterscheiden. Nicht selten sind Orgeln gerade durch solche Nebenregister in besonderer Weise ins Gespräch gekommen, und der die Augen verdrehende Löwe der Orgel von Basedow oder der aus der Scheune kommende Ochse auf dem Positivgehäuse der Klosterkirche von Ochsenhausen sind den Orgelfreunden zumeist besser bekannt als die Dispositionen dieser Instrumente.

Nebenzüge dieser Art, die vordem Orgeln sozusagen ins Gespräch brachten und aus der Vielzahl der „gewöhnlichen“ Instrumente heraushoben, wurden unter dem Begriff *Schnurrpfeifereien* zusammengefaßt – ein Ausdruck, der bald pejorative Bedeutung bekam. War damit anfänglich das Spielerische, das Launische und auch Bewundernswürdige gemeint, so meinte man damit schon ab dem 18. Jh. Einrichtungen an der Orgel, die man als ein wenig läppisch und kindisch, auf jeden

Fall aber als etwas Unnötiges und zur erhabenen Orgelkunst keineswegs Passendes ansah.

Die *Schnurrpfeife* (niederdeutsch *snurrpipe*, holländisch *snorrepijp*, dänisch *snurrepibe*) bezeichnete ursprünglich eine schnurrende Pfeife, ein Kinderspielzeug, das man aus einem Pflanzenstengel herstellte. Die *Schnurrpfeiferei* meinte demnach unernstes Spielwerk, läppische Kleinigkeiten, närrische und komische Dinge[1]. Zelter spricht allerdings in seinem Briefwechsel an Goethe auch im Hinblick auf die als aberwitzig empfundene Virtuosität Paganinis von den „gefährlichsten Schnurrpfeifereien", und bei Heine ist die Rede von der „süßen Schnurrpfeiferei", wenn er von der ersten Liebe redet.

Eine Auflistung der im ausgehenden 19. Jh. im Orgelbau noch bekannten Schnurrpfeifereien findet sich bei Otto Wangemann:[2]

„Die alten Orgelbauer verstanden unter Schnurrpfeifereien folgende Einrichtung:
Den Vogelgesang,
den Kukuk,
die Nachtigall,
den Hahn,
das Hummelchen,
den Paukenzug,
den Paukenengel,
den Cymbelstern,
das Glockenspiel,
den Bock und die Schwebung,
den Posaunenengel,
den Engel mit dem Tactstock,
die Taube, respective den Adler,
den Fuchsschwanz."

Etliches aus dieser Liste ist im Lauf der Zeit in Vergessenheit geraten oder überhaupt in Acht und Bann getan worden. „Ebensowenig, wie es heut zu Tage einem Menschen einfallen wird, Hasen mit Pfeil und Bogen zu jagen oder sich, statt Stulpenstiefel zu kaufen, Karnickelfelle um die Beine zu wickeln, wird es einem Orgelbauer einfallen, diese alten Künstlerschrullen neu ins Leben zu rufen. Ihre Zeit ist vorbei."[3]

1 Grimm, Wörterbuch, Bd. 15, 1422.
2 Dr. M. Reiter, in: Wangemann, 530–541.
3 Wangemann, 531.

Dem Historismus im Orgelbau ist es zu danken, daß in unserem Jahrhundert einige der alten Schnurrpfeifereien doch wieder zu Ehren gelangt sind. So findet man mitunter in neueren Orgeln den *Vogelgesang*. In der Christnacht wurde der Zug vornehmlich betätigt, denn da sollte die Freude jeglicher Kreatur über die Geburt des Erlösers zum Ausdruck gebracht werden. Drei kleine Pfeifen wurden verkehrt in der Orgel angebracht und steckten mit ihrem oberen Ende in einem mit Wasser gefüllten Blechkasten, wodurch der Ton etwas „Zwitscherndes, Vogelgesangähnliches" bekam. Daß das Register mit der *Nachtigall* identisch gewesen sein könnte, bezweifelt Wangemann, da in einzelnen Orgeln beide dieser Register zu finden waren, doch Mahrenholz meint, daß man beim Vogelgesang mehrere Pfeifen ohne bestimmte Tonhöhe auf der verkehrt stehenden kleinen Windlade angebracht hat, während bei der Nachtigall nur eine oder mehrere in einem Akkord gestimmte Pfeifen vorgesehen waren.[4]

In etlichen alten Orgeln erhalten, in neuen dagegen kaum mehr gebaut, ist der *Cuculus* oder *Kuckuck*. Obgleich im Kinderlied und in verschiedenen klassischen Kompositionen die Kleine Terz für den Kuckucksruf typisch ist, sprechen Wangemann und Mahrenholz von der Großen Terz, in der die beiden kleinen Gedacktpfeifen gestimmt waren. Die Mühelosigkeit, mit der der Organist den Kuckuck nachahmen kann, war sicherlich der Wiedereinführung dieses Nebenregisters hinderlich. Der *Hahn* wurde in der Passionserzählung in der Karwoche mit seinem Krähen eingesetzt (der Hahn der Magdeburger Domorgel war berühmt), und das *Hummelchen* gehört zu den sogenannten Brummern der Sackpfeife (in der Compeniusorgel von Frederiksborg gibt es ein *Hümmelchen* mit sechs im Quintabstand stehenden Zungenpfeifen). Reiter meint, daß es (auch?) den Zweck hatte, die schlafenden Bauern zu wecken.[5] Der *Paukenzug* läßt zwei in Schwebung gestimmte Pfeifen der 16'-Lage ertönen – ein Registerzug, der wahrscheinlich beim Passionsbericht (Matth. 27, 51: „... die Erde bebte") und zu Pfingsten (der Heilige Geist kommt „magno sonitu") betätigt wurde. Der *Paukenengel* dagegen, eine Figur mit beweglichen Armen, traktierte eine Kesselpauke, spielte aber in vielen Fällen nur scheinbar auf diesem Instrument. An etlichen Orgelprospekten lassen sich zwei, ja vier Paukenengel nachweisen. Cymbelstern und Glockenspiel sind inzwischen so allgemein bekannt geworden, daß sie einer näheren Erklärung nicht bedürfen. Unter dem Begriff *Bock* versteht man nicht nur eine Art Sackpfeife („Brummend Baß"), sondern überdies den starken Tremulanten (Tremblant fort,

4 Mahrenholz, Orgelregister, 262f.

5 Wangemann, 535.

Tremblant à vent perdu). Mit dem Begriff *Schwebung* wird bei Wangemann[6] offensichtlich der weiche, langsam gehende Kanaltremulant verstanden. Der *Posaunenengel*, eine mechanische Figur, ist gewöhnlich stumm, doch gab es angeblich auch solche, „die aus ihrer Posaune mehrere Töne blasen konnten": „In eine Höhle, die hinter dem Munde lag und durch den Wind mit der Posaune communicirte, mündeten die kurzen Schallröhren mehrerer Zungenpfeifen. Auf diese Weise war es möglich, dass ein Chor Posaunenengel ein ganzes Register Zungenstimmen repräsentirte."[7] Der *Engel mit dem Taktstock* war ebenfalls als mechanische Figur eingerichtet, ebenso die flügelschlagende *Taube*, die beim Pfingstfest durch einen Registerzug in Tätigkeit gesetzt wurde, worauf sie scheinbar zur Sonne flog. Der *Fuchsschwanz* schließlich sollte „Personen, die neugierig auf dem Orgelchore herumlungerten, sich neben den Organisten stellten und sein Spielen und die Registerknöpfe begafften, einen kleinen Schreck einjagen".[8] In einer in Kopfhöhe angebrachten Röhre steckte ein gelegentlich mit Mehl eingepuderter veritabler Fuchsschwanz, der, „wenn das Opfer in der Schußlinie stand", nach dem Ziehen des entsprechenden Registers „mit Vehemenz" herausfuhr.

Besonders reich ausgestattet mit Figurenregistern muß die Domorgel von Magdeburg gewesen sein. Adlung gibt uns darüber einen ausführlichen Bericht:[9] Die Domküster würden über diese Orgel anmerken, „Daß sie über die Maaße schön und kunstreich mit vielen Bildern in Mannes Größe gezieret, schön vergoldet und herrlich gemahlet sey; unter welchen am Oberwerke, zwischen den dreyen Thürmen, König David mit der Harfe und König Salomon stehen, welche die Köpfe hin und her drehen. Über dem König David stehet ein Engel mit einer Laute, und über dem König Salomon einer mit einem Citrinchen, welche sich umdrehen: über solchen etliche Trompeter, welche ihre Trompeten ansetzen und auch wieder abziehen; und über solchen allen ein schwarzer Adler, welcher sich in die Höhe hebet. Auf dem Rückpositive stehet in der Mitten ein Engel mit einem Buche und Stabe, welcher den Takt führet; vor dessen Füßen steht ein vergoldeter Hahn, welcher, nachdem der Organist ausgespielet, (wenn man will) die Flügel schläget und krähet. Etwas herunter auf solchem Rückpositive stehen 2 Engel mit Zinken, welche sich umdrehen, und unter solchen 2 mit Posaunen, welche selbige aus- und einziehen; nebst andern Bildern mehr mit unterschiedlichen musikalischen Instrumenten."

[6] Wangemann, 540.
[7] Wie Anmerkung 6.
[8] Wangemann, 541.
[9] Bd. 2, Kap. XII, 19.

II. Der Rohraffe

So umfangreich die Auflistung der Schnurrpfeifereien bei Wangemann auch ist – ein besonderes Register scheint so gründlich in Vergessenheit geraten zu sein, daß es dieser Autor allem Anschein nach gar nicht mehr kennt. Auch bei Mahrenholz geht man vergeblich auf die Suche. Die Rede ist vom *Rohraffen*, einer in der ursprünglichen Gestalt bis zur Lächerlichkeit häßlichen und fratzenhaften Figur, die in das Arsenal jener goldglänzenden, die Schauseite der Orgel verzierenden und auf Geheiß des Organisten zur höheren Ehre Gottes jeweils emsig tätigen Gestalten so gar nicht passen will.

Ein Rohraffe ist am Fuß der Langschifforgel im Münster von Freiburg im Breisgau angebracht. Es ist dies (heute) eine bewegliche Halbfigur mit einer Trompete, die im Jahr 1530 vom Meister Sixt von Staufen, einem Bildhauer der Dürerzeit, um einen Gulden und fünf Schillinge angefertigt (erneuert?) wurde. In Tracht und Stil wirkt diese Gestalt „neben den noblen, lebendig geprägten Gesichtern der Habsburger wie das derbe, drastische Bild eines Stadttrompeters".[10]

Über den Rohraffen an der Münsterorgel von Straßburg – von ihm wird in diesem Beitrag noch viel die Rede sein – schreibt Andreas Silbermann: „Zu unterst am Spitz siehet man in Lebens Größe das Bildnis Samsonis auf einem Löben sitzent, welcher durch Bewegung eines Thrats dem Löben den Rachen aufsperret. Auf beyden Seiten des Lettners seyn zwey Mänlein, welche Trompetten in denen Händen haben, und solche gleichfalls durch eine Regierung dieselben an- und von dem Mund setzen können."[11] 1576 kam ein Zürcher zum berühmten Festschießen nach Straßburg und gibt eine etwas abweichende Beschreibung: „Darnach habend wir die orglen besehen und hören schlachen (=schlagen), da wir gesehen den Roraffen von Straßburg: ist ein Mann in roth und weiß gekleidet, hat ein trompeten im mund und wan die orglen geht so trompetet er stark mit zittern auf der rechten seiten. Auf der anderen seiten steht ein alter mann auch in roth und weiß gekleidt, der hat einen grawen bart und er schüttelt den kopf, wan der ander trompetet."[12] Die letztgenannte Darstellung trifft den Sachverhalt: Dem Trompeter gegenüber steht auf der Gegenseite eine Gestalt (nach Wörsching ein Kaufmann, Spielmann oder Zigeuner) mit struppigem Bart, kein Musiker.

[10] Schau-ins-Land. 74. Jahresheft des Breisgau-Geschichtsvereins. Freiburg im Breisgau, 1956, 86 und 88.

[11] Marc Schaefer (Hrsg.), Das Silbermann-Archiv. Der handschriftliche Nachlaß des Orgelmachers Johann Andreas Silbermann (1712–1783). Winterthur 1994, 349.

[12] Zit. nach Wörsching, 8.

Der Rohraffe an der Langschifforgel im Freiburger Münster

Die Stadttrompeter von Freiburg und Straßburg und überall dort, wo es ähnliche Figuren noch geben mag, führen zwar noch immer die Bezeichnung Rohraffe, und auch der Registerzug, der die Figuren ihre Instrumente ansetzen läßt, ist so beschriftet. Es gibt aber gewichtige Gründe für die Annahme, daß diese Figuren bloß eine spätere zahmere Umgestaltung der originalen Rohraffen darstellen.

Ursprünglich gab es nämlich an diesen Stellen des Orgelgehäuses schreckhafte Figuren von geradezu gorgonischer, apotropäischer Wirkung: An der alten Traxdorff-Orgel von St. Sebald in Nürnberg war ein Teufelskopf angebracht, der bei der Verwendung der tiefsten Pedaltaste den Unterkiefer herunterfallen ließ und eine halbmeterlange rote Lederzunge herausstreckte. Ausgerechnet dieser Rohraffe hat zusammen mit acht kleineren Schnitzfiguren des historischen Orgelgehäuses die Bombardierung von Nürnberg überstanden und ist jetzt, mit eigenem Registerzug versehen und mit einem plärrenden Regal-Normal-a tönend, über dem Spielschrank der neuen Orgel angebracht.

Der Orgellettner im Straßburger Münster mit den Rohraffenfiguren (nach einer Zeichnung von A.-M. Vix-Beulay)

Mitunter hat aber der Rohraffe auch ein anderes Aussehen gehabt: Ein älterer Bericht vom Straßburger Münster beschreibt den dortigen Rohraffen als eine affenartige Figur, eine „hässliche, jedoch volksthümliche Fratze", die bewegliche Körperteile hatte und vom Spielschrank aus in Tätigkeit gesetzt werden konnte, „sodass beim Spielen die langen Arme sich bewegten, das weite Maul sich öffnete und laut schallend wieder zuklappte".[13] Man hatte bei diesen Figuren den Eindruck, „als gähnten sie aus Herzensgrund. Vermuthlich waren diese Figuren auch auf solche Weise angelegt, daß sie noch andere Bewegungen und Gestikulationen [...] machen konnten".[14] Wesentlich scheint dabei immerhin, daß alle diese Orgeln einst im Blickfeld der Kirchenbesucher standen, denn die Postierung dieses Instrumentes auf den Westemporen ist ja erst in späterer Zeit erfolgt.

13 Deutsches Sprichwörter-Lexikon, hrsg. von Karl Wilhelm Wander, Leipzig 1873, Bd. 3, Sp. 1722.

14 Schneegans, 25. Die Interpunktion wurde bei Zitaten aus dieser Quelle fallweise der heutigen Schreibweise angepaßt.

Das Wort Rohraffe leitet sich ab von *röhren* (= schreien, brüllen, mhd. *reren*)[15]: brüllend reißt diese Dämonengestalt ihr Maul auf. Gerade das Wort *Maulaffe*, „ein Narr mit offenem Mund", ist aber auch eine Bezeichnung für einen „dummen" Teufel[16]. Unwahrscheinlich ist es, daß durch die Bezeichnung die technische Anlage ausgedrückt werden soll, weil nämlich diese Fratzen „durch starke, wahrscheinlicher Weise durch Rohre bis zu ihnen gehende Drathe, in Bewegung gesetzt wurden".[17] Auch die bei verschiedenen Autoren ausgesprochene Vermutung, der Name käme davon, weil diese Figur an einem durch „Röhren" (= Pfeifen) gekennzeichneten Instrument angebracht sei, ist sicher unzutreffend. Und die Ansicht, daß der Begriff Rohraffe „Regenten, Gewaltige" meine, weil das Wort „Rohr" soviel wie „Gewalt" bedeute, kann von der Etymologie nicht erhärtet werden.[18]

III. Von himmlischer und höllischer Musik

Der Teufel also, mit häßlicher Fratze oder affenartigem Aussehen, an der Orgel, an jenem Instrument, das tönendes und architektonisches Abbild des Lobes Gottes schlechthin ist, das Instrument, das „alle andere instrumenta musica" alleine in sich „begreifft"[19], das als irdische Vorahnung („musica praeludium vitae aeternae") der himmlischen Musik angesehen werden kann? Vielleicht läßt sich das nur aus der mittelalterlichen Musikanschauung heraus verstehen.

Die Musik der Welt ist in den Grenzen des irdischen Kosmos eingebunden. Das metaphysische Weltbild des christlichen Denkens ergänzt oder ersetzt die Weltmusik durch eine Überweltmusik, durch die Musik der himmlischen Liturgie. Diese ist Urbild und Maßstab für die irdische Liturgie der Kirche und für ihre Musik. „Zentrale Topoi der himmlischen Liturgie sind seit alters her die Unaufhörlichkeit des Lobpreises, sein keiner Zeit unterworfenes *sine fine*, seine Harmonie, seine Einhelligkeit, das *una voce* des Lobgesanges sowie das einander Zusingen (*alter ad alterum*). Immer wieder werden darüber hinaus die Vollkommenheit, die Schönheit, das Wunderbare dieses Gesanges hervorgehoben."[20] Dem meta-

[15] Grimm, 14, 1129.
[16] Grimm, 14, 1124.
[17] Schneegans, 26, Anm. 1.
[18] Diersburg, 90.
[19] Praetorius, II, 85.
[20] Hammerstein, 15.

Der Rohraffe von Nürnberg, St. Sebald

physischen Dualismus des Mittelalters entsprechend, steht dem Reich Gottes das des Satans gegenüber, der Musik der Engel die der Teufel. Diese ist disharmonisch, häßlich, voll von Zerrklängen. Heulen, Klagen, Gebrüll und unerträgliche Lautstärke sind ihre Kennzeichen. Eine Steigerung davon ist nur noch das absolute Schweigen, die trostlose Lautlosigkeit, das Nichtklagenkönnen – soll vielleicht das stimmlose Maulaufreißen an dieses Unvermögen erinnern?

Die Orgel mit dem Rohraffen am Orgelfuß ist zweifellos als ergänzendes Abbild der Gesamtheit der Musik der Kirche anzusehen. Wider Willen muß der Teufel, nicht von ungefähr an unterster Stelle des bevorzugten kirchlichen Instrumentes plaziert, auch in den allgemeinen Lobgesang von Engeln und Seligen einstimmen (so in der *legenda aurea* aus dem 13. Jh. bei der Darstellung von Mariens Himmelfahrt), ungeachtet des Umstandes, daß er nur Mißtöniges hervorbringt. Verbreitet ist nämlich die Überzeugung, daß die häßliche Musik des Teufels auch als unfreiwillige oder böswillige Parodie der himmlischen Musik und ihres Abbildes, der irdischen Liturgie, angesehen werden kann, ist doch nach gängiger Vorstellung der

Teufel der „Affe Gottes“[21]. Dem Mittelalter gilt der Affe geradezu als *figura diaboli*, als Teufelstier schlechthin, als Inbegriff für weltliche Eitelkeit, Sündhaftigkeit und Teufelsbesessenheit. So gebraucht Luther die Worte „Affenschwanz“ und „Teufelsschwanz“ synonym. Und Tertullian schon hatte den Begriff *diabolus simia Dei* („der Teufel ist der Affe Gottes“ – *simia* = Affe) pseudoetymologisch erklärt, indem er *simia* von *similitudo* (= Ähnlichkeit) ableitete und damit auf den Gottähnlichkeitsanspruch Luzifers hinweisen wollte.[22] Der Teufel musiziert demnach, die Engelsmusik wider Willen oder bösartig „nachäffend“, mit im Chor der himmlischen Liturgie.

Freilich darf hierbei die Ambivalenz dieser Teufelsdarstellungen nicht übersehen werden. Der musizierende (und auch der tanzende) Affe muß ob seiner Menschenähnlichkeit und seiner läppischen Versuche, menschliches Handeln nachzuahmen, besonders geeignet gewesen sein, in augenfälliger Weise auch auf die Eitelkeit und Torheit der Welt hinzuweisen. Und hierin ist eine zweite Bedeutung der Tiermusikanten und des als Affen dargestellten oder so bezeichneten Teufels an der Orgel zu sehen: In seinem Hochmut und in seiner Eitelkeit glaubt er, besser als alle anderen Musik machen zu können, doch wird daraus lediglich ein „Teuflisches Geplerr und Geleyer“[23]. Der den Chor der harmonischen Orgelstimmen durch sein ungeordnetes Getön verwirrende Rohraffe ist demnach auch als Abbild des schlechten Kantors und Kirchenmusikers zu verstehen: Wer einen musikalischen Dienst innerhalb der Liturgie versieht, wird gewarnt vor eitler Selbstüberschätzung und gerügt, wenn er schlecht und nachlässig Musik macht. Im Lauf der Zeit sind freilich die Weltsicht und das Lebensgefühl des Mittelalters nach und nach geschwunden, und anstelle des Gespürs für das Vorhandensein und die Zulassung des Teufels an geweihter Stätte und dessen Symbolgehalt überwog bald nur mehr der bloße Spaß am Derben und Grotesken.

Es ist noch keine Auflistung vorhanden, an welchen Orgeln es Rohraffen gegeben hat, doch spricht Arnold Schlick in seinem „Spiegel der Orgelmacher“ (1511) von diesem Figurenregister in einer Art, als wäre es gar nicht so selten gewesen: „Desgleichen treiben [an den Orgeln] die Rohraffengesichter mit ihren großen, auf- und zuklappenden Mäulern und langen Bärten […] gar seltsame Kurzweil.“[24] Daß es auch an Orgeln in Paris, Orléans, Bologna, Pavia und Siena

[21] Hammerstein, 19.

[22] nach Hammerstein, 75.

[23] So J.S. Bach im 2. Kapitel seines *Gründlichen Unterrichts des General-Basses* über jede Musik, die nicht „zu Gottes Ehre und Recreation des Gemüths“ gemacht wird.

[24] Schlick, Das Erst Capitell, Übertragung ins Neuhochdeutsche, 72.

Rohraffen gegeben habe, erwähnt Johannes Geiler von Kaysersberg im „hellisch loew“, einer seiner Predigten.[25] Er geht dabei aus von Sebastian Brants (1457–1521) zeitsatirischem Gedicht „Das Narrenschiff“, in dem Torheiten aller Art angeprangert werden:

manch narr halt sich gar hoch darumb,
dasz er usz welschen landen kum,
und sy zu schulen worden wysz,
zu Bonony, zu Pavy, Parisz,
zur hohe Syen inn der sapienz,
ouch jun der schul zu Orlyens,
und den roraffen gsähen hett.[26]

Wo immer es auch dieses Figurenregister gegeben haben mag – keines von ihnen erreichte auch nur annähernd die Popularität, wie sie der Rohraffe im Straßburger Münster besessen hatte.

IV. Das Pfingstfest im Straßburger Münster

Am 18. April des Jahres 1482 hielt Bischof Albrecht von Bayern eine Synode ab, zu der 600 Priester kamen. Die Eröffnungspredigt hielt der 1478 zum Domprediger ernannte hochangesehene Johannes Geiler von Kaysersberg (1445–1510). Er prangerte darin zwei nach seiner Ansicht besonders schlimme Auswüchse an, die im Münster eingerissen seien, nämlich das sogenannte Bischofsspiel und den Rohraffen.

Das Bischofsspiel wurde von den Chorknaben des Münsters jeweils am Fest der Unschuldigen Kinder gefeiert. Am Vorabend wählten die Buben einen „Bischof“, den sie während der Johannesvesper bei der Stelle im Magnificat „Deposuit potentes de sede“ – „Er stieß die Mächtigen vom Thron“ inthronisierten, mit den bischöflichen Insignien versahen und dann selber die Stelle der Chorherren einnahmen. Zum Schluß sang der „Bischof“ die Oration und erteilte den Segen, worauf das maskierte Treiben in den Kirchen, Klöstern und Straßen der Stadt begann.[27]

[25] nach Hammerstein, 79.

[26] Grimm, 14, 1125. Vgl. Brant, 340. Dort die Übertragung von Junghans ins Neuhochdeutsche: „Manch Narr von Hochmut ist entbrannt, Weil er gekommen aus welschem Land Und man auf Schulen ihn unterwies Zu Bononi, Pavia und Paris Und zu Hoch-Sien [= Siena] in der Sapienz [= Weisheit] Und in der Schule zu Orliens, Daß er den Roraffen gesehen hätt.“

[27] Alph. Truttmann, Kirchengeschichte des Elsasses, Kehl a.R. 1925, 2. Aufl., 185.

Der Rohraffe der Straßburger Münsterorgel, Anlaß für einen weiteren Abschnitt der Synodenpredigt des Domkapitularen, war geradezu ein Wahrzeichen der Stadt und in breitesten Volksschichten bekannt. Es spricht alles dafür, daß es den Rohraffen in seiner altertümlichen grotesken Gestalt an der Münsterorgel von Straßburg schon an den ältesten Orgeln gegeben hat und daß er damit bis ins Jahr 1260 zurückreicht.[28] Dieses eigenartige Figurenregister war zwar in Straßburg bekannter als irgendwo anders, doch am Pfingstfest stand dieser Rohraffe offensichtlich in besonderer Weise im Mittelpunkt der Aufmerksamkeit[29]:

„Wenn majestätisch alle Glocken tönten im Glockenhause und im Thurme droben; wann bereits die Orgel erdröhnte und die Affenbilder unten daran unermüdlich die Rachen auf- und zusperrten, gähnten, klafften und klapperten, und die Landsleute von nah und fern, aus allen Theilen des Bisthums, heranzogen zum Dome mit ihren Kreutzen, Fahnen und Reliquien, da schickte sich der Roraffe an, sein schönstes Fest zu feiern.

An der Orgel droben, in der Höhe, befand sich eine roh bearbeitete bauernartige Figur. Hinter diese versteckte sich, jedesmal am Pfingstfest, irgend ein pfiffiger, meist auch unverschämter Kauz, bisweilen ein Laie, oft auch ein Pfaffe, je nachdem der Mann gerade sich vorfand. Und im Augenblicke, wo die Landleute aus dem ganzen Bisthume prozessionsweise hereinzogen ins Münster, mit ihren Kreutzen und Bannern und mit den Reliquien und Heiligthümern ihrer Kirchen, singend und Gott lobpreisend und die Heiligen; im Augenblicke, wo die ländliche Prozession also ihren Einzug hielt in den bischöflichen Dom, begann der Roraffe sein frevelhaftes Spiel.

Schon allein durch seine lächerlichen und unschicklichen Bewegungen zog er die Aufmerksamkeit der Landleute auf sich; noch mehr aber durch die weltlichen, ausgelassenen und schändlichen Lieder, mit welchen er die Landleute bei ihrem Eintritte in das Gotteshaus begrüßte und welche er mit hell tönender Stimme ihren heiligen Hymnen zum Empfange entgegenbrüllte, daß es furchtbar nachschallte durch die Gewölbe und die hohen Gänge der Domkirche entlang. Aus vollen Lungen brüllte der Roraffe und übertönte nicht allein der Bauern Lobgesänge und Litaneien, sondern selbst den Gesang der Stiftsherren und Geistlichen im Chore. Allsobald auch verlor sich der Gläubigen Andacht unten in der Kirche. Ihre Frömmigkeit gieng in Zerstreuung über, die Seufzer der gerührten, tief ergriffenen Pilgrime verwandelten sich in lautes Lachen und dies in solchem Grade, daß oft durch das Getobe des Roraffen und das Gelächter und Getöse des Volkes der

[28] Schneegans, 30.
[29] Schneegans, 36–39

Gottesdienst im Chore und der Meßdienst an den Altären gestört und unterbrochen wurden. Gleichviel galt es dem Roraffen, welch' ein Gottesdienst gefeiert wurde in der Kirche und im Chore, ob Messe, ob Predigt, ob Firmung. Nichts vermochte seinem unverschämten Treiben Einhalt zu thun, ja, er scheute sich sogar nicht, laut zu singen, zu jauchzen, zu lachen und zu brüllen während des Hochamtes selbst, während der Vesper und Complet. Mit hell aufschallendem Gelächter spottete und schrie er hernieder zu dem Landvolke, verhöhnte und verlachte dessen dumme Einfalt ohne Ende; dann spottete er wieder der Stiftsherren und Pfaffen, die sangen im Chore oder Messe lasen an den Altären; und hernach sang er wieder immer neue, spöttisch-schandbare Lieder, in welchen er abermals der Kirche und der Geistlichkeit eben so wenig schonte als der armen Landleute.

Wohl stund dann manch Bäuerlein da verblüfft und verdutzt und kratzte verlegen hinter dem Ohre und wagte es kaum noch, emporzuschauen zum Roraffen. Wohl ärgerten und entsetzten sich auch sonst viele Gläubige ob der schandbaren Lieder und ob des rohen Gebrülls des frevlen Gesellen an der Orgel droben, und noch mehr über die unerhörten sündhaften Lästerungen und Schmähungen, welche der lose freche Kumpan sogar gegen die Kirche und die Pfaffheit auszustoßen sich nicht fürchtete. Mehr denn Einer im Schiffe drunten machte, betroffen und erschrocken, des Kreutzes Zeichen, und Viele, ohne Zweifel, giengen kopfschüttelnd von dannen aus dem so schmächlich verhöhnten und entweiheten Gotteshause.

Desto inniglicher aber freute sich der Roraffe seines Triumphes; und um so derber, beherzter und verwegener fiel sein Spott hernieder in die Kirche. Ungleich viel mehr waren ja drunten im Schiffe, die Gefallen fanden an seinem Brüllen, Lachen, Toben und Singen […]. Je lauter man kicherte, lachte und Beifall zollte drunten in der Kirche, desto toller trieb der Roraffe nur sein Spiel. Und Niemand war da, der sich getraut hätte, ihm zu wehren und das unflätige sündhafte Lästermaul zu schließen."

Pfingsten, eines der Hochfeste im Kirchenjahr, wurde in Straßburg seit alters her mit besonderem Prunk gefeiert. Die Besucher kamen oft von weit her, und der Bischof selbst hielt das Hochamt. Die Erinnerungen an die Lenz- und Sommerfeste in heidnischer, vorchristlicher Zeit dürften nie ganz vergessen worden sein, und die Kraft des Dämonischen mag an diesen Tagen seine alte Stärke unter Beweis gestellt haben. Eine ganze Reihe von Bräuchen bezeugt, daß man sorgsam bemüht war, sich gerade zu dieser Zeit des Sommerfestes mit dem Dämon gut zu stellen. Dem Wilden Mann schreibt man große Macht und geradezu göttliche Qualitäten zu. Der Herr des Waldes und der Tiere holt sich zwar mitunter des Nachts von den Bauern eine Kuh und verspeist sie zusammen mit den Wilden Leuten, doch am nächsten Tag steht das Rind wieder im Stall: Aus den Essensresten hat es der Wilde

Mann unversehrt wieder zusammengesetzt – Grund genug, alles zu tun, damit er einem gewogen bleibt.[30] Das Hochfest des Heiligen Geistes ist überhaupt eine kritische Zeit, denn „am Pfingstsonntag geht die Wilde Jagd um“[31].

Ausgerechnet an diesem Tag feierten in Straßburg aber auch die Fischer ihr Zunftfest, das Salmentragen.[32]

„Kreischende Pfeifen voran, zogen sie einher, tanzend und springend, laut auflachend, jauchzend und brüllend, Salmen und Sälmlinge zur Schau tragend, die gar lustig plätscherten, prasselten und sprangen im Wasser wie die Fischer selbst drum herum.“ Mit Vorliebe feierte man lautstark auf den Kirchenplätzen und störte geradezu mit Bedacht die geistlichen Umzüge. *„Schlimm und geschickt wußten sie es jedesmal zu treffen, daß ihr lärmender Zug an den langen, betenden Prozessionen vorbei mußte. [...] Pfiffige, spitzige, derbe und ausgelassene Witze fielen ohne Zahl, denn es war hergebrachte Sitte, daß man sich Alles erlauben durfte bei dem Umzuge. Sodann auch wußten die Fischer es jedesmal also anzuordnen, daß ihr Zug sich immer längere Zeit in der Umgegend der Gotteshäuser verweilte. Während des Gottesdienstes erschallte dann auch von außen Gelächter, Pfeifen, Jauchzen und Brüllen, daß oft die Gläubigen in den Kirchen mehr von den Schand- und Spottliedern und von dem wirrtobenden Lärmen und Jubeln der Fischer und ihrer Gehülfen hörten, als von den Gesängen der Priester im Chore.“*[33]

Mit Mühe und erst nach Generationen setzte es der Rat der Stadt durch, daß diese lärmenden Festzüge der Fischer, diese „spöttisch schimpfliche Gewohnheit“, erst am Nachmittag durchgeführt wurden, damit die vormittägigen Gottesdienste zu Pfingsten ohne diese Störungen vor sich gehen konnten. Der diesbezügliche Beschluß datiert aus dem Jahr 1466.[34]

V. Vom Selbstbewußtsein der Straßburger Bürger

Das lärmende Brauchtum in den mittelalterlichen Städten hatte seine Tradition, war es doch zugleich Dämonenabwehr wie Ausdruck der eigenen Lebensfreude. Häufig trat die Kirche gegen das „chalvaricum“ auf: „Der *Charivari*, das war ein

30 Johannsmeier, 81.
31 WdA 6, 1686.
32 Salm = Lachs. „Bei Straßburg erhalten die Salmen um Jacobi den Namen Lachs.“ Grimm, 14, 1697.
33 Schneegans, 42f.
34 Schneegans, 43–45.

Aufzug von lärmenden Masken, Tänzern, Trommlern und Sängern, der meistens in der Nacht die Straße unsicher macht. Bald schon bekommen die Bürger, die hinter den Teufels- und Tierköpfen stecken, so viel Spaß daran, daß sich der Charivari verselbständigt und immer mehr um seiner selbst willen veranstaltet wird."[35]

Pfingsten, ein Freudenfest von altersher, galt als besonderer Glückstag. Geister und Spukerscheinungen werden sichtbar, und die Hexen feiern in der Pfingstnacht ihr Jahresfest. Aber mögen die Dämonen und der Teufel auch noch so viel Aufhebens von sich machen: „In dieser Zeit stehen alle Tore zum Himmel offen, das Höllentor aber ist verschlossen."[36]

Der Teufel in der Kirche zuunterst am Orgelfuß: das ist der beständige Hinweis, daß Gott trotz seiner Allmacht (nur vorderhand!) auch das Böse, die Antiwelt zuläßt; das ist das Aufzeigen des Unvermögens des Teufels, trotz seines angestrengten Mühens, den ordo der heiligen Liturgie zu stören; das ist die Mahnung an cantores und Kleriker ad oculos und ad aures, die Liturgie rite et constitute auszuführen, auf daß man nicht dem Spott verfalle.

Wieso aber in Straßburg diese unbegreifliche Steigerung, daß man sich nicht begnügte mit dem maulaufsperrenden, kieferklappernden und gliedmaßenschüttelnden Teufelsaffen, sondern am Hochfest Pfingsten außerdem einen Schreier in diese Figur oder in den Orgelfuß hineinsetzte, so daß Pfingsten geradezu „des Rohraffen Hauptfest"[37] wurde und daß sogar der populärste Domprediger dagegen mehrmals und letzten Endes vergeblich das Wort erheben mußte?

Der Rohraffe an der Münsterorgel „gehörte" nicht den Klerikern, sondern den Bürgern der Stadt! Als der Stadtrat 1466 das lärmende Salmentragen zeitlich beschränkte, war mit einem Schlag dieses Ärgernis beseitigt. 1482 sprach sich der Domprediger Johannes Geiler von Kaysersberg gegen die Nachtfeste im Münster aus, die – jeweils am Adolfitag, dem Jahrtag der Kirchweihe, abgehalten – allmählich zu wahren Bacchanalien ausgeartet waren. Seine Kritik hatte abermals Erfolg. Am schwierigsten aber wurde sein Kampf gegen den Rohraffen.

„So innig hatte sich der Roraffe in das straßburgische Volksleben hineinverwebet und verwachsen, daß selbst die Gewaltigsten es nicht wagten, sich zu erheben, offen und unumwunden, gegen den im Vollgenusse der Volksgunst schwelgenden lasterhaften Affen. Wer sollte es glauben? Das ganze fünfzehnte Jahrhundert hindurch und bis in das sechzehnte Jahrhundert hinüber trieb der so glorreich

[35] Johannsmeier, 7.
[36] WdA 6, 1686.
[37] Schneegans, 36.

bevorzugte Günstling des Volkes, ungestöret, sein verhöhnendes Gespötte in der Hauptkirche des Bisthums zur namenlosen Belustigung der neugierigen Menge, zur höchst erquicklichen Ergötzlichkeit sämmtlicher unglaubigen Freigeister und leichtfertigen Frevler der damaligen Zeit und zum namenlosen Aergernisse für alle Frommen und für die Landleute ganz ins Besondere."[38]

Anno 1496 tritt der streitbare Domprediger gegen den Rohraffen an. Er bringt seine Beschwerden, was besonders zu beachten ist, nicht beim hohen Klerus, sondern „auf der Pfaltz, vor den Herren Räthen und Einundzwanzig"[39] vor. Die Bürger sind also, was seltsam genug ist, für dieses Orgelregister und seine Verwendung zuständig! Geilers Auftreten ist fürs erste, so scheint es, einmal erfolglos. Fünf Jahre später macht der Prediger in dieser Angelegenheit eine neuerliche, 21 Punkte umfassende Eingabe[40], der jedoch, was den Rohraffen betraf, wieder kein Erfolg beschieden gewesen sein dürfte.

Die daraus sichtbaren Spannungen zwischen Klerus und Bürgerschaft waren durch Geschehnisse verursacht worden, die Jahrhunderte zurücklagen. Im Jahr 1260 war Bischof Heinrich von Stahleck gestorben, ein friedfertiger und wohlgelittener Mann, der in diesem elsässischen Handelszentrum viel zum aufblühenden Zunftwesen und zum wachsenden Selbstbewußtsein der Bürgerschaft beigetragen hatte. In einer Zeit eines landesweiten spätfeudalen Konkurrenzkampfes hatte dieser Bischof den Machtzuwachs des Rates und des Ammannes (d.i. der Bürgermeister der Stadt) in verständiger Weise toleriert. Heinrich von Stahleck, der jüngere Sohn eines der reichsten Adelsgeschlechter im Elsaß, war als Nachfolger von anderem Schrot und Korn. Auf Machtzuwachs bedacht, fällt er zuerst im Nachbarbistum Metz ein, doch die Straßburger leisten ihrem Bischof dabei keine Gefolgschaft. Es kommt zu Mißhelligkeiten und endlosen Auseinandersetzungen, in deren Folge Bischof Heinrich – offensichtlich gerade vor dem Pfingstfest – ein Interdikt über die Stadt verhängt: In keiner Kirche darf Gottesdienst gefeiert werden! Das Volk ist wütend, und die Folge sind Übergriffe und Plünderungen von klerikalen Besitzungen. Darauf sagt der Bischof den Straßburgern den Krieg an und versammelt um sich den elsässischen Hochadel. Sein Onkel, der Bischof von Trier, unterstützt ihn mit 1700 Reitern. Straßburg aber erweist sich als uneinnehmbar, und nach einem ein Jahr dauernden Verwüstungskrieg im Umland der

[38] Schneegans, 46f.

[39] Schneegans, 48.

[40] „Ermahnung Dr. Keyserspergers, [...] 16. Den Mißbrauch des Roraffen im Münster abschaffen." Schneegans, 49f.

Stadt kommt es zur Entscheidungsschlacht, in der der Bischof unterliegt: „Eine wendige, moderne, mobile Bürgerwehr schlägt einen imposanten, aber unbeweglichen Ritterapparat, der dieser Art von Kriegführung nicht mehr gewachsen ist."[41] Die Folge: Der Bischof muß mehr Zugeständnisse denn je machen; Münster und Stift werden kommunale, städtische Einrichtungen, und mit der Unterzeichnung des Sühnebriefes von 1265 verlieren Kirche und Adel viel von ihrer früheren Macht. Der Rat der bürgerlichen Stadt ist nicht unbedingt immer der Vertreter der „Straße", doch er muß mitunter mit ihrer Gewalt rechnen und bedarf ihrer im Kriegsfall.

Der Rohraffe nun ist der Wilde Mann in der Kirche, ein sichtbarer Vertreter jener üblicherweise unsichtbaren Dämonen, denen sich gerade das Volk in einer seltsamen Mischung von Furcht und Respekt auf der einen Seite und Dankbarkeit auf der anderen verpflichtet fühlt. Das Aufbegehren des Rohraffen erfüllt die Kirchenbesucher gleichermaßen mit scheuer Verwunderung über die Unziemlichkeit eines solchen Verhaltens an geweihter Stätte wie mit Genugtuung darüber, daß ein so ungehobelter Geselle, eher einer der Ihren, sich getraut, auch gegen Hochgestellte, sogar gegen den Klerus, aufzubegehren. Nach der Niederlage des Bischofs und dessen Zugeständnissen an die Bürger der Stadt ist der Rohraffe stärker denn je. Und nicht nur Pfingsten ist seine Zeit – auch das Jahr über macht er sich immer wieder bemerkbar: Einmal wird der Organist streng gerügt, er möge es fürderhin unterlassen, immer dann, wenn ihm die Predigt zu lang zu sein dünket, den Rohraffen zu betätigen, worauf die Umstehenden ein Gelächter anstimmten und der Prediger ein verdrießliches Ende nehmen müsse....[42] Wie populär diese Figur war, zeigt die Benennung einer Scharfmetze[43] im Straßburger Zeughaus: „Ein Scharff-Metzer, der Rohraff genannt, darauf ein Männlein zum Absehen stund". Weiters gab es in Straßburg ehemals ein Haus, das „Zum Rohraffen" genannt wurde.[44]

Und die Domherren sind weiter machtlos oder haben sich an diese unheilige Gestalt gewöhnt. In manchen Texten ist die Rede von den Prälaten, die, anstatt Anteil am Gottesdienst zu nehmen, „zum Rohraffen starren und mit ihm um die Wette gähnen". Solche Stiftsherren sind nach Sebastian Brants *Narrenschiff* „Chornarren" zu nennen: „Die siebent Schell der Chornarren ist schweigen und

[41] Johannsmeier, 124.

[42] Der Autor dieses Beitrages erinnert sich, diese Belegstelle vor Jahren gelesen zu haben, kann sie aber derzeit nicht mehr verifizieren. Wer von den Lesern kann dem ratlosen Autor helfen?

[43] Scharfmetze = Name einer schweren Geschützart früherer Zeit. Grimm 14, 2188.

[44] Beide Angaben nach Schneegans, 31.

gienen (=gähnen) oder dem Roraffen zusehen". Auf diese Weise lassen sich Pfründe verdienen: „Da werden pfruinden wol verdient so man den roraffen zu gient."[45]

Ein kurzes Kapitel aus der Geschichte des Straßburger Rohraffen sei hier noch erwähnt. Eine Sehenswürdigkeit des Münsters war die berühmte astronomische Uhr. 1352–54 hergestellt, war sie an der Westwand angebracht. Mit jedem Glockenschlag verbeugten sich die Drei Könige vor der Madonna. 1571–74 wurde eine zweite Uhr aufgestellt[46], die allgemeine Bewunderung fand: „Sie enthält einen ewigen Kalender, der sich in der Sylvesternacht selbst reguliert. Mittags um 12 Uhr bezw. 12 1/2 kommen die 12 Apostel an Christus vorbei und verneigen sich; der Herr segnet sie, und der Hahn kräht dreimal."[47] Das letztgenannte Kunststück, auch schon an der ersten Uhr berühmt, muß die Münsterbesucher sehr beeindruckt haben: vordem standen alle beim Rohraffen „mit ihren dumm verblüfften und verdutzten Gesichtern, mit so weit geöffneten Mäulern als dasjenige des Roraffen selbst, und mit ihren vor Erstaunen rund aufgeblasenen Nasen". Jetzt aber mußte diese Affenfigur die Erfahrung machen, „daß des Volkes Gunst nicht länger währet als [...] Frauenlieb und Aprilenwetter", und es war dann „jedesmal ein Rennen und Jagen im Münster, wenn Mittag nahte. Und zu seinem endlosen Ärgernisse mußte der Roraffe selbst es mitansehen, wie Alles dem Hahnen zulief, ohne nur zu ihm mehr hinaufzublicken, gleich als hätte es niemals einen Roraffen gegeben an der Orgel!"[48] „Der gute Roraffe mochte gähnen und schreien, so sehr er auch wollte und den Rachen aufreißen, so weit er nur konnte: all' seine Mühe war vergebens."

Es kam zu einem regelrechten Streit zwischen dem Hahn und dem Rohraffen. Ersterer meinte, es stehe dem Volk besser an, „das prachtvolle Uhrwerk mit der Mutter Gottes und den drei Königen zu bewundern und sodann auch seinem täuschenden Gesange zuzuhören, als eines veralteten sündhaften Witzboldes affigen Bewegungen und abgedroschenen Späßen zu lauschen".[49] Der Humanist Dasypodius (eigentlich Peter Rauhfuß, um 1490–1559) berichtet, daß es ein Lied gegeben habe, „*... ein gar altes Lied von dem Hanen im Münster, und dem Rhoraffen, in welchem der Rhoraff als der älter ist gewesen, sich beklagt, es laufe ihm nie-*

[45] Brant, 338.
[46] Sie wurde einst neben dem Münsterturm zu den sieben Wunderwerken Deutschlands gezählt. Floegel, 239.
[47] Kirchengeschichte, 67.
[48] Schneegans, 32.
[49] Schneegans, 35.

mand mehr zu, ihm und seim Thun, das dazumahl auf gewisse Tag bräuchlich war zu sehen, sondern jederman lauffe zu diesem Hanen, und wolle sein hanengeschrey hören.“[50]

1580 kam diese Dichtung in Neuauflage heraus:

„*Ein altes Lied von dem Kampff und streyt so entstanden zwischen dem Roraffen welcher unter der Orglen im Münster zu Strassburg ist und dem Hanen, so auff der Alten Uhren war, vor 200 Jahren gedicht. Gedruckt zu Strassburg bey Niclaus Wyriot 1580.*“[51]

Dieser Rechtsstreit wurde sogar dem Scharwächter[52] vorgetragen, „der solchen Kampff und Streit hinlegen und richten solte“, doch blieb die Sache offensichtlich unentschieden. Die aus späteren Zeiten stammenden Berichte über die Pfingsttage beweisen allerdings, daß sich der Rohraffe im Lauf der Zeit seine einstige Popularität wieder zu sichern verstanden hatte.

Über das Ende des Rohraffen von Straßburg gibt es keine ganz verbürgten Nachrichten. Angeblich habe im Jahr 1500 ein Teil der Bevölkerung die Entfernung des Affen verlangt. „Ein junger Bildschnitzer [...] hatte für Pfingsten dieses Jahres zwei andere angemessene Figuren für die Orgel angefertigt und sie, um die Aufmerksamkeit des Volks vom Roraffen abzulenken, auf der Orgel aufgestellt. Der Goldschmied Wumser, der früher oft am Pfingstfest sich im Roraffen verborgen gehalten und seinen Spott getrieben hatte, wollte die neuen Figuren, welche der Bildschnitzer Tobel aufgestellt hatte, noch vor dem Pfingstfeste entfernen. Er schlich sich nachts in die Kirche, bestieg, um sie mittels einer Stange erlangen zu können, den Roraffen und brach mit ihm zusammen. So wurde derselbe aus dem Münster entfernt.“[53] Zieht man andererseits aber in Betracht, daß noch im Jahr 1501 Geiler von Kaysersberg gegen den Unfug des Rohraffen gewettert hat, so dürfte zumindest die Zeitangabe in diesem Bericht nicht stimmen. Möglich ist allerdings, daß sich die Sache mit dieser umstrittenen Figur durch den erwähnten Absturz zu einem etwas späteren Zeitpunkt sozusagen von selbst gelöst hat.

Dabei darf man nicht übersehen, daß auch eine neue Zeit heraufgezogen war. Das Mittelalter war gekennzeichnet gewesen „durch glühende Leidenschaftlichkeit und kindliche Phantasie“: „Das Leben hatte in mancherlei Hinsicht noch die Farbe des Märchens“, und eine von zunehmender Rationalität geprägte Welt macht sich keine Vorstellung mehr „von der zügellosen Extravaganz und Ent-

[50] Zit. nach Schneegans, 35, Anm. 1.

[51] Vogeleis, 344.

[52] Nach Grimm 14, 2227f: Einer, der einer Wachmannschaft angehört. Oft auch: Nachtwächter.

[53] Zit. nach Sprichwörter-Lexikon, 3, 1722f.

flammbarkeit des mittelalterlichen Gemütes."[54] Nur aus einer solchen Lebensart heraus ist es zu verstehen, daß ein Figurenregister an einer Orgel zur Identifikationsgestalt einer ganzen städtischen Kommune werden konnte, in die zeitkritische Literatur einging und wiederholt zum Predigtthema wurde.

Ein Registerzug mit der Beschriftung „Rohraffe" findet sich noch heutigentags an der einen oder anderen Orgel, doch die zugehörige Figur gemahnt keineswegs mehr an den einstigen „Affen Gottes", an den „Diabolus" (= „Störer", „Durcheinanderwerfer"). War einst der durch Gottes unerforschlichen Ratschluß zugelassene Böse dem Kirchenbesucher beständig sichtbar und mancherorts sogar aufdringlich und irritierend hörbar geworden, so haben aufgeklärtere Nachfahren solche „Skandala" längst aus dem Blickfeld geräumt oder durch Repräsentationsfiguren ersetzt. Welche Probleme wir heute mit dem Musikmachen in der Kirche auch immer haben mögen: zumindest aus den Orgeldispositionen wurde der Störenfried entfernt, von den Orgelprospekten abmontiert und den Blicken entzogen.

Ob er aber nicht doch noch irgendwo, ganz im Verborgenen, sein Unwesen treibt?

[54] Johan Huizinga, Herbst des Mittelalters. 11. Auflage, Stuttgart 1975, S. 10, 11 und 18.

Literaturverzeichnis:

ADLUNG, Wolfgang
Musica mechanica organoedi. Berlin 1768. Reprint Kassel 1931

BRANT, Sebastian
Das Narrenschiff (1494). Übertragen von H. A. Junghans. Reclam 899, 1964

DEHIO, Georg
Das Straßburger Münster. München 1922

DIERSBURG, Dr. Elvire Freiin Roeder von Komik und Humor bei Geiler von Kaisersberg. Germanische Studien, Heft 9. Berlin 1921

FLADE, Ernst
Der Orgelbauer Gottfried Silbermann. Leipzig 1926

FLOEGEL, bearb. von Friedrich W. Ebeling, Geschichte des Grotesk-Komischen. Leipzig 1887

GRIMM, Jacob und Wilhelm
Deutsches Wörterbuch. Leipzig ab 1854

HAMMERSTEIN, Reinhold
Diabolus in musica – Studien zur Ikonographie der Musik des Mittelalters. Bern 1974

HUIZINGA, Johan
Herbst des Mittelalters. 11. Auflage. Stuttgart 1975

JOHANNSMEIER, Rolf
Spielmann, Schalk und Scharlatan. Rowohlt 7880, 1984

MAHRENHOLZ, Christhard
Die Orgelregister, ihre Geschichte und ihr Bau. Kassel 1930

PRAETORIUS, Michael
Syntagma musicum, Bd. II. Wolfenbüttel, 1619. Reprint Basel […] 1958

RUPP, Emil
Der Rohraffe im Straßburger Münster, in: Zeitschrift für Instrumentenbau, 34. Jg. Nr. 9, 1913, S.334–336

SCHAU-INS-LAND
74. Jahresheft des Breisgau-Geschichtsvereins. Freiburg im Breisgau 1956

SCHLICK, Arnold
Spiegel der Orgelmacher und Organisten. Speyer 1511. Reprint Mainz 1959

SCHNEEGANS, Ludwig
Das Pfingstfest und der Roraffe im Münster zu Straßburg, ein mittelalterliches Sittengemälde und Volksbild. Mülhausen 1851

SILBERMANN-ARCHIV, Das
Der handschriftliche Nachlaß des Orgelmachers Johann Andreas Silbermann, hrsg. von Marc Schaefer. Winterthur 1994

SPRICHWÖRTER-LEXIKON, Deutsches
Ein Hausschatz für das deutsche Volk, hrsg. von Karl Friedrich Wilhelm Wander. Leipzig 1873

TRUTTMANN, Alph.
Kirchengeschichte des Elsasses. Kehl a.Rh. 1925

VOGELEIS, Martin
Quellen und Bausteine zu einer Geschichte der Musik […] im Elsass 500–1800. Straßburg 1911

WANGEMANN, Otto
Geschichte der Orgel und der Orgelbaukunst von den ersten Anfängen bis zur Gegenwart, 2. Aufl. Demmin 1881

WdA = Handwörterbuch des deutschen Aberglaubens. Berlin – New York 1987

WÖRSCHING, Joseph
Die Orgelwerke des Münsters zu Straßburg i. E. Mainz 1947

Die Abbildungen stellten freundlicherweise Professor Ludwig Doerr (Freiburg i.Br.), LKMD Hans-Martin Rauch (Nürnberg) und Professor Klemens Schnorr (Freiburg) zur Verfügung.

Diethard Hellmann

„Ohne Musik wäre das Leben ein Irrtum" (Friedrich Nietzsche)[1]

Gedanken und Sentenzen

Es stimmt tröstlich, daß in unserer unruhigen und bedrohten Welt das Phänomen Kunst noch Rang und Gewicht hat. Wenngleich die Kunst in ihren vielgestaltigen Äußerungen auch dem Streit der Meinungen, Anschauungen und Auseinandersetzungen nicht entzogen ist – wann wäre das im Grundsätzlichen jemals anders gewesen? –, so ist ihr dennoch jene Brückenfunktion geblieben, die den Bogen zum Mitmenschen schlägt, wobei sie ihn oftmals leichter und tiefer erreicht als andere Äußerungen. Ganz sicher hat Bernard Shaw recht, wenn er sagt: „Ohne die Kunst würde die Rohheit der Wirklichkeit die Welt unerträglich machen."[2] Und Carl Zuckmayer folgert beim Nachdenken über die musische Bestimmung des Menschen: „Wo keine Feste gefeiert werden, versinkt das Leben in Barbarei. Die festliche Feier erhebt den Menschen aus der Dumpfheit des Gruppendaseins zur Heiterkeit der freien Person. Das ist, im sokratischen Sinne, zur Weisheit."[3] – Solche Gedanken begründen die Funktion der Kunst und ebenso die Notwendigkeit all jener, die sie ausüben und in verschiedenster Weise stützend oder unterstützend begleiten. Sie haben es dabei nicht immer leicht; denn unsere Epoche sucht nach gemäßen künstlerischen Ausdrucksformen. Anders als frühere Generationen, die sich in erster Linie dem künstlerischen Geschehen der eigenen Zeit zuwandten, sind wir umgeben von einer Kunstsprache der vielfältigsten Zungen. Oft rätseln wir über unser Verhältnis zum Gestern und Heute. Wenn man die Frage jedoch zuspitzt auf das Eigentliche, nämlich auf die den verschiedenen Kunstäußerungen innewohnende Substanz und Qualität, dann verliert der Meinungsstreit, ob Früheres (nicht Vergangenes!) oder Heutiges (nicht „Modernes"!) an Schärfe, und man beginnt zu verstehen, daß das Eigentliche nicht primär, schon gar nicht ausschließlich an eine Epoche gebunden ist, daß es vielmehr übergreift, zu neuer Frucht kommt und erneut befruchtende Auswirkung haben kann. Denn „die große Kunst ist stets avantgardistisch. Wer könnte sagen, er hätte Platon,

[1] Friedrich Nietzsche, Werke in drei Bänden, hrsg. von Karl Schlechta, Bd. 2, S. 947, München 1965.
[2] George Bernard Shaw, Ges. dramatische Werke, Bd. VII, S. 420, Artemis 1947.
[3] Carl Zuckmayer, Über die musische Bestimmung des Menschen, Salzburger Festreden VII, S. 27, Salzburg 1970.

Dante, Goethe, Shakespeare, Michelangelo, Rembrandt, Bach und Mozart eingeholt? Sie sind uns allen weit voraus“ (Hans Richtscheid).[4] Carl Friedrich von Weizsäcker gibt Antwort auf solche Überlegungen mit seiner These: „Tradition ist bewahrter Fortschritt, Fortschritt ist bewahrte Tradition.“ Und in dieses Spannungsfeld ist ein jeder hineingestellt, der – schöpferisch oder nachschöpferisch, hörend, singend, spielend oder schauend – mit Kunst umgeht.

Die Kunstpflege hat einen hohen Wert und eine bedeutsame Aufgabe in der heutigen Gesellschaft. Der von seinem Tagewerk geforderte Mensch, gleichviel ob diese Arbeit im wissenschaftlich-geistigen Bereich, im Handwerk oder in der Fabrikhalle geschieht, bedarf der Entspannung und ebenso der Bereicherung. All dies kann ihm wesentlich zuteil werden durch eine Begegnung mit den Werten und der Substanz aus dem Kraftquell der Kunst. Möge der Mensch niemals vergessen, daß jene polare Spannung ‚Kunst und Wissenschaft‘, ‚Kunst und Arbeit in Handwerk oder Fabrik‘ dem Menschen helfen kann, den Reichtum sinnerfüllten Lebens zu erfahren, nicht zu verarmen an seelischer, psychischer Urkraft, sondern vielmehr diese ständig zu regenerieren. Die Kunst darf – recht verstanden – nicht nur einen geduldeten Platz in unserer Gesellschaft haben, sie ist vielmehr gefordert, dieser Gesellschaft zu dienen und auf ihre Weise notwendige, ja unschätzbare Hilfe zu leisten. Dies meint auch Carl Zuckmayer, wenn er sagt: „Wenn der Mensch sich im Spiel nicht nur von seiner Arbeit erholt, sondern auch in dieser das Spiel wirksam ist und im Spiele das Leben, so muß er gestimmt sein und *stimmen,* im Sinne eines Instrumentes. Die musikalische Bestimmung, die hier gemeint ist, bedeutet nichts Müßiges. Sie muß den Menschen näher zur Menschlichkeit führen, das ist zum Einverständnis mit seiner Natur und seinen Mitmenschen, zum Recht und zur Güte.“[5]

Schon über drei Jahrhunderte vor Christus verpflichteten sich die wahrhaft Weisen einer höchst klugen Einsicht, und die Worte Platos darf man geradezu als eine kulturpolitische, hochaktuelle Maxime bezeichnen, gewandt an die Verantwortungsträger, damals wie heute: „Die Erziehung durch Musik ist deshalb so überaus wichtig, weil am tiefsten in die Seele Rhythmus und Harmonie eindringen, sie am stärksten ergreifen und ihr edle Haltung verleihen: solch edle Haltung erzeugen sie, wenn man richtig erzogen wird, wenn nicht, dann die entgegengesetzte. Und zum andern, weil das Fehlerhafte und Schlechte am Kunstwerk wie in der Natur am schärfsten der erkennt, der in der Musik richtig erzogen ist und weil er – aus gerechtem Unwillen darüber – voll Freude das Schöne lobt, es in seine Seele auf-

[4] Hans Richtscheid, Philosophieren tut not, S. 65, München 1964.
[5] Wie [3]), S. 25.

nimmt und sich nährt davon und schön wird und trefflich."[6] – Gewiß lassen sich diese Worte in die Sprache unserer Zeit transponieren, auch aus einem zum Teil andere Akzente setzenden Lebensgefühl heraus fortschreiben, aber man darf sich hineinnehmen lassen in den großen, die Jahrhunderte überspannenden Bogen, und sich eins wissen in der Erkenntnis jener als „so überaus wichtig" genannten Erziehung, die den Menschen erfüllen, zeitliche Freiräume positiv und vor allem mit innerem Gewinn ausstatten kann.

Die Musik hat vielfach Sprachrohrfunktion. In diesem Sinne verbindet sie sich z.B. mit Auftrag und Aufgaben im kultisch-religiösen Bereich. In solch kreativer Schau sieht Luther die Musik, wenn er sie als Gabe Gottes bezeichnet, die im Dienste dessen stehen soll, der sie erschaffen hat. Nicht nur im geistlichen Bereich äußert sich die verbindende Kraft der Musik, sondern ebenso auch dort, wo die Musik sich in absoluter Eigenfunktion darstellt – vom häuslichen Musizieren bis hin zum öffentlichen Konzert. Musik kann anregen, kann aufregen, kann aber auch Droge und von negativer Wirkung sein. Der Bogen des Musikmißbrauchs reicht vom politischen Einpeitscherlied der Diktaturen und des Fanatismus bis hin zum Gebrauch als Mittel der Manipulation, der Verführung und Betäubung. Ganz gewiß hat die Musik Einfluß auf das Zusammenleben in der menschlichen Gesellschaft. Sie kann ordnende, aufbauende und bereichernde Kraft sein, sie kann das Ohr des Menschen für gute Botschaft schärfen, vermag aber auch im Dienst zerstörerischer Kräfte zu wirken. Musik wird letztlich selbst zum Ausdruck d e r Gesellschaft, die mit ihr umgeht und sie gebraucht. „Der antike Mensch war des Glaubens, Musik sei nicht natürlichen Ursprungs, sondern – wie die Inspiration des Dichters – ein Geschenk der Götter. Christliches Verständnis der Musik nennt sie „eine Gabe Gottes", dem Glauben verschwistert, dem Evangelium benachbart. In beiden Wertungen hören wir das Echo des Dankes für ein nie ganz verlorenes Paradies." (Manfred Mezger)[7]

Der Mediziner Carl Ludwig Schleich, bekannt geworden als Erfinder der Lokalanästhesie, zudem Verfasser empfindungsvoller, oftmals musisch geprägter Erzählungen und Essays, entwirft ein visionäres Bild; er schreibt: „Denkt euch: Gott saß vor der Orgel der Möglichkeiten und improvisierte die Welt. Wir Armen, Menschen, hören immer nur die Vox humana heraus. Ist sie schon schön, wie herrlich muß das Ganze sein!"[8] Diesem Wunschgedanken nachzugehen

[6] Platon, Der Staat, übersetzt von Karl Vretska, S. 175 ff., Stuttgart 1958.

[7] Manfred Mezger, Lebensdank / Schriften der Johannes Gutenberg-Universität Mainz, Heft 9, S. 13, Mainz 1997.

[8] Carl Ludwig Schleich, Die Weisheit der Freude und andere ausgewählte Schriften, S. 342, Rowohlt Verlag, Stuttgart, Berlin 1939.

gehört zum Lebenswerk des Musikers, dessen Wirken als Interpret, Improvisator und Pädagoge davon geprägt ist, die Vox humana mit der Vox Dei in Einklang zu bringen.

Wenn der Kunst so Unermeßliches an fortwirkender schöpferischer Kraft innewohnt, was danken wir dann der Lebensarbeit eines Mannes, der sich ganz der Aufgabe hingegeben hat, diese Kraft in das Dasein unserer Gegenwart hineinzulenken, auf dessen eigene Existenz und seinen Umgang mit der ihm anvertrauten großen Schar seiner Scholaren das kluge Wort eines Unbekannten aus alter Zeit zutrifft: „Ist das Leben nicht ein Orgelspiel? Spielt jeder, als er kann und will, sein Fuga auch Thema cum variation, Gott gibt ei'm jeden sein Thema schon."[9]

Nicht allein in der Person des *Franz Lehrndorfer*, sondern vor allem auch durch ihn erfüllt sich der tiefere Gehalt des Gedankens, den Nietzsche – gleichsam stellvertretend – formuliert hat:

„Ohne Musik wäre das Leben ein Irrtum"!

[9] Unbekannter Dichter, vermutlich 17. Jh., abgedruckt in: Fritz Stege, Sammlung Welt und Geist, Bd. 14, S. 24, Wiesbaden o. J.

Hans D. Hoffert

Die Sequenz „Lauda Sion" des Thomas von Aquin und ihr kirchenmusikalischer Imperativ

Eine Betrachtung

LAUDA, SION, SALVATOREM, LAUDA DUCEM ET PASTOREM IN HYMNIS ET CANTICIS.	Deinen Heiland, Sion, preise, Lobe Ihn in Wort und Weise Der dir Hirt und Führer ist.
QUANTUM POTES, TANTUM AUDE: QUIA MAJOR OMNI LAUDE, NEC LAUDARE SUFFICIS.	Was du kannst, das sollst du wagen: Ihm gebührend Lob zu sagen, Man vergebens sich vermißt.
LAUDIS THEMA SPECIALIS PANIS VIVUS ET VITALIS HODIE PROPONITUR.	Brot, des Lob das Lied verkündet, Das, lebendig, Leben zündet, Beut sich heute festlich dar.
SIT LAUS PLENA, SIT SONORA, SIT JUCUNDA, SIT DECORA MENTIS JUBILATIO.	Lob erschalle, Lob ertöne, Gott genehm, voll hoher Schöne, Sei des Herzens Jubellaut.

THOMAS VON AQUIN (1225–1274)
(vorkonziliar gebräuchliche Übersetzung aus dem SCHOTT-Meßbuch).

Thomas von Aquin beginnt seinen großartig angelegten Hymnus auf die Eucharistie bildhaft mit einem geistlichen Konzert von Hymnen und Lobgesängen auf Christus in der Gestalt des Brotes aus dem Munde der Kirche, dem Sion des Neuen Bundes. In ihren Lobgesängen auf das lebendige und lebenspendende Brot in Christus soll sie verlebendigte Anbetung und Verkündigung des eucharistischen Geheimnisses ihres Hirten und Erlösers in Wort und Ton vereinen. Die Sequenz entstand 1264 mit der auf Juliane von Lüttich zurückgehenden Einführung des

Fronleichnamsfestes zusammen mit dem Pange lingua, mit Sacris solemniis und mit dem um diese Zeit wohl schon verfaßten Adoro te devote. Alle niedergeschrieben in kristallklar vergeistigter Sprache mit klangschön wogender Rhythmik.

Der Aquinat drängt die Kirche dazu, die eucharistische Feier mit Musik zu verschönern. Dabei erscheint die Behauptung keineswegs zu gewagt, daß es nach seinen Vorstellungen dabei um ein Tryptichon von Sakrament, Kult und Musik zu Ehren Christi geht, um Einheit in Dreiheit, wie Altar, Kanzel und Orgel. Thomas geht es nicht nur um eine prachtvolle Ouvertüre als Eingangspforte zu dem großen eucharistischen Geheimnis des Herrn, des *Heilands*, des *Erlösers, Hirt* und *Führers*, dargebracht von *Sion* her, dem Zentrum als Ausgangsort des alt- und neutestamentlichen Heilsgeschehens.

Lob erschalle, Lob ertöne, Wohlklang für Gott und den Menschen, Musik als Schmuck und Zierde *angenehm voll hoher Schöne* in der Wechselwirkung vom Abglanz des Göttlichen und *Jubellaut des Herzens.* Und das alles totaliter mit einer verbindlichen Generalklausel gleich zu Anfang versehen: *WAS DU KANNST, DAS SOLLST DU WAGEN, IHM GEBÜHREND LOB ZU SAGEN, HAT KEIN MENSCH GENUG GETAN* (nachkonziliare Übersetzung aus dem Gotteslob).

Wagnis also in unüberbietbarem Gotteslob, das als Menschenwerk mit Geist und Zunge nie die Lobesfülle erreicht, die Gott zur ihm angemessenen Gabe wird. Tu, was du kannst, nicht nur, was du vollbringen willst, sondern zu vollbringen vermagst, wage dich an deine Grenzen *QUANTUM POTES, TANTUM AUDE,* der Imperativ der Sequenz.

Thomas setzt das Gotteslob gleich der mit den aufkommenden Anbetungen und Prozessionen neu eingeführten Monstranz, er nennt die Kirchenmusik in einem Atemzug mit der Eucharistie, er setzt sie nicht gleich, weil Menschenwerk und Sakrament nicht gleichzusetzen sind wie Musik und Monstranz. Er kann aber beide gegenüberstellen in der Funktionalität etwa wie Orgel und Altar oder Altar und Kanzel, so wie sie bis heute auf uns überkommen ist. Die „Monstranz“ des Aquinaten beinhaltet eine Vielfalt von Aussagen, die den Imperativ zur aktiven Pflege der Kirchenmusik und deren bestmögliche Entfaltung einander ergänzend umschreiben.

Vom Lobpreis im Abendmahlssaale *et hymno dictu exierunt in montem olivarum* über Gregor den Großen und Benedikt bis zu Thomas kehrte das Thema in den verschiedensten Aussagen immer wieder, nachdem es bereits in den Hymnen und Psalmen des Alten Testaments mit überfließender Überschwenglichkeit und zur Nachahmung auffordernd empfehlend von der hochgebauten Stadt Sion, dem Vorausbild der Kirche, ausgerufen worden war.

Cassiodor († 586) schreibt in seiner Auslegung zu Psalm 95 (85) über den Aufruf zum Jubel: *Laßt uns jubeln vor dem Herrn. Jauchzen ist die tiefe Bewegung des Glücks, die Aufwallung, die mit Worten nicht auszudrücken ist und sich doch im hellen Laut der Stimme kundtut. Sie zeigt an, daß im Herzen eine Freude herrscht, der die Sprache nicht gewachsen ist.* Im Epheserbrief 5,19 schreibt Paulus: *Laßt in eurer Mitte Psalmen, Hymnen und Lieder erklingen, wie der Geist sie eingibt, singt und jubelt aus vollem Herzen zum Lob des Herrn.*

Alle großen Bewegungen dieser Welt bedienten sich der Macht des Gesanges, des Liedes, der Musik, von der Goethe sagt, der religiöse Kult könne sie nicht entbehren, sie sei eines der ersten Mittel, um auf den Menschen wunderbar einzuwirken. Da kann man sich auch an Jean Paul erinnern: *Das Schönste muß man singen, weil man's nicht sagen kann.*

So ist es auch, wenn man sich der Frage nähert, ob Gott seines Lobes aus Menschenmund überhaupt bedarf. Die gesamte Schöpfung ist ein einziger Lobpreis Gottes. Wird also Gott durch die Schöpfung gepriesen oder lobt Gott durch seine Schöpfung sich selbst, wenn nichts ist ohne Gott, und auch der Lobpreis sein Werk ist?

Antwort darauf finden wir z.B. in den Texten der Meßliturgien, wo es in der V. Präfation für die Sonntage im Jahreskreis heißt, daß der Mensch geschaffen sei, um *das Lob deiner großen Taten zu verkünden.* Und das IV. Hochgebet für die Wochentage handelt vom *Gotteslob als Gottesgeschenk* und es heißt da *Du bedarfst nicht unseres Lobes, es ist ein Geschenk deiner Gnade, daß wir dir danken. Unser Lobpreis kann deine Größe nicht mehren, doch uns bringe er Segen und Heil....*

Alle Schöpfung dient Gottes Verherrlichung. Was Gott verherrlicht, ist also sein Werk, und dem Menschen bleibt nur, es zu entdecken und aus dem Vorgegebenen etwas zu machen – auch und besonders in der Kunst, wie der Kirchenmusik. Diese vermag des Menschen Seele zu Gott zu erheben, weswegen der Lobpreis Gottes auf den Menschen zurückwirkt, ihn mit den ihm zur Verfügung stehenden irdischen Mitteln in die Lage versetzt, Gott als Gegenüber zu erfahren und seine Existenz zu bejahen, wissend darum, daß er sich kein Bild von ihm machen soll. Die Dimensionen der Gottheit sind mit menschlichen Maßen nicht auszuloten.

So betrachtet, wird jedes Gebet erhört und der Beter wird unverzüglich belohnt, wenn er nur andächtig, fromm, aus tiefem Herzen inbrünstig oder mit welch Begriffen auch immer vergleichbar Gott anruft. Die erhebende Wirkung auf die seelische Verfassung des Betenden ist der augenblickliche Lohn, das Gefühl der Erhörung, das auf den Betenden zurückfällt. Dazu kommt für das Bitt-Gebet die ausdrückliche Verheißung „Bittet, und es wird euch gegeben werden" (Mt 7,7–8;

LK 11,9–13). Bitt-Gebete, wie auch Dank- und Bußgebete, enthalten zumeist auch einen Lobgesang auf Gottes Herrlichkeit; beim Lobpreis selbst geht es aber zunächst um die Teilnahme an der Verherrlichung Gottes in der Darbietung des Gotteslobs und dann erst um den zu erhaltenden Lohn. Aristoteles spricht von der Gottesfreundschaft des Einsichtigen (Nik.Eth.X,9). Ohne Freude an der Herrlichkeit Gottes kein Lobpreis. LAUDA SION IN HARMONIA MENTIS ET CORDIS !

PSALLITE SAPIENTER !

Joseph Ratzinger geht in seinem Buch „Ein neues Lied für den Herrn“, erschienen bei Herder 1995, auf den tiefen Sinn dieses Wortes ein. Er beschreibt die Psalmen als Brücke zwischen dem Alten und Neuen Testament im gemeinsamen christlich-jüdischen Gotteslob, stellt das Psallieren unter den Primat des Logos und benutzt die Übersetzung „sapienter“ mit *cum arte,* was besagt, daß *die Begegnung mit Gott die höchsten Fähigkeiten des Menschen herausfordert. Der Größe Gottes entspricht der Mensch nur, wenn er im Maß seines Vermögens auch seiner Antwort die ganze Würde des Schönen, die Höhe wirklicher „Kunst“ gibt.* Mit diesen Worten ist der Imperativ des Thomas umfassend durchleuchtet. In Ratzingers Gedankengang finden sich auch Ausführungen über künstlerisches Schöpfertum im Sinn des Buches Exodus, das sich offenbart in Mitschauen mit Gott, Beteiligung an seinem Schöpfertum und Entdeckung der in der Schöpfung bereits schon wartenden verborgenen Schönheit, die Gott dem Künstler als Modell zur Verfügung gestellt hat. So gesehen sind die Hymnen und Gesänge ein *munus vere liturgicum*, als menschliches Bedürfnis, Gott etwas darzubringen, um wechselseitig daraus dem Verlangen, Dankbarkeit und Verehrung zu erweisen, nachzukommen in weit höherem Ausmaß als es sich unter Menschen ohnehin geziemt. Die Begriffe *sapienter, cum arte, ex toto corde* stehen hier einander gleich.

Das findet sich alles schon in der Ethoslehre Platos. Die griechische Grundidee hierbei war: die Musik hat es mit dem Schönen im Klangreich zu tun. Nur Gute aber können am Schönen Gefallen finden. Daher muß man gut werden, um gut musizieren zu können. Die Musik hat eine bedeutende Macht über das Seelenleben des Menschen, da sie Gemüt und Phantasie erheben und erniedrigen, den Willen umstimmen und verstimmen, stärken oder schwächen, den Charakter veredeln oder verderben kann. Das sind alles Auswirkungen auch des Gotteslobes auf den Menschen. Insbesondere mußte daher jede Religion mit Gesang und Musik notwendig verschwistert sein, erst recht die christliche Religion – einige musikfeindliche Sekten wie die Manichäer, Albigenser und Jansenisten gingen alsbald wieder unter.

Et hymno dictu exierunt in montem olivarum... hoc facite in meam commemorationem. Der Abendmahlsbericht über die erste Eucharistiefeier schließt die *Hymnen* der Abendmahls-*Liturgie* mit ein und ist der feierliche Stiftungsbrief für die seitdem als *liturgisch* geltenden Grundformen des Kultes der Kirche (Wort, Gebet, Gesang). Er adelt damit Kirchensänger wie Kirchenmusiker überhaupt (Ps 116–118 das große Hallel beim letzten Abendmahl, Mt 26, 30; Mk 14, 26).

Auch Plinius († um 113) in seinen Briefen über die römische Gesellschaft seiner Zeit, wie später (um 200) auch Tertullian und die Pilgerin Eusebia schreiben vom christlichen Singen. In den Agapen und Vigilien der Urkirche traten glaubensbegeisterte und vom Heiligen Geist erfüllte Sänger vor und sangen, was die Stimmung des Augenblicks ihnen eingab. So entstand der Urgesang der Kirche, zusammengefaßt in der Gregorianik.

Eusebius († 339) und Basilius († 397) berichten von christlichen Gesängen, dem hl. Ignatius von Antiochia († um 117) wird die Einführung des antiphonischen Gesanges zugeschrieben, und Leo I. († 461) spricht vom Gesang der Davidischen Psalmen.

Der hl. Chrysostomus († 407) schreibt: *Nichts gibt es, was die Seele so aufrichtet, ihr gleichsam Flügel verleiht, von der Erde loslöst, von den Banden des Körpers befreit, mit Liebe und Weisheit erfüllt und zur Verachtung aller irdischen Dinge erhebt, als die Singweisen der heiligen Lieder... wenn du in Wahrheit glaubst, was du singst, dann ist es überflüssig zu trauern.*

Der hl. Ambrosius († 397) wurde wegen seiner großen Liebe zum Gesang „der Vater des Kirchengesanges" genannt. Und die arianischen Irrlehrer (Kaiserin Juliana) warfen ihm vor, er „verzaubere mit seinen Liedern das Volk". Es muß in der Tat eine große Wirkung von der „singenden Kirche" des Bischofs von Mailand ausgegangen sein, wenn wir, unvorstellbar für unsere Zeit, heute davon lesen: *Das klang wie das Wogen des Meeres.* Zu Ambrosius kam der spätere große Kirchenlehrer Augustinus († 430) als Irrender und Suchender. In seinen *Confessiones* schreibt er tief ergriffen und im Innersten gepackt über die an sich selbst erlebte wunderbare Wirkung dieses Ambrosianischen Singens: *Wie viele Tränen habe ich damals vergossen, als ich Deinen Hymnen und Liedern lauschte, o Gott, die Deine Kirche so lieblich sang. Jene Töne drangen in meine Ohren und durch sie strömte Deine Wahrheit in mein Herz, fromme Empfindungen wallten in ihm auf, meine Tränen flossen, und es war mir bei ihnen so selig zumute* („et bene erat mihi", Conf. 9,6).

Gibt es eine ansprechendere Beschreibung dafür, daß die kirchliche Kunst in Wort und Ton Gott dargebracht, ihrer Natur nach ein Geschenk Gottes an die

Menschen ist, das auf den Menschen zurückwirkt und darin seine eigentliche Bestimmung findet? Gut gesungen ist halb gelehrt.

Die außerordentlichen Einwirkungen und Bekehrungen auf den Kirchengesang hin und die feierliche Liturgie haben sich auch in der Folgezeit ereignet. Viele dem Glauben Entfremdete und kirchlich abseits Stehende haben unter dem Eindruck von Liturgie und Gesang den ersten Schritt zur Kirche getan. Durch das Zusammenwirken von feierlicher Liturgie, Gesang, Baukunst und Malerei, künstlerisch gestickter und gewebter Textilien und nicht zuletzt bewundernswert beeindruckender Werke der Goldschmiedekunst sind mindestens ebensoviele Menschen für Glaube und Kirche gewonnen worden wie durch Worte und Predigten.

Förderer des kirchlichen Gesanges waren u.a. auch die Päpste Coelestin I. (†432), Damasus I. (†384) und Leo I. (†461). Musikgeschichte machte Papst Gregor der Große (590–604), der die kirchlichen Gesänge seiner Zeit sammelte, wonach es zu der Bezeichnung Gregorianik kam, und bald gingen von Rom aus die Glaubensboten mit Bibel, Missale und dem als gleichwertig angesehenen Graduale hinaus in die Missionsländer. Angelsächsische und schottische Mönche brachten die ersten gregorianischen Choralbücher, wo in erster Linie der hl. Bonifatius als gelehriger Schüler des hl. Benedikt und mit ihm Karl der Große die eifrigsten Förderer der Choralschulen wurden. Auf der Insel Reichenau im Bodensee entfaltete sich eine Hohe Schule der Gregorianik. König Pippin rief römische Sänger ins Frankenland, umgekehrt wurden fränkische Musiker zur Erlernung des kirchlichen Gesanges nach Rom entsandt. Bereits im sechsten Jahrhundert wird über die Tätigkeit des Bischofs Fortunatus in Tours berichtet *CLERUS PLEBS PSALLIT ET INFANS.*

Das gesamte Schulwesen wurde auf der Erlernung des gregorianischen Gesangs aufgebaut wegen der erzieherischen und religiösen Bedeutung für Jugend und Volk. Das Liedgut blieb neben dem Religionsunterricht immer die allererste schulische Disziplin, woran sich erst allmählich die anderen schulischen Elementarien und schließlich das Trivium und Quadrivium der mittelalterlichen Lateinschule anschlossen. Nicht selten sangen, wie unter Karl des Großen Freund, Abt Engelbert von Sankt Riquier, hundert Knaben und hundert Mönche gemeinsam die feierliche Liturgie. Es galt damals der vom Mainzer Erzbischof Rhabanus Maurus geprägte Satz *Clericus qui non cantat, non est clericus completus*, ohne Musik kann kein kirchliches Amt würdig ausgeübt werden. Hier wären auch die späteren Kurrenden zu erwähnen. Sie hatten ihren Platz im sozialen Volksleben mit all seinen Freuden und Leiden *conjugia et funera.*

Es wäre nun müßig, noch über die Kirchenmusik von den Ansätzen der geistlichen Verflachung her zu schreiben, über die Zeit, in der man damit begann, immer vordergründiger der Selbstdarstellung wegen in der Kirche Musik zu machen, als die Verweltlichung der Musik ihren Anfang nahm, von Rom über die Wiener Klassik von Monteverdi bis Reger, über den Caecilianismus, die Münchner Schule und die Regensburger Tradition bis zum heutigen Tage. Dufay, Josquin, Palestrina, Ingegneri, Croce und Lasso bis zu Gluck, Haydn und selbst Bruckner, Verdi und Wagner entstammten kirchlichen Singschulen. Das Zeitalter der Reformation, das 16. Jahrhundert und später Schütz und Bach, brachten erst noch die höchste Vollendung, die Kulmination dieser Entwicklung. Dies besonders, weil auch Luther, der selbst der Eisenacher Kurrende entstammte, die alte Singschule und den Gregorianischen Gesang teilweise sogar die alte Polyphonie und die daraus entsprungenen, chorverwandten deutschen Kirchenlieder über alles schätzte und liebte und als Analogon zum alten Grundsatz *Clericus qui non cantat…* den nunmehrigen neuen aufstellte: *Ein Schulmeister muß singen können, sonst sehe ich ihn nicht an.*

Diesem Geist entsprossen Bach und Händel, von denen die dritte kirchenmusikalische Klassik ausging nach der vorhergehenden ersten Klassik der Gregorianik und der klassischen Vokalpolyphonie. Sie gehörte aber bereits zur protestantischen Kirche, weil diese die altkirchliche Musik und die alten Schülerchöre weiter pflegte, während der katholische Süden seit dem 17. Jahrhundert, besonders nach dem Dreißigjährigen Krieg, immer mehr der von Italien kommenden Opernrichtung mit Orchestern, Frauenstimmen, Primadonnen und dem dramatischen Sologesang sich ergab. Dieser Umbruch war folgenschwer und vollzog sich zunächst in Großstädten und an Fürstenhöfen, um bald auch in die Kirchen selbst einzuziehen, in die Kirchen der Fürstbischöfe und großen Städte und bald auch in kleinere Kirchen, wo man besonders auf dem Lande meinte, diese theatralische Musik gewöhnlich in ganz unkirchlicher und dazu höchst dilettantischer Weise nachahmen zu müssen, was bis in unsere Tage noch geschieht. Richard Wagner spricht von der „trivialen Geigerei in der Kirche, die der Kirchenmusik den empfindlichen Abbruch tat“. Damit gingen nicht nur die Schülerchöre, sondern eine ganze kirchenmusikalische Volkskraft zugrunde. Die Kirchenmusik verweltlichte, und es zogen ein die süßlichen, sentimentalen und seichten Kirchenlieder. Um 1800 war ein Tiefstand erreicht.

Im 19. Jahrhundert begannen die Reformbewegungen in der Schweiz, in Berlin und Regensburg, die Sixtina wurde zum Vorbild genommen. Es ging der Satz um: *Wer als Ungläubiger in die Sixtinische Kapelle hineingeht, geht nach dem Anhören des Gesanges als gläubiger Katholik heraus.* In diesem Zusammenhang schrieb

Mendelssohn an Zelter: *Ich kann mir wohl denken, warum diese Musik auf Goethe den allertiefsten Eindruck gemacht hat! Es ist wirklich das Vollkommenste, da Musik, Zeremonie und alles in gutem Einklang ist.* Und Abt Guéranger von Solesmes stellt lapidar fest: *Der Katholizismus, das ist die feierlich gesungene Liturgie.*

Das LAUDA SION des Thomas von Aquin (1225–1274) steht in der zeitlichen Mitte der vorbeschriebenen Entwicklung. In seiner SUMMA beschreibt Thomas dort, wo er den Menschen und sein Heil behandelt in der 83. Untersuchung, das *Gebet* und befaßt sich in der 91. Untersuchung mit der *Führung des Namens Gottes zum Anruf durch Lobpreis: Gott ist mit den höchsten Lobpreisungen zu rühmen, aber durchaus nicht aus demselben Grunde, mit dem der Mensch das Lob eines Menschen verkündigt.*

Das mündliche Lob ist nicht Gottes wegen notwendig, sondern um des Lobenden selber willen, dessen Gemütung gegen Gott aus seinem Lobpreis wach wird. Wie in der hier zu behandelnden Sequenz beschreibt Thomas Gott als unsagbar und unfaßbar und größer dastehend als jeder Lobgesang. Dieser führt dazu, die Großtaten der Werke Gottes in tiefster Seele zu überdenken und andere zum Lobe Gottes herauszufordern. Er beschreibt auch die heilsame Wirkung von Gesängen im Vergleich zum gesprochenen Wort und erwähnt einen Kommentar des Hieronymus zu Eph. 5,19, in dem Hieronymus († 420) die schilt, *welche in der Kirche nach Theaterbrauch singen,* nicht um Andacht zu erwecken, sondern um sich zu Gehör zu bringen oder ein Ergötzen hervorzurufen, und zitiert an dieser Stelle Augustinus aus den *Confessiones* (10): *Wann es mir begegnet, daß mich reicher der Gesang als das Gesungene bewegt, so gestehe ich, mich straffällig zu versündigen, und dann hätte ich den Sänger lieber nicht gehört.* Kirchenväter und Primadonnen passen einfach nicht zusammen.

Thomas definiert auch Kunst und *Erschaffen*, das *den Werken der Natur und der Kunst nicht beigemischt* ist, weil *deren Werktätigkeit etwas Gegebenes voraussetzt.* Im dritten Artikel seiner 57. Untersuchung grenzt Thomas die freien Künste gegen die handwerklichen ab. Hier Kunsthandwerk, bei dem die Bearbeitung und Verwandlung von Materie im Mittelpunkt des künstlerischen Schaffens stehen, und dort geistige Kreativität aus der Gedankensphäre, aus Phantasie und Intuition heraus, aber vor allem aus dem Herzen, dem *Gemüt*, wie es in der Summa heißt. Hier kommt der Aquinat dem QUANTUM POTES TANTUM AUDE nahe. Er verwirft Kunst wider besseres Können und Wissen, fordert ein *opus fidele*, ein den äußeren und inneren Bedingungen gerechtes und getreues Werk, entsprechend den wahren Regeln des Aristoteles (Nikomachische Ethik 6,4): *Wahre Kunst kommt aus dem Innersten heraus und bewegt sich innerhalb der Grenzen des handwerk-*

lichen Könnens, denen auch das Wollen unterzuordnen ist. In dem Pfitzner-Scherz: *Kunst kommt von Können, käm's von Wollen, hieß es Wunst* steckt wohl mehr Weisheit, als zunächst vermutet.

Der Text der Lauda-Sion-Sequenz, der Fronleichnams-Sequenz, wurde vertont in einer Zeit, in der die Sequenzendichtung eifrig gepflegt wurde bis zur Überwucherung der Liturgie mit Sequenzen, so daß ab 1578 nur noch die heute bekannten fünf Sequenzen (gerade noch) in der Messe zugelassen sind, nämlich *Dies irae, Stabat mater, Veni Sancte Spiritus, Victimae paschali laudes* und *Lauda Sion*. Die Sequenzen waren eine Folge der um 1000 neu einsetzenden Musizierfreudigkeit und nicht zuletzt deshalb so beliebt, weil sie die Beteiligung vieler Sänger ermöglichten. Durch das Mitwirken von Knabenstimmen wurden Schattierungen ermöglicht, die den Wechsel mit den Männerstimmen und das vereinigte Singen aller betrafen. Z.B. enthält das Graduale Pataviense, Wien 1511, nicht weniger als 94 Sequenzen. Den Hauptinhalt bilden Loblieder auf die Heiligen, die auch als außerkirchliche Volkslieder Verbreitung fanden. So kannte man im 12. Jahrhundert am päpstlichen Hof Sequenzen als Tischlieder, während sich damals die römische Liturgie der Sequenzen-Praxis noch fernhielt. Später folgen ihnen die *Leisen*, die nach dem Muster der Kyrietropen gesungen wurden und z.T. bis heute bei uns noch zu hören sind (nachzulesen bei Robert Haas in *Musikalische Aufführungspraxis,* Athenaion-Verlag, 1931). Um 1263 gedichtet, ist die Fronleichnams-Sequenz ein Meisterstück wohltuender Mischung von dogmatischer Didaktik und reinster Lyrik. Melodie und Aufbau wurden entlehnt von der Kreuzsequenz *LAUDES CRUCIS ATTOLLAMUS* (von Adam von St. Victor, einem Augustiner-Chorherren zu Paris). Die Melodie der Kreuzsequenz wurde einem damals auch beliebten Werk wie *Verbum bonum et suave* unterlegt, und über dieses gelangte die Melodie zum Text von LAUDA SION.

Die Musikforschung mag, was die vorstehenden musikgeschichtlichen Ausführungen anbelangt, inzwischen zu neueren Erkenntnissen gelangt sein.

Nirgends werden heute in der Kirche die Werke der Gregorianik so liebevoll gepflegt und am Leben erhalten wie in den Konventämtern und Stundengebeten der männlichen und weiblichen Ordensgemeinschaften. Wie bereits erwähnt sind es vor allem die Söhne des hl. Benedikt, den Papst Paul VI. 1964 zum Patron Europas erhob und einen *Lehrmeister der Kultur* genannt hat, die nicht nur den Pflug, sondern an erster Stelle das Kreuz und den Glauben, die Bibel und das Buch, auch das Graduale vom Süden bis in den hohen Norden und von Irland bis Polen brachten. Im Prolog der Benediktinischen Regel begegnen wir dem Begriff von der *Schule des Herrendienstes.* Alles Wirken und Denken, Beten und Loben, der Umgang mit der Umwelt und den Mitmenschen kommen von dort, wo wahres Gotteslob entsteht, aus der wesenhaften Verbindung des Einzelnen zu dem, was ihn formt, mit was er sich umgibt und wem er es entgegenbringt: UT IN OMNIBUS DEUS GLORIFICETUR, und nichts ist dem vorzuziehen. Zusammenfassend, und um nicht dem Beitrag eines Sohnes des hl. Benedikt vorzugreifen, soll neben dem ORA ET LABORA stehen UT CUNCTA NOSTRA ORATIO ET OPERATIO A TE SEMPER INCIPIAT ET PER TE COEPTA FINIATUR.

Nun ist hier nicht zur Aufgabe gestellt, zu richten über die verschiedensten Wertmaßstäbe, die in der Kirchenmusik anzusetzen sind, vom peinlichen Dilettantismus bis zur höchsten Kunst, von der bloßen Selbstdarstellung bis zum tiefempfundenen Bedürfnis erst Gott, dann den Menschen und zuletzt sich selbst zu dienen. In der nachkonziliaren Zeit, in der man Vereinfachung sät und Verarmung erntet, wo stille Einfalt und edle Größe nicht als Idol angesehen werden, sondern als Entschuldigung für persönliches Unvermögen herhalten müssen; in der die Kraft lautstark jegliche Schönheit erschlägt und nicht aus der Schönheit die Kraft erwächst; in der das Wollen dem Können gegenüber der Vorzug gegeben wird; in der – wie beim Mitmenschen – alles Alte als morbid und verlogen an den Rand gedrängt wird; in der das Können nicht mehr geachtet wird, weil man selbst es nicht kann; in der man sehnsüchtig auf die Renaissancen in Kunst, Kultur und im Kult wartet, in der man aber auch glaubt, keine Vorbilder haben zu müssen, scheinen LAUDA SION und QUANTUM POTES TANTUM AUDE Wertverschiebungen zu unterliegen.

Warum soll man eine Zeder im Libanon besingen, wenn der Wald vor der Haustür stirbt? Das LAUDA SION von heute heißt Pflege der Natur, Pflege des Umgangs mit der Umwelt und den Mitmenschen.

LAUDA SION heißt, die Nackten bekleiden, die Hungrigen speisen, die Obdachlosen beherbergen, die Alleinstehenden besuchen und die Alten nicht ins Abseits schieben.

LAUDA SION heißt, die nach Gerechtigkeit Verlangenden nicht als Neider zu beschimpfen, keine Steuergelder zu verschwenden, Nutzen wirklich zu mehren und Schaden gegen jedermann wirklich abzuwehren.

LAUDA SION könnte sich täglich abspielen in Ministerien und Amtsstuben, in Betrieben und Krankenhäusern, in Altenheimen und Pflegestätten. Gelegenheit zum Gotteslob gibt es genug und all überall, selbst in der Kirche, wo man das Alte nicht mehr ehrt, belächelt und als rückständig abtut, oder wo Fundamentalismus zum Schimpfwort wird, wo man die Gläubigen mit Texten überfordert und die Textilien einschränkt, wo man in einer Zeit der großen Heimatlosigkeit und der

Globalisierung eine bewährte und halbwegs erhaltene Einheitssprache weitestmöglich an den Rand drängt. Der Beispiele nimmt es kein Ende.

LAUDA SION steht auch zwischen den Zeilen eines Briefes des hl. Vinzenz von Paul († 1660), in dem er darüber schreibt, daß der *Dienst an den Armen* allem anderen vorzuziehen ist *und ohne Aufschub zu leisten. Braucht ein Armer während der Gebetszeit eine Arznei oder eine Hilfeleistung, so geht ruhig zu ihm und bietet Gott dar, was zu tun ist, als wärt ihr beim Beten geblieben. Laßt euch nicht durch Ängstlichkeit des Herzens oder durch Gewissensbisse beunruhigen, als hättet ihr wegen des Dienstes an den Armen das Gebet versäumt. Denn es ist keine Vernachlässigung Gottes, wenn ihr wegen Gott von Gott weggeht. Ihr habt eine fromme Handlung unterlassen, um eine andere zu leisten. Wenn ihr daher das Gebet verlaßt, um einem Armen zu Diensten zu sein, so denkt daran, daß ihr diesen Dienst Gott erweist. Die Liebe steht höher als irgendwelche Regeln. Auf die Liebe muß alles ausgerichtet sein. Sie ist die große Herrin, und was sie gebietet, haben wir zu tun.*

LAUDA SION bedeutet für den Künstler in der Kirche, insbesondere für den Kirchenmusiker, daß alles, was von Herzen kommt und zu Herzen gehen soll, was unter Beachtung der Regeln durchdacht entsteht, was vom Können und nicht vom Wollen allein bestimmt ist, jedesmal für die Menschen ein Geschenk, und für den Künstler selbst ein Hintreten vor das Göttliche, einen höchst persönlichen intimen Akt darstellt. Dieser erfordert besonders als Kunst des Augenblicks die Gunst des Mutes und verlangt nach respektvoller Bewunderung.

Der Imperativ LAUDA SION wird von Thomas untrennbar verbunden mit der Aufforderung QUANTUM POTES TANTUM AUDE QUIA MAJOR OMNI LAUDE NEC LAUDARE SUFFICIS. Die nachkonziliare Übersetzung im Gotteslob lautet: LASS DEIN LOB ZUM HIMMEL DRINGEN; IHN ZU RÜHMEN, IHM ZU SINGEN, HAT KEIN MENSCH GENUG GETAN.

Mit zwei Beispielen könnte man sich diesem Themenabschnitt nähern:

Zu allen Zeiten, besonders aber im Ungeist des Josephinismus und der dem II. Vaticanum – welch ein Zufall! – nachfolgenden antiautoritären 68er-Generation – verschiedentlich auch Zweite Aufklärung genannt –, warf man der Kirche Prunksucht vor, beschimpfte man die Kirche ob ihres Reichtums an Juwelen, textilen Kunstgegenständen, Gemälden, Plastiken, Baudenkmälern und Kostbarkeiten jedweder Art.

Nicht dagegen zieht man zu Felde gegen die Reichtümer, wie sie weltlichen Potentaten zu allen Zeiten zugestanden waren, und man hat ganz und gar nichts dagegen, mehr oder weniger schöne Frauen mit ausgewählter Kleidung und kostbarem Schmuck zu verwöhnen.

Will man hier nicht zu Ende denken und beispielsweise die Überhäufung eines Gnadenbildes mit Schmuck als Zeichen der Ehrerbietung hinüberreichend in die Bereiche des Göttlichen einordnen? Soll der Besucher einer festlich und kostbar ausgestatteten Kirche nicht dem Himmel nähergebracht werden? Soll die festlich-prunkvolle Liturgie nicht das Auge erfreuen dürfen und den Teilnehmer daran die Hoffnung auf das Kommende post mortem erleichtern helfen?

Warum sollen die Dignitäre verschiedener Rangstufen als Stellvertreter, Mittler oder Gnadenverwalter nicht einen Vorgeschmack bieten für den Abglanz des Göttlichen, solange sie sich selbstverständlich ihrer Accessoires als Leihgaben bewußt sind? Einfach ausgedrückt sind die Kostbarkeiten ein Zeichen von Gottesverehrung.

Ein Priester von überzeugender Frömmigkeit und mit hohen Geistesgaben ausgestattet, bietet das zweite Beispiel:

Es handelt sich um einen hochbegabten Theologen, Kirchenrechtler und Altphilologen, dem als Musterschüler Ottavianis eine Karriere in höheren Kirchenämtern vorgezeichnet war. Dem Manne war es aber sehr darum zu tun, seine Soutane schwarz zu halten und jede Form von „Rotlauf" zeitlebens zu meiden. Seine Karriere erfüllte sich als Leiter eines kirchlichen humanistischen Gymnasiums, wo er 20 Jahre lang als Religionslehrer und Altphilologe engagiert an der Ausbildung von christlichen Akademikern oder soweit möglich auch von späteren Priestern, die es in wenigen Fällen auch zum Bischof brachten, arbeitete. Geistige Höhenflüge verband er immer beispielgebend mit Äußerungen tiefergriffener und ergreifender Frömmigkeit. So erzählte er gelegentlich gern von einem einfachen Soldaten – später kam es heraus, daß er selbst es war –, der während des Krieges in seiner kargbemessenen Freizeit in voller Uniform die nächstgelegene Kirche aufsuchte und innen neben der Eingangstür eine volle Stunde lang mit präsentiertem Gewehr in Habachtstellung strammstand. Der Grund dafür bestand darin, daß er IHM im Tabernakel nicht vorenthalten wollte, was er täglich seinen soldatischen Oberen als Referenz zu erweisen hatte. Sein Feldwebel hatte es später bestätigt.

Diese beiden Beispiele sind gar nicht so unterschiedlich wie sie auf den ersten Blick erscheinen – lediglich das Milieu dürfte jeweils ein anderes sein.

Beide Beispiele beziehen sich auf Handlungen, die aus bestimmtem Grund je nach Können und Vermögen unter Berücksichtigung der gegebenen Umstände erfolgten.

Das QUANTUM POTES beinhaltet zunächst ein NON ULTRA POSSE.

Hier wird die Betrachtung Menschlichem zugewandt, denn es werden alle einbezogen, vom wahrhaftigen Künstler bis hin zu in peinlicher Selbstergötzung sich ergehenden Dilettanten, agentes ultra posse. Das Machbare nach oben und nach unten, das Vertretbare in der Großzügigkeit und in der einsichtigen Beschränkung im Künstlerischen sind hier vorgegeben. Es sei an den zuvor zitierten Pfitzner-Ausspruch erinnert!

Aber wie steht es denn mit der Befolgung des hier betrachteten Imperativs in der Kirche, in der Kirchengemeinschaft überhaupt? Da kann zwar jeder nach allen seinen Kräften für sich den Imperativ befolgen und ausfüllen, für sich als Einzelperson, nicht aber in der Gemeinschaft des Gottesvolkes, von dem er immer, auch privatim, ein Teil bleibt. Dort muß jeder Frömmigkeitsakt abgestimmt sein auf das gemeinsame Ganze, wo jeder Teilnehmer angesprochen werden kann, niemand geistig überfordert wird und alle vereint sein können im gemeinsamen Vollbringen des Kultes. Das bedeutet dann für den Einzelnen, und hier soll vor allem auf den Kirchenmusiker abgehoben werden, der ja auch der Adressat dieser Jubiläumsschrift ist, das bedeutet für ihn in jedem Falle eine Einschränkung im Sinne von WAS DU DARFST, DAS KANNST DU WAGEN... Denn was in der kirchlichen Gemeinschaft geschieht, wird bestimmt und verordnet von den Vorstehern der Gemeinde, der Geistlichkeit und den mit einbezogenen Laien.

Das kann sogar soweit führen, daß der Dilettantismus fröhliche Urständ feiert, weil aus Prestigegründen beispielsweise die Frau eines in Wirtschaft oder Gesellschaft führenden Mannes, vielleicht sogar eines gelegentlichen Sponsors, eher schlecht als recht die Orgel spielt, während der ausgebildete und geeignetere Kirchenmusiker ein Schattendasein führen muß. Man kann vielerorts überhaupt feststellen, daß der Dilettant dem wahren Könner vorgezogen wird, weil die Gemeindevorsteher Ordinierte oder Ordinäre nicht mit ihren persönlichen Bildungsdefiziten konfrontiert werden wollen, weil die Chemie untereinander nicht stimmt oder ganz einfach nach Ludwig Thoma *„...und zweitens der Neid“*. So manches *Allegro dilettantoso* verdankt diesem Denken seine Entstehung, in der Regel von unbedarften Zeitgenossen begeistert aufgenommen, bewundert und hochgelobt, weil „so bescheiden, schlicht, ungekünstelt und ach so menschlich“.

Hier Gemeines für die Masse, dort wahre Kunst für Elitäre?

Man spricht nicht nur in höheren kirchlichen Kreisen ganz offen darüber, daß die Liturgiereform des II. Vaticanum nicht nur entgegen allen Gesetzen der (Religions-) Psychologie eingeführt wurde, sondern – zumindest hier und da – als nicht gelungen anzusehen sei, nicht zuletzt deswegen, weil jeder, dem die Möglichkeit dazu beschert war, glaubte, nach seinem eigenen gusto Texte und Rubriken festlegen zu können. Auf diese Weise machte man alles gemein, nivellierte, wo und wie es nur ging, verkündete Schlichtheit und erntete Verarmung bis zur Erbärmlichkeit. Dennoch pfeift man im Walde umher und versucht, den jeweilig nachgebesserten Zustand als Erfolg zu buchen. Bei Ratzinger ist im „Salz der Erde“ und in anderen Aufsätzen vielfach zu lesen, daß ausgerechnet in deutschen Landen einiges nicht so liefe, wie es wünschenswert wäre, andernorts aber geschieht.

Das führt dann dazu, daß die Kirche ihren kulturellen Bildungsauftrag nicht mehr wahrnimmt, die Menschen nicht weiterbringt, sondern nur noch den Bestand pflegt. Da ist man weit entfernt von Thomas (q 91 a 1 resp.), wo er vom *„Aufsteigen zu Gott“* spricht, weil es eher um Beifall geht, als um Erbauung.

Ratzinger schreibt in seinem Aufsatz zur Theologischen Grundlegung der Kirchenmusik vom *banalen Rationalismus der Nachkonzilszeit, der nur das für jedermann rational Vollziehbare für liturgiewürdig hält und damit zur Verbannung der Kunst wie auch zu immer weiter voranschreitenden Banalisierungen im Wort gekommen ist* und zitiert den Aquinaten (q 91 a 25 et ad 5.): *Auch, wenn die Hörer mitunter nicht verstehen, was gesungen wird, so begreifen sie doch, weshalb gesungen wird, nämlich zum Lobe Gottes. Und das genügt, um den Menschen zu Gott aufzurütteln.*

So wurde, wie das Latein in die Predigt, die eigentliche Kirchenmusik in den Konzertsaal oder in das Kirchenkonzert verlagert – wenn man nicht besser von „abgedrängt“ reden will. Jedenfalls aber hat dort einer allein oder eine Künstlergemeinschaft zusammen die Möglichkeit, das QUANTUM POTES zu vollziehen bzw. selbst zu entscheiden, ob Kunst oder Dilettanterie gefördert werden sollen.

Jeder Einzelne sei aufgefordert, sein Möglichstes aus sich herauszuholen, um es jederzeit bei gegebener Gelegenheit für Außenstehende zugänglich zu machen und somit Verkündigung zu betreiben und sein persönliches Hintreten vor Gott nach dem Imperativ des Aquinaten auszurichten. Das geht freilich so nicht in der actuosa participatio.

Karl Rahner macht in Band 16 seiner Schriften zur Theologie unter dem Titel „Humane Gesellschaft und Kirche von morgen“ Ausführungen über die Kunst als bewegendes Element der Theologie. Er kommt darin zu dem Ergebnis, daß Kunst jeweils als eigenständige Selbstaussage des Menschen angesehen werden darf, die nicht adäquat in Wortaussagen übersetzt werden kann. Da wäre anzufügen:

Wem ist es nicht selbst schon ergangen, daß er den Unterschied zwischen der gehörten Musik und dem gehörten, gelesenen oder gesprochenen Wort, soweit es ihn innerlich ansprach, nicht mehr ausmachen konnte?

Rahner stellt, die Unzurückführbarkeit aller Künste auf die Wortkunst vorausgesetzt, die Frage: Welche genaueren Beziehungen bestehen zwischen Theologie und den Künsten – wobei er zu dem Schluß kommt: *Insofern der Mensch in allen*

Künsten und auch in der Theologie – wenn auch je in verschiedener Weise – sich aussagt, haben diese verschiedenen Künste und die Theologie eine gegenseitige Beziehung und Verwandtschaft. Aber die Situation ist doch schwieriger als man sie gemeinhin darstellt. Wenn und insofern Theologie die reflexe Selbstaussage des Menschen über sich selbst von der göttlichen Offenbarung her ist, könnte man die These aufstellen, daß Theologie dort am ehesten vollkommen ist, wo sie sich diese Künste als integrales Moment aneignet, wo die Künste ein inneres Moment der Theologie selbst werden.

Dann kann man auch den Standpunkt einnehmen, daß die Selbstaussage in einer Komposition oder vor allem in einer Improvisation so sehr von göttlicher Offenbarung, von Gnade und Selbstmitteilung Gottes inspiriert und getragen sei, daß in dem künstlerischen Vollbringen eine in die Worttheologie gar nicht übersetzbare Mitteilung dessen einfließt, was der Mensch, von Gott gedacht, eigentlich ist oder durch seine Kunst ausdrücken will. *Damit wären religiöse Phänomene in den Künsten selber ein Moment einer adäquaten Theologie.*

Rahner beschließt diesen Abschnitt mit dem Satz, *ob man durch eine Reduzierung der Theologie auf eine Worttheologie nicht die Würde und die Eigenart und auch das In-Dienst-genommen-Sein dieser Künste durch Gott unberechtigterweise reduziert.* Damit ist aber auch ausgesagt, daß gekonnte Kunst Höchstes vom Höchsten her ist, und so betrachtet, immer den Imperativ der Sequenz vollkommen umzusetzen vermag.

Unlängst hat ein kunstsinniger Diözesanbischof erfahren, daß sein junger Domorganist daran ist, sich einen Namen als Improvisator zu machen, was auch dem Dom zu weiteren Ehren gerät. Der Bischof sandte alsbald seinen Sekretär zum Spieltisch des Organisten und ließ ihn bitten, nach den Fürbitten doch eine Improvisation zu spielen. Das Thema wurde auch genannt, und der Bischof ließ ihm die notwendige Zeit mit der Zusicherung, er brauche sich nicht zu beeilen, er, der Bischof, richte sich nach ihm und werde mit der Opferung warten.

Berechtigt diese für unsere Zeit einmalige Geste nicht zu der freudvollen Hoffnung, daß dem Kirchenmusiker an dem ihm angestammten Arbeitsplatz Gelegenheit gegeben wird, seine LAUS DEI nach der Maxime von QUANTUM POTES darzubringen? Das Konzil wie auch vorkonziliare päpstliche Empfehlungen haben schon immer die Förderung der Künste in den Kathedralkirchen besonders hervorgehoben, wie auch die Pflege der lateinischen Sprache (ausdrücklich hervorgehoben mit Blick auf den Nachwuchs in Liturgie und Wissenschaft). Katholizität bedeutet nicht Uniformität.

Schließen wir unsere Betrachtung mit Ratzinger im vorgenannten Aufsatz:

Die Hervorhebung der besonderen Funktion der Kathedralkirche in der Liturgiekonstitution des Zweiten Vaticanum ist nicht grundlos. Die Kathedrale kann und soll auf eine anspruchsvollere Art die Festlichkeit und die Schönheit des Gottesdienstes darstellen als normalerweise die Pfarrkirche es kann, und auch hier wird nach Anlaß und Umständen die Einbeziehung der Kunst verschiedene Stufen haben. Nicht jeder muß alles sein, nur alle zusammen sind ein Ganzes. Merkwürdigerweise hat der nachkonziliare Pluralismus sich doch in einem Punkt uniformierend erwiesen: daß er eine bestimmte Höhe des Ausdrucks nicht mehr gestatten will. Demgegenüber muß in der Einheit der katholischen Liturgie die Verschiedenheit der Möglichkeiten wieder zu ihrem Recht gebracht werden.

Die Liturgie ist jeweils ein in sich geschlossenes Kunstwerk mit Ritus und Kultsprache, mit der Pflege von Tradition und Bewährtem, und allem, was im Gefolge der Aktivitäten der Juliane von Lüttich, die zur öffentlichen Verehrung des Altarsakraments aufrief, auch späterhin in Gold und Silber seinen Ausdruck fand. Inzwischen hatte nicht nur Karl Rahner „einen gewissen Schwund an eucharistischer Frömmigkeit" zu beklagen. Nicht vergessen sind die Zeiten der vollen Kirchen, die Zeiten als noch die letzten fünf verbliebenen Sequenzen im Kirchenjahr ihren Platz hatten, Zeiten mit verbreiteter Kenntnis und einer anderen Auffassung vom QUANTUM POTES TANTUM AUDE QUIA MAJOR OMNI LAUDE NEC LAUDARE SUFFICIS !

Literaturhinweise:

THOMAS VON AQUIN: *Summa Theologiae*, Kröner-Verlag, Stuttgart 1985.

JOSEPH RATZINGER: in *Gloria Deo – Pax Hominibus*, Festschrift zum 100jährigen Bestehen der Kirchenmusikschule Regensburg in der Schriftenreihe des Allgemeinen Caecilienverbandes Bd.9. 1974.
derselbe: in *Ein neues Lied für den Herrn,* Herder-Verlag 1995.

KARL RAHNER: *Humane Gesellschaft und Kirche von morgen,* Schriften zur Theologie Bd. 16, Benzinger-Verlag, 1984.

THEOBALD SCHREMS: *Musik und Ethos* – Kult, Kultur und Seelsorge –, Konzilsvotum, Verlag Habbel, Regensburg, 1962.

Ferdinand Klinda

Orgellandschaft Slowakei

Die kulturellen Traditionen der Slowaken wurden durch die Christianisierung im 9. Jh. und die vom Papst gebilligte eigene altslowakische liturgische Sprache begründet. Sie blieben trotz der Überfälle der Hunnen, Tataren und Türken in den folgenden Jahrhunderten bestehen. Im Lande, wo sich wichtige europäische Handelswege von West nach Ost und von Nord nach Süd kreuzten, ließen sich auch viele Siedler nieder (u.a. Deutsche), die hauptsächlich in der Ostslowakei (Zips) und in den mittelslowakischen Bergbaugegenden zu Handwerk, Kunst und zur Entwicklung der Stadtbevölkerung einen wichtigen Beitrag leisteten.

In den Dörfern und Bergtälern entstand eine eigentümliche Volkskunst, die originelle Züge aufweist und das kulturelle Leben, alle Kunstgattungen und auch die Orgelkunst, beeinflußte. International wurde dies leider nicht wahrgenommen, da die Slowakei jahrhundertelang als Teil von andersgenannten Staatsgebieten existierte und vom 19. Jh. an sogar national beeinträchtigt wurde: zuerst durch die Magyarisierung zur Zeit der österreichisch-ungarischen Monarchie, dann durch die Bevormundung in der zentralistischen Tschechoslowakei, schließlich durch die nationale Nivellierung des kommunistischen Regimes. Erst in der letzten Zeit (die Slowakei ist seit 1993 selbständig) kann ohne Behinderung die eigene kulturelle Vergangenheit freigelegt, aufgearbeitet und der Welt zugänglich gemacht werden.

Unsere eigentliche Orgelgeschichte beginnt im Jahre 1367 im ostslowakischen Dorf Leles, wo Stephanus Renispingar für das dortige Kloster eine Orgel anfertigte, jedoch seinen Lohn (40 Goldstücke und ein Reitpferd) gerichtlich eintreiben mußte. Eine Initiale im illuminierten Kodex von Alba Iulia, in Bratislava verfertigt, stammt als erstes Orgelbildnis auch aus 1367 und zeigt einen Spieler mit Portativ.

Schriftliche Belege gibt es aus dem 15. und 16. Jh. über viele Orgeln und Organisten in größeren Städten (Bratislava, Košice, Prešov, Levoča, Kremnica, Bardejov u.a.), doch Orgeln aus dieser Zeit blieben nicht erhalten.

Die ersten erhaltenen Orgeln stammen aus dem 17. Jh. Die Geschichte der damals und für die nächsten 200 Jahre größten Orgel des Landes von Hans Hummel (1629) in Levoča, beschrieb ausführlich O. Gergelyi (in Acta Organologica 11, 1977, S.

9–46). Von ihr sind nurmehr der imposante Prospekt und das ins Seitenschiff übertragene Rückpositiv erhalten. Neben einigen bemerkenswerten Prospekten (Skalica, Johann Woeckherl, 1649; Pezinok, unbekannter Meister, 1655) bestehen mehrere kleine Orgeln in spielbarem Zustand, einige davon sind restauriert: z. B. die Chororgel mit neun Registern ohne Pedal in der katholischen Pfarrkirche in Kežmarok aus dem Jahre 1651 von Bartholomaeus Fromm, die reich verzierte Orgel (Manual und Pedal) von Samuel Stascovius (1653) in Huncovce, die ursprünglich zweimanualige, mit zahlreichen Figuren geschmückte Orgel von Tomáš Dobkowicz (1663) in Spišská Sobota und eine Prozessionsorgel in einer Truhe mit fünf Registern aus der ersten Hälfte des 17. Jh. in der Kapelle des Jagdmuseums in Sv. Anton.

Aus dem 18. Jh. blieben über 100 Orgeln erhalten, leider nur wenige in einem zufriedenstellenden Zustand. Es sind nur kleinste bis mittelgroße Instrumente, die sich fast ausschließlich in kleinen Dörfern befinden, wo es nie genug Geld gab, um eine größere und neuere Orgel beschaffen zu können. Doch sie sind bis heute im kirchlichen Gebrauch. Aus dieser Zeit ist keine Orgel mit drei Manualen bekannt.

Mit der landeseigenen Volkskunst, u. a. eigentümliche selbstgebaute Instrumente und Holzschnitzereien, ist die Orgelbautradition der Slowakei eng verbunden, und zwar in ihrer Klangästhetik und in der handwerklichen Fähigkeit. Viele der Orgelbauer waren ursprünglich Tischler, Schreiner oder Müller. In der Slowakei wurden sehr viele Holzpfeifen gebaut: offene und gedeckte Flöten, Prinzipalvertreter, auch engmensurierte Streicher und Rohrflöten. Die aus feinjährigem Fichtenholz gebauten Pfeifen sind dünnwandig, haben geraden Aufschnitt und sind bis in den höchsten Bereich (c^3) musterhaft verarbeitet. Metallpfeifen aus Zinn- und Bleilegierungen sind nur als Prinzipalstimmen und Aliquote vertreten. Zungenstimmen sind sehr selten. Mit Vorliebe wurden Prospektpfeifen verziert: plastisch durch Wellenlinien, Spiralen, Facetten, Punkte, Warzen, farblich durch Goldverzierung oder Polychromie. Der Klang dieser Orgeln ist lieblich und frisch, doch trotz ihrer bescheidenen Größe füllt er die Kirchenräume. Ihre handwerkliche Güte und die Fähigkeit zum kirchlichen Dienst waren wohl ausschlaggebend, daß sich auch im 19. Jh. trotz verändertem Zeitgeist im Orgelbau kein plötzlicher Umbruch vollzog. Umgekehrt wurden die bewährten Bauprinzipien, Technik und Klanglichkeit lange beibehalten und die zeitbedingten Neuerungen nur allmählich eingeführt. Die mechanische Traktur und die Schleiflade blieben bis Ende des 19. Jh. als bevorzugte Bauweise erhalten. Auch Rückpositive baute man bis in die 70er Jahre. Erst das Aufkommen der (ausländischen) Orgelfabriken brachte die Wende. Aus der älteren Zeit sind über 200 Namen slowakischer Orgelbauer bekannt. Von der Orgelbauerfamilie Pažický stammen etwa 200 Orgeln aus 120 Jahren. Die schönsten Orgeln befinden sich in Pruské (1777), in Sládečkovce (1790) und Višňové (1797), mit klassizistischen Prospekten, zweimanualig, mit grundtönigen Pedalen mit 18 Tasten und kurzer großer Oktave. Von den 80 Orgeln der Familie Kiszely (18. und 19. Jh.) blieben nur wenige kleine Instrumente erhalten.

Von Martin Podkoncký stammt der mit 21 Figuren geschmückte Barockprospekt im Kloster der Hieronymitaner in Piarg, von Michal Podkonický die in vier klassizistische Gehäuse verteilte Orgel in der katholischen Kirche in Matejovce (1816), die der Wiener Orgelbauer Deutschmann vollendete. Eine der schönsten Orgeln in der Slowakei, eben restauriert, mit reichverzierten, bemalten Prospektpfeifen, von Lorenz Čajkovský (1720), auf zwei Manualen und Pedal, steht in der evangelischen Holzkirche in Kežmarok.

Vom bedeutendsten Orgelbauer des 19. Jh., Martin Šaško (1807– 1894), sind noch etwa 50 Orgeln erhalten, die schönsten in Jablonica (1844, 23 Register) und Myjava (1870, 26 Register). Ein Meisterwerk seines Sohnes Martin (1863, 25 Register) mit drei Positiven an der Chorbalustrade steht unrestauriert in Pezinok.

Auch einige Orgeln von ausländischen Meistern blieben erhalten: Die merkwürdigste unter ihnen ist die Kanzelorgel von Johann Hencke (1763) in der Schloßkapelle von Trenčianske Bohuslavice, die von der Sakristei aus durch einen drei Meter langen Tunnel angespielt wird. Erwähnenswert ist auch die dreimanualige Orgel der katholischen Pfarrkirche in Komárno (1864, 41 Register) des Wiener Orgelbauers Karl Friedrich Ferdinand Buckow, die später leider pneumatisiert wurde. Die Firma Rieger baute um die Jahrhundertwende mehrere Orgeln für die großen Kirchen der Slowakei, die als Denkmäler bewahrt blieben (z.B. Bardejov, Trnava, Spišská Kapitula). Im 20. Jh. setzten sich auch andere tschechische Firmen durch (Melzer, Tuček), die neben Neubauten mehrere historische Orgeln umbauten oder ersetzten. Größere Kirchenorgeln stehen in Bratislava, evangelische Kirche (1926, vier Manuale, 64 Register, wo der Straubeschüler Kurt Freitag bis 1945 amtierte), Basilika in Šaštin (1952, fünf Manuale, 91 Register), Košice, Dom (1972, drei Manuale), Kremnica Schloßkirche (1993, drei Manuale). Von anderen, in der Slowakei seßhaften Orgelbauern im 20. Jh. (Vážanský in Nitra, Gábor in Košice, Guna in Prešov), stammen nur kleinere unbedeutende Instrumente.

Der Zustand der Kirchenorgeln in der Slowakei ist meist mangelhaft. In den Jahren nach der wiedererlangten Freiheit seit 1989 hat sich nur wenig geändert. Obwohl bei den Besuchen des Papstes in der Slowakei mehr als 200 Grundsteine zu neuen Kirchen geweiht und seitdem auch viele gebaut wurden, ist im Orgelbau wenig Wachstum zu verzeichnen. Neue Pfeifenorgeln wurden nur ganz vereinzelt gebaut, insgesamt kleine Werke, und es wurde nach der Kostengünstigkeit ent-

Pezinok, unbekannter Meister, um 1650, kath. Pfarrkirche

schieden. Mehrfach wurden ausgediente, in Deutschland abgetragene Orgeln hier neu aufgebaut, als willkommene Notlösung, doch befürchte ich, auf lange Zeit. In die neuen Kirchen wurden, wenn überhaupt, elektronische Orgeln billigerer Marken aufgestellt. Es gibt heute nur eine Handvoll Orgeln, die ein künstlerisch verantwortungsvolles Spiel zulassen. Die meisten Orgeln wurden jahrzehntelang nicht repariert und gestimmt, es gibt eine nur wenig wirksame Denkmalpflege und keine von Diözesen oder Distrikten bestimmte verantwortliche Sachverständige oder Konservatoren. Das Gesetz schützt zwar die eingetragenen Orgeln, doch nicht alle wurden erfaßt und die Pflege nicht systematisch betrieben. Oft fehlt es nicht nur an Geld, sondern auch an Einsicht und an qualifizierten Orgelbauern. Die bisherigen Teilerfolge beruhen meist auf privater Initiative. Der Hintergrund dieser Misere liegt zweifellos in den vielen Jahren der kommunistischen Machtherrschaft, die in allen Bereichen antireligiös vorging. Die kirchenmusikalische Ausbildung wurde 1950 eingestellt, sowohl an Konservatorien und Lehrerbildungsanstalten, als auch an den Priesterseminaren, was u.a. zur Folge hat, daß der heute in höheren Kirchenämtern wirkende Klerus unzureichende Kenntnisse über eine hochwertige Kirchenmusik hat und wenig Sinn dafür aufbringt. Die qualifizierten Organisten aus älterer Zeit wurden im vorherigen Regime verschiedentlich, auch materiell, gezwungen, ihren Dienst aufzugeben, in den Kirchen spielten in der Folge unterbezahlte Pensionisten und Hausfrauen, solche, die vom Staat verhältnismäßig unabhängig waren und nicht etwa darauf bestanden, einen Paß zu bekommen oder ihre Kinder in höhere Schulen zu schicken. Die Orgelwerkstätten wurden verstaatlicht, geschlossen, privates Handwerk ganz abgeschafft. Man kann feststellen, daß es in der Slowakei, gerade wegen ihrer traditionsmäßig hohen Religiosität, die gröbste Unterdrückung unter allen Ostblockländern gab. Diese Umstände wirken sich bis in die heutige Zeit aus.

In der evangelischen Kirche (etwa 8% der Bevölkerung) wird jetzt an einer Systematisierung des kirchenmusikalischen Dienstes gearbeitet, in der katholischen (etwa 65%) gewöhnte man sich offensichtlich daran, daß in der Vergangenheit aus reiner Christenliebe gespielt und musiziert wurde, ohne viel Anspruch auf Niveau. Zwar wurde in der Slowakei das enteignete Kirchenvermögen zurückerstattet (anders als in anderen ehemaligen Ostblockländern), die Kirche ist nicht vom Staat getrennt, d.h. sie erhält regelmäßige Zuwendungen vom Staat, doch ist man meist geneigt, das Geld anders zu verwenden als für Orgeln und Organisten. Aber: Es gibt wieder eine kirchenmusikalische Ausbildung an Konservatorien, Musikhochschulen und an staatlichen wie privaten Musikschulen. Aus Geldgründen behilft man sich mit vielen E-Orgeln. Der Andrang der Jugend

Kežmarok, ev. Holzkirche, L. Čajkovský, 1719

und deren Enthusiasmus für das jahrzehntelang verbotene Bildungsfach war enorm, er legte sich aber rasch, als sie wahrnahm, daß dieses nicht aussichtsreich ist, wenn seitens der Kirchen wenig Interesse an gebildeten Kirchenmusikern besteht und keine existentiellen Grundlagen durch eine Anstellungsordnung geschaffen werden. In den kommunistischen Jahren war die Kirche Anziehungspunkt der geistigen Resistenz und genoß breite Unterstützung in der Bevölkerung. Auch heute sind die Gottesdienste sehr gut besucht, schade, daß man den Gläubigen die Kirchenmusik nicht auf dem gleichen hohen Niveau anbietet wie im weltlichen Bereich (seitens der Konzerte, Opern, Medien und professionellen U-Musik), um wieder an die Spitze des geistigen Bildungsbestrebens zu gelangen, an der die Kirche in der Slowakei seit Jahrhunderten stand, indem sie dem Volk in schwierigsten Zeiten Halt an ewigen Werten bot.

Nachdem das Orgelwesen in der Nachkriegszeit durch die antireligiöse Tendenz der Behörden fast eliminiert wurde, wollte man die Orgelkunst im weltlichen Bereich retten. Zuvor existierte in der Slowakei keinerlei Pflege der weltlichen, konzertanten Orgelmusik. Außer einer einzigen, unzulänglichen Orgel im Konservatorium gab es keine Saalorgel und damit auch keine Vorstellung von einer derartigen Verwendung. Außer einigen Vorführungen bei Orgelweihen gab es fast keine Orgelkonzerte im Lande, die Orgel war nur als kirchliches Begleitinstrument bekannt – und eben deswegen gefährdet. Mit Mühe und Taktik gegenüber den Behörden gelang es, mit Hinweis auf den weltlichen Ursprung der Orgel und die unverzichtbaren Werte der Orgelliteratur, die Orgelausbildung an den Konservatorien und der Musikhochschule als Konzertfach zu retten, die Klassen mit neuen Orgeln auszustatten und anschließend auch in den Konzertsälen Orgeln aufzustellen (alle vom verstaatlichten Orgelbau Rieger-Kloss): Bratislava Philharmonie, kleiner und großer Saal (1953, 1957), Košice Philharmonie (1977), Bratislava Schloßsaal (1975), Piešt'any Kunsthaus (1982), Bratislava Rundfunksaal (1984), Žilina Kunsthaus (1988). Da Orgelkonzerte ins normale Konzertleben eingegliedert und eigene Orgelzyklen veranstaltet wurden sowie oft mit Orchester gespielt wurde, erlebte die Orgelmusik einen in unserem Lande nie dagewesenen und unverhofften Aufschwung. Sie blieb zwar den Städten mit Konzertsälen vorbehalten (in Kirchen durften damals nur ausnahmsweise Konzerte veranstaltet werden), doch dort erfreute sie sich einer wachsenden Popularität mit ansteigender Zuhörerzahl. Renommierte Spieler aus dem Ausland wurden eingeladen, es wuchs auch die Zahl slowakischer Organisten, die allmählich im Ausland bekannt wurden. So erklang auf dem Konzertpodium ein Großteil der gesamten Orgelliteratur, auch viele sonst selten gespielte Konzerte mit Orchester, da man die Orgel im Saal vielfältig nutzen wollte. Die Orgel wurde im Musikleben „salonfähig“, die Organisten gesellschaftlich (auch honorarmäßig) auf die gleiche Stufe mit anderen Konzertinstrumentalisten gestellt. Die staatlichen Tonträgerfirmen OPUS und SUPRAPHON edierten zahlreiche Schallplatten in Großauflagen. Es erschienen auch etliche Hefte slowakischer Orgelwerke, da sich die Komponisten von einer so beliebten Musikgattung angezogen fühlten. Neben der in den Archiven entdeckten Musik des 17. und 18. Jh. (Leutschauer Tabulaturbuch, Samuel Marckfelner, Jan Adam Santroch, Pantaleon Roškovský, Anton Zimmermann, Maria v. Seidl, usw.) und den romantischen Orgelsonaten des Begründers der neueren slowakischen Musik, Ján Levoslav Bella, gibt es heute viele moderne Stücke, die weltweit bekannt wurden (Suchoň: Symphonische Fantasie über BACH für Orgel, Streicher und Schlagwerk; Burlas: Orgelkonzert; Zimmer: Orgelsonaten, Konzerte; Zeljenka: zahlreiche Solostücke, wie Ligaturen, Reliefe, Ostinato, Toccata, usw.).

In wiederholter Auflage erschien der zweisprachige Bildband „Historische Orgeln in der Slowakei“ von O. Gergelyi und K. Wurm (OPUS, Bratislava, 1982), das Lehrbuch „Orgelinterpretation“ von F. Klinda (OPUS, Bratislava 1983) und eine Orgelschule von E. Dzemjanová (TYPESTYLE, Bratislava, 1996). Vier internationale Festivals finden jährlich statt: Das Internationale Orgelfestival in Košice (ab 1970), die Orgeltage in Bratislava (ab 1975), eine wandernde Veranstaltung „Slowakische historische Orgeln“ (ab 1991) und die Orgeltage J. Grešák in Bardejov (ab 1993).

Die Unterdrückung des kirchlichen Orgelspiels erzielte paradoxerweise das Gegenteil: Das Entstehen einer neuen Musikgattung und deren künstlerischer Aufschwung, der dem hohen Niveau des allgemeinen Musiklebens entspricht und auch internationales Ansehen errang. Die Orgel ist heute ein im Kulturleben integriertes Instrument und wird vom breiten Publikum gut angenommen.

Zur Zeit gilt es, diesmal paradoxerweise zur jetzt erlangten Freiheit, das gewonnene Niveau der Orgelkunst nicht zu verlieren, die Orgel aus dem öffentlichen Musikleben nicht zurückziehen oder abdrängen zu lassen. Ihre erneute Separation als ausschließliches Kircheninstrument würde einen Qualitätsverlust bedeuten. Die Konzertmöglichkeiten sind zwar heute frei: Man kann in den Kirchen wieder öffentliche Orgelabende veranstalten, nur werden sie durch die mangelhaften Orgeln und mancherorts durch die Pfarrherren eingeschränkt, die die Kirche nur zu gottesdienstlichen Zwecken offenhalten wollen. Auch von weltlicher Seite zeigen sich Behinderungen: Die Saalinhaber sträuben sich gegen Orgelkonzerte aus finanziellen Gründen und mit dem Hinweis, daß nun die Kirchen wieder offenstehen. Offensichtlich wollen die Probleme um die Orgel nicht aufhören. Es ist kein echter Trost, daß dies nicht nur in unserem Lande der Fall zu sein scheint…

Ulrich Kraus

Franz Lehrndorfer bei den Regensburger Domspatzen

Die Nachkriegszeit war für uns alle eine unvergeßliche Zeit, nicht weil in der Erinnerung nur das Angenehme übrig bliebe, sondern weil es eine Periode des Aufbruchs war, in der die Stimmung überwog, daß alles nur besser werden konnte. Dies betraf auch unseren Lebensraum bei den Regensburger Domspatzen, soweit ich ihn seit 1949 überblicken kann: die Dompräbende und das neu geschaffene Musikgymnasium. Theobald Schrems, unvergessener Domkapellmeister von 1924 bis 1963, war Motor einer ständigen Erneuerung und befand sich immer auf der Suche nach Lehrern, die ihm bei der Verwirklichung seiner Ideen in der Erziehung zur Seite stehen konnten. Dazu gehörte – was allgemein wohl nicht so bekannt ist – nicht nur die gesangliche, sondern auch die instrumentale und musiktheoretische Ausbildung als tragende Säule für den „Doppelzweck des Hauses, nämlich Studium, Gesang und Musik“. Die Dompräbende war zu eng geworden, das neu errichtete Musikgymnasium und ein Teil des Internats waren in der mehr als eine halbe Stunde Fußweg entfernten Jugendherberge untergebracht, die Planung zum schließlich 1953/54 fertiggestellten Neubau, in dem alles unter einem Dach zusammengefaßt werden sollte, lief auf Hochtouren.

Vor diesem Hintergrund ergab sich einer der bemerkenswerten „Zufälle“, daß Schrems am 15. August 1951 von einem Kuraufenthalt in Bad Wörishofen aus einen Abstecher nach Kempten unternahm, um in der Lorenzkirche einer Vesper zu Mariä Himmelfahrt beizuwohnen. An der Orgel saß zwar ein junger Mann mit „Vergangenheit“, der als Sohn des Kemptener Organisten, Chorleiters und Musiklehrers Dr. Franz Lehrndorfer bereits mit 13 Jahren (29.7.1942) sein erstes Orgelkonzert gegeben und nach nur dreijährigem Studium eben erst die Münchener Musikhochschule mit Bravour verlassen hatte, aber es ist nicht bekannt, daß Schrems davon etwas gewußt hätte. Der gerade 23jährige Lehrndorfer improvisierte über das „Benedicamus Domino“ aus der Vesper-Liturgie mit abschließender Fuge. Schrems erkannte mit sicherem Gespür, daß er unerwartet fündig geworden war und sprach den Organisten sofort an. Ein Zeitungsbericht überliefert: „Es dauerte keine Viertelstunde, dann war der Vertrag für die Domstadt und damit die Regensburger Domspatzen perfekt."

Lehrndorfer packte umgehend seine Koffer und kam mitten hinein in den umfassendsten Umbau des Chores in seiner Geschichte, eine Periode, die für elf Jahre ganz wesentlich von dem neuen Mitarbeiter mitbestimmt wurde. Zunächst „nur" als Klavier- und Orgellehrer verpflichtet, übernahm er immer weiterreichende Aufgaben und wurde neben dem Domkapellmeister zu einem Mittelpunkt des musikalischen Lebens. Er baute ein Schülerorchester beachtlicher Qualität auf, übernahm den Schulmusik-Unterricht, leitete oft genug auch den Chor, und zwar in einer Theobald Schrems ebenbürtigen Weise und ermöglichte am Klavier die Einstudierung von Oratorien oder Orchestermessen. Eine kleine, aber vielsagende Erinnerung hierzu: Wir probten die Johannes-Passion von J.S. Bach für eine Produktion des WDR mit der „Cappella Coloniensis" auf historischen Instrumenten, unmittelbar vor der ersten Probe erwähnte der Domkapellmeister, daß das Orchester einen Halbton tiefer spiele, und unser Pianist hatte nun die dankbare Aufgabe, alles entsprechend zu transponieren – wir wußten dies zwar, bemerkten jedoch nichts davon.

Wir erlebten Lehrndorfer einerseits als einen Lehrer unter anderen, wenn sich seine Aufgabe auch manchmal in der Erstellung von Stundenplänen zu erschöpfen schien, die anläßlich unvorhergesehener Ereignisse oft gleich wieder Makulatur waren. Andererseits war er der einzige, der neben seinem üblichen Unterricht immer dann zur Stelle war, wenn es irgendwo „brannte". Ob als Begleiter am Klavier oder mit solistischen Beiträgen während unserer Konzerte an der Orgel, ob als Komponist eines umgehend benötigten Chorsatzes, er war ein „Musiker für alle Fälle", ein unverzichtbarer Helfer auch bei Opernaufführungen: Die Domspatzen bestritten jahrelang in Frankfurt und Salzburg die Rolle der drei Knaben in Mozarts „Zauberflöte" – Lehrndorfer studierte sie ein, fungierte als Reisebegleiter und stellte das Terzett stimmlich und musikalisch aufeinander ein, indem er auch ganz andere Terzette singen ließ; sie führten „Hänsel und Gretel" auf – Lehrndorfer saß im Souffleurkasten und kümmerte sich nicht nur um den Text. Wir bekamen den Eindruck, daß es für ihn keine Grenzen gab, da war offenbar nichts, was er nicht konnte oder wozu er nichts zu sagen hatte. Diese als selbstverständlich vorgelebte Vielseitigkeit bewunderten wir, ohne allerdings in vollem Umfang würdigen zu können, wie selten sie ist und welchen Glücksfall Schrems an Land gezogen hatte.

Das änderte sich im Bewußtsein einer größeren Öffentlichkeit – und damit auch bei uns, als Lehrndorfer 1957 im ARD-Wettbewerb der erste Preis zugesprochen wurde. Unser allgegenwärtiger Lehrer war plötzlich und ganz unabhängig vom Nest der berühmten Domspatzen als Künstler ausgezeichnet und anerkannt, hätte beispielsweise auch Domorganist in Passau werden können. Aber er schlug solche Angebote aus, machte weiterhin nicht viel Aufhebens um seine Person, blieb zurückhaltend und wurde umso mehr anerkannt. Dabei traten immer deutlicher auch außermusikalische Eigenschaften hervor, mit denen er neue Zeichen setzte und die für uns ganz wesentlich waren, nämlich Integrität und Menschlichkeit.

Wenn man als Kind oder Jugendlicher mit Kunst oder Wissenschaft als Lerninhalt konfrontiert wird, so ist die Frage des Zugangs dazu in hohem Maß mit der Person verknüpft, die das jeweilige Gebiet vertritt. Kinder sind in der Beurteilung ihrer Erzieher ziemlich gnadenlos und haben ein untrügliches Gespür für das Hintergründige in einem Menschen, für seine verborgene Motivation. Langfristig gesehen läutete die Nachkriegszeit einen gesellschaftlichen Wandel in der Erziehung ein, den Weg von der Autorität vorrangig kraft Amtes zur Autorität kraft Wissens und Könnens. Lehrndorfer verkörperte den moderneren Weg:

Die „Prügelstrafe“ war noch nicht verboten und manche Ohrfeige diente – man muß es wohl nicht verschweigen – durchaus als probates Mittel zur Förderung der Untergebenheit und des Fleißes, darin machte unser Institut keine Ausnahme. Daß dies wenig zu unserer Begeisterung an der Kunst beitrug, versteht sich von selbst, doch ebenso unvergessen ist uns das Schöne und Wertvolle aus jener Zeit. Zu Letzterem gehört, daß Lehrndorfer im Gegensatz dazu einen ganz anderen Ansatz vertrat: Er war geduldig, auch wenn ihm „die Ohren weh taten“; ihm waren rabiate Methoden fremd, wenngleich streng in der Sache, begleitete er mit Humor und Verständnis die Wirren oder Erleuchtungen seiner Schüler. Eine Anschlagtafel neben unserer Übungsorgel enthielt nahezu wöchentlich neue Verse oder Bonmots zu Vorgefallenem, er entwickelte – oft speziell zugeschnitten auf ein bestimmtes Problem – etüdenartige Sequenzen für das Zusammenspiel von Händen und Füßen, die schön klangen. Das motivierte zum Üben, überhaupt spielten und sangen wir gern unter ihm, lernten auf unverkrampfte Weise Musik machen und verstehen.

Wenn hiermit die menschliche Seite Lehrndorfers angesprochen ist, so zeigte sie sich für mich später auch aus einem anderen Zusammenhang heraus. Ich hatte die Ehre, ihm etliche Jahre als Registrant zur Seite zu stehen (meist im wörtlichen Sinne, wie man weiß). So ehrenvoll diese Aufgabe auch ist, so undankbar ist sie, denn der Registrant muß nicht nur Noten lesen können, sondern auch wie ein Teil der Technik funktionieren, er ist ein wichtiger Mitarbeiter mit gleichzeitig hohem Zerstörungspotential, und der Organist tut gut daran, ihn genauestens zu beobachten. Das Zusammenspiel mit der Technik führt auch sonst zu teilweise nicht

Franz Lehrndorfer an der Zeilhuber-Orgel von St. Lorenz in Kempten (ca. 1950)

Franz Lehrndorfer am häuslichen Flügel in Kempten (ca. 1950)

vorhersehbaren Ergebnissen, und nicht nur einmal hat Lehrndorfer – vorbereitend durch ein zwar nicht unbedingt notwendiges, aber musikalisch noch vertretbares Rubato – mit blitzschnellem Eingriff größeres Unheil verhindert. Jeder Organist kennt solche Situationen, aber nicht bei jedem sind Spielfertigkeit, Umsicht und Nachsicht gleichermaßen hoch entwickelt. Lehrndorfer jedenfalls überging solche Situationen mit einem verständnisvollen Schmunzeln, ohne aus dem Takt zu geraten, und für mich waren diese Jahre der denkbar beste Unterricht in Orgelbau, Orgel-Literatur und Interpretation.

Im Grunde vertraten Schrems und Lehrndorfer gleichermaßen den Ansatz, daß Musik nur mit Freude an der Sache erlernt werden kann. Aus heutiger Sicht bleibt aber auch ein Unterschied, der sich nach dem Gesagten auf einen einfachen Nenner bringen läßt: Während wir Schrems auch zu fürchten hatten, war Lehrndorfer für uns Respekts- und Vertrauensperson zugleich, ein immer gutgelaunter Lehrer und Helfer, nicht nur in musikalischen, sondern auch in menschlichen Fragen (von denen es in der Jugend ja genügend gibt). Aus meiner eigenen Erinnerung und der Beobachtung anderer weiß ich, daß nicht zuletzt durch diese Eigenschaft vielen der Zugang zur Musik eröffnet wurde, die in ihr ansonsten ein eher lästiges Pflichtfach gesehen hätten. Mit ihm hatten wir darüber hinaus einen – besonders durch seine schöpferische Tätigkeit als Improvisator autorisierten – Vermittler des Wissens um das Wesen der Musik als Sprache, der mehr als Schrems darüber redete und Zusammenhänge verständlich machte. Beide zusammen wurden in ihrer Gemeinsamkeit und Gegensätzlichkeit die zentralen Bezugspunkte im aktiven Gestalten und passiven Hören von Musik, der eine als „Chef" des Ganzen mit dem Schwerpunkt im liturgischen und chorischen Bereich, der andere vorrangig als Vermittler der instrumentalen, theoretischen und außerhalb unseres näheren Umfelds gültigen Aspekte. Dabei zeigte sich Lehrndorfer ebensowenig auf den instrumentalen Bereich beschränkt, wie man das für Schrems vom chorischen behaupten kann, auch wenn dieser jeweils einseitige Eindruck in der Öffentlichkeit fast zwangsläufig entstehen mußte.

Lehrndorfer und Schrems ergänzten sich als unbezweifelbare Autoritäten in außergewöhnlicher Weise, respektierten sich gegenseitig und lehrten uns auf unterschiedlichem Weg eine grundlegende Haltung im Umgang mit Musik: Daß sie sich nicht in der Zurschaustellung technischer Fertigkeiten erschöpft, sondern daß selbst technisch perfekte Interpretation erst dann glaubhaft und überzeugend ist, wenn die Mittel tatsächlich vom Inhalt bestimmt sind. So wie Schrems unablässig (für uns Kinder oft allzu nachdrücklich) den Text vorbetete, den wir zu singen hatten, so ist für Lehrndorfer als Interpreten die Wahl der Mittel zu allererst von der

Frage nach der Absicht der Komposition bestimmt und erst in zweiter Linie davon, welche adäquaten Möglichkeiten die jeweilige Orgel anbietet.

Mag dies auch eine Binsenwahrheit sein, so vertritt Lehrndorfer im Zurücktreten hinter das Werk einen Typus von Künstlern, der seltener geworden ist, ohne den aber unsere zunehmend von Idolen, Konsum und kurzlebiger Gebrauchsmusik geprägte Kulturlandschaft nicht bestehen kann. Sein Weg als Künstler zeigt – das gehört zu den beruhigenden Erfahrungen –, daß man offensichtlich auch ohne Ego- oder Exzentrik dem Publikum etwas geben, anerkannt und berühmt werden kann. Verbunden mit seiner sachbezogenen Glaubhaftigkeit und Intensität im Unterricht ist er als Lehrer mit „Dux et comes" wohl am kürzesten und sehr treffend charakterisiert. Vielleicht war es doch mehr als nur ein glücklicher Zufall, daß Theobald Schrems solch entscheidende Gemeinsamkeiten spontan erkannte und 1951 in Kempten die Stufen zur Orgelempore hinaufstieg.

Odilo Lechner

Ducantur ad orationem – Führt auch das Orgelspiel zum Gebet?

I. Die Hinführung zum Gebet als Leitmotiv benediktinischer Seelsorge

Da Professor Franz Lehrndorfer schon durch seine Herkunftsorte Salzburg und Kempten benediktinischer Tradition verbunden ist, darf vielleicht vom Ziel des Orgelspiels auch aus benediktinischer Sicht gesprochen werden. Eines der schönsten Kapitel der Benediktusregel (c 53) handelt von der Aufnahme der Gäste. Sie sollen wie Christus aufgenommen werden, ihnen soll Ehre, soll alle humanitas, jegliche Menschenfreundlichkeit erwiesen werden, Abt und Brüder waschen ihnen die Füße, und um der Gäste willen darf man auch das Fasten brechen. Zur Erbauung werden ihnen die heiligen Schriften vorgelesen. Sie werden in das Leben der Gemeinschaft hineingenommen. Daß solche Friedensgemeinschaft gelingt (socientur in pace), setzt freilich die Gottesfurcht voraus: Der Gastbruder muß vor allem gottesfürchtig sein. Vor dem Friedensgruß wird gebetet, um Mißverständnisse und Täuschungen zu verhindern. Unter den Weisungen dieses Kapitels findet sich auch die, daß die aufgenommenen Gäste zum Gebet geführt werden sollen (ducantur ad orationem).

Nach der Regel St. Benedikts ist ja die gemeinsame Suche nach Gott das eigentliche Ziel des klösterlichen Lebens. So wird der Novize geprüft, ob er wahrhaft Gott sucht. Das Kloster ist eine Schule des Hörens, des Horchens auf den Anruf Gottes und der menschlichen Antwort. Wenn auch diese Antwort sich im ganzen Leben vollzieht, nicht zuletzt auch in der Arbeit, und das benediktinische Motto „daß in allem Gott verherrlicht werde“ sich gerade im Regelkapitel über die Handwerker findet, so ist diese Antwort doch am tiefsten und ausdrücklichsten im Gebet zusammengefaßt. Darum soll dem Gottesdienst nichts vorgezogen werden.

In der Gastfreundschaft könnte man ein Leitmotiv benediktinischen Umgangs mit Welt und Menschen erblicken. Die benediktinische Gemeinschaft versucht ja ein Stück unserer Welt aus dem Glauben zu gestalten, auf Gott hinzuordnen, sie zu einem Gotteshaus (domus dei) zu machen. An diesem Versuch läßt das Kloster auch die Menschen der Umwelt teilhaben. Darin besteht der Kern benediktinischer und allgemein kirchlicher Seelsorge: Anteil geben am eigenen Leben. Die Gastfreundschaft soll nach dem 53. Kapitel allen erwiesen werden, besonders aber den Geschwistern im Glauben (domesticis fidei) und den Fremden (peregrinis). Heute könnten unter den Glaubensgeschwistern etwa eine dem Kloster anvertraute Pfarrei oder Schule verstanden werden, unter den Fremden und Pilgern vor allem auch die Suchenden unserer Welt, die der Kirche mehr oder minder fernstehen. So können die Mönche Menschen teilnehmen lassen an ihrem Leben, die Armen auch an ihrem Besitz, alle am Hören auf das Wort Gottes und an der Erfahrung des Heils, vor allem aber an ihrer tiefen Suche nach dem Sinn des Lebens, die auf Erden nie zu Ende kommt.

II. Die Orgel im Dienst der Verherrlichung Gottes

Wenn diese Suche in der Verherrlichung Gottes ihr Ziel hat, im Hören seines guten Wortes, im Empfangen seines Segens *(benedictio)* und im antwortenden *benedicere*, im Loben und Preisen, dann wird diese jubelnde Antwort des ganzen Menschen sich am besten im Gesang, in der Musik ausdrücken. Zu diesem Ausdruck gehört bald für die Klöster des Mittelalters und wie selbstverständlich dann für die der Barockzeit auch das Instrument der Orgel. So besingt die Sequenz aus der Stiftsbibliothek des Klosters Engelberg im 12. Jahrhundert die Orgel als *instrumentum musicum modernorum artificum,* das Instrument der damaligen Moderne, in überschwenglicher Weise. Da ist von den Höhen und Tiefen die Rede, vom lyrischen Sprung, von scharfen und weichen Tönen, von Chor und Gegenchor und von dem Jubel, der dem Volk gefällt, es zum Staunen und zur Freude führt und zum Lobpreis des ewigen Gottes. Hier wird die Orgel zur Lehrmeisterin löblichen Gesangs und lieblichen Spiels: *docens breviter, leniter, subtiliter, dulciter, habiliter*. Dieses Lehren ist kurz und sanft, tiefschürfend, süß und leichtfaßlich zugleich. Die Orgelmusik wird hier also nicht nur als Unterstützung und Begleitung des menschlichen Gesangs gewertet, sondern als selbständiges Kunstwerk, das den ganzen Menschen, die ganze Gemeinschaft, die ganze Schöpfung musikalisch zum Ausdruck bringt. In ihrer Vielfalt drückt sie das Lob des ganzen Menschen aus, wie es Augustinus fordert: „Wenn ihr Gott lobt, dann soll der ganze Mensch ihn loben: Die Stimme soll singen, die Ereignisse sollen singen, auch das Stöhnen, die Unruhe, die Versuchung, die Sicherheit, die Hochstimmung… du sollst das ganze All sichten und durch alles den Meister loben." Die Orgel kann die ganze Gemeinschaft ausdrücken. So will Benedikt ja seine Familie immer wieder zum gemeinsamen Gotteslob versammeln und so zum Psalmensingen disponieren, daß Herz und Stimme in Einklang sind (*sic stemus ad psallendum, ut mens nostra concordet voci nostrae, c 19).* Um solchen Zusammenklang geht es Benedikt in der ganzen Ordnung der klösterlichen Gemeinschaft, in der alle in Christus eins sind und nach dem Beispiel der Urgemeinde „allen alles gemeinsam" sein soll (Apg 4,32), in der andererseits aber die Verschiedenheit der Einzelnen nie übersehen wird, daß der eine diese, der andere jene Gabe von Gott hat, daß es Schwache und Starke gibt, daß der Abt darum der Eigenart vieler dienen muß und nur in der Anerkenntnis dieses je Verschiedenseins im selben Dienst die Voraussetzung des Einklangs, des Friedens erfüllt wird (*ita omnia membra erunt in pace, c 34).* Die rechte Zuordnung, die Unterscheidung, die benediktinische Grundtugend der *discretio*, das rechte Verhältnis von Gebet und Arbeit, von Muße und Beschäftigung, von Fasten und Festzeit ermöglicht es, daß „in allem Gott verherrlicht werde". Vielleicht gibt es kein schöneres Bild für eine klösterliche und kirchliche Gemeinschaft in ihrer Einheit und Vielfalt als eben die Orgel.

Orgeln spiegeln freilich damit zugleich Vielfalt und Einheit des Kosmos wieder, sind nach den Worten J. G. Herders „Nachklänge des Schöpfungsliedes".

III. Orgelspiel in St. Bonifaz

Aus diesen Gründen haben sich Benediktinerklöster mit Recht immer um gute Orgeln in ihren Kirchen und Kapellen bemüht und das Amt des Organisten immer als ein wichtiges betrachtet. Nachdem bei der Bombardierung der Basilika St. Bonifaz 1944 auch die damalige Orgel aus der Münchener Orgelbauanstalt Franz Borgias März zerstört wurde, war es unserer Klostergemeinschaft ein großes Anliegen, bei der Neugestaltung der Restbasilika St. Bonifaz (1972–1975) der Orgel einen würdigen Platz und eine gute Gestaltung zu geben. Da der Altar in dem nun fast quadratischen Raum in die Mitte rücken sollte, war der Nordteil des Raumes für Orgel und Chor frei. Daß nun die Orgel die Stirnseite der Kirche besetzen und ins Blickfeld der Gemeinde rücken sollte, war nicht unumstritten. Aber gerade so konnte die Kirchenmusik Teil der *circumstantes*, der den Altar umstehenden Gemeinde, werden. Und so konnte die Orgel – zumal in dem dann von Dr. Walther Supper entworfenen Streuprospekt – zum Ohr und Auge anrufenden Zeichen der zum Lobpreis versammelten Gemeinde werden.

An den vielfältigen Überlegungen und Planungen dieser Orgel war Professor Franz Lehrndorfer maßgebend beteiligt. Unvergeßlich ist mir eine Fahrt im Juli 1973, die ihn, die Kirchenmusiker von St. Bonifaz und mich nach Baden-Baden, Lahr, und in die Schweiz nach Langnau und Zürich-Affoltern führte, wo Orgeln der Straßburger Fa. Mühleisen zu besichtigen und zu bespielen waren, auf die uns Dipl. Ing. Karlheinz Schropp hingewiesen hatte. Durch die Beauftragung dieser angesehenen Orgelbaufirma konnte in der Münchener Orgellandschaft ein neuer Akzent gesetzt werden, der an die Tradition elsässischer Silbermannorgeln und französischer Kathedralorgeln erinnert. Am 25. Juni 1977 spielte Prof. Franz Lehrndorfer das erste Konzert auf der fertiggestellten Orgel, an das auch eine kleine Schallplatte (Claude-Benigne Balbastre und Freie Improvisation) erinnert.

Um die Orgel als eigenständiges Kunstwerk zur Geltung kommen zu lassen und sie zugleich als Instrument eines ganz besonderen Gotteslobs zu kennzeichnen, wurden dann bald in St. Bonifaz Orgelvespern eingeführt, in denen jeweils ein Organist Werke verschiedener Epochen und Stilrichtungen spielt, dazwischen aber meditative Texte gelesen werden. Sie sollen anregen, mit der Musik den Sinn unseres Daseins zu bedenken und als Lob Gottes zu verstehen. Besondere Höhepunkte dieser Orgelvespern in zwei Jahrzehnten waren diejenigen, die uns Professor Lehrndorfer schenkte. Am Ende eines jeweils bewegenden und fein zusammengestellten Programms stand immer eine freie Improvisation zu einem gegebenen Thema. Ich durfte Professor Lehrndorfer ohne vorherige Absprache ein solches nennen, meist eine Melodie aus dem „Gotteslob". Immer wieder war ich erstaunt, wie virtuos er die vielen Klangfarben und Möglichkeiten der Orgel nutzte und in immer neuen, bewegten Ansätzen das Thema ausführte und im fulminanten Finale zusammenfaßte. Professor Lehrndorfer hat gezeigt, daß wahrlich das Orgelspiel zur Anbetung und zum Lob Gottes führen kann. Hier und an vielen Orten ist er ein *dux*, der Menschen zum Gebet führt. Er hat an der Orgel das erfüllt, was die vielen Fremden im Kloster Benedikts erfahren sollen: Ducantur ad orationem.

Hans Leitner

Der Münchener Domorganist Heinrich Wismeyer (1898–1985)

Wenn wir das Motto „Dux et comes" transponieren und etwas modifizieren, so kommen wir zur Konstellation „decessor et successor". Im Gedenken an den 100. Geburtstag des Lehrers und Vorgängers unseres Jubilares im Domorganisten- und Professorenamt sei dieser Aufsatz über Heinrich Wismeyer geschrieben – dem decessor zur Ehre, dem successor zur Freude.

Im 12. Jahr der Herrschaft des Prinzregenten Luitpold von Bayern, im ersten Jahr des Episkopats von Erzbischof Franz Joseph von Stein, im vorletzten Jahr des endenden 19. Jahrhunderts, genau am 17. Juli 1898, wurde Heinrich Wismeyer in München geboren. Nach seinem vier Jahre älteren Bruder Josef war er der zweite Sohn des Gymnasialprofessors am Max-Gymnasium Josef Wismeyer und seiner Frau Anna, geb. Gresbeck, aus Straubing. Unter der Assistenz der Hebamme Frau Lex kam Wismeyer, wie damals üblich, zu Hause auf die Welt, nämlich in der Ohlmüllerstraße im Münchener Stadtteil Au. Bereits am 19. Juli wurde er in der Pfarrkirche Maria Hilf in Anbetracht des am 15. Juli gefeierten heiligen Kaisers Heinrich auf den Namen Heinrich Ludwig getauft. Der Beiname Ludwig, seinem 1904 geborenen dritten Bruder dann als Hauptname gegeben, war eine Reverenz an den Großvater mütterlicherseits.

Wismeyer erlebte seine Kindheit im friedlichen München der Jahrhundertwende. Als Bub war er beeindruckt von der Großbaustelle des Deutschen Museums auf der Isarinsel. In den Sprengel der gerade neu erbauten Maxkirche kam die Familie Wismeyer durch den Umzug in die zur Isarvorstadt gehörende Auenstraße 24/II links. Erste musikalische Eindrücke vermittelte die Hausmusik im Kollegenkreis des Altphilologen Vater Wismeyer, der Geige spielte. Erste Orgelklänge gewahrte das Kinderohr lediglich durch den Leierkastenmann im Hinterhof, meist Kriegsinvaliden des Siebziger-Krieges. Gesteigert wurde diese Attraktion durch die Orchestrions und Maschinenorgeln auf der Dult oder dem Oktoberfest. Die Kirchenorgel faszinierte ihn erstmals, wenn er an des tenorsingenden Vaters Hand auf die Orgelempore in der Maria Hilf-Kirche mit hinauf-

Porträt des Münchener Domorganisten Heinrich Wismeyer von Peter Hirsch

steigen durfte. Insbesondere das zur Winderzeugung gebräuchliche, handbediente große Schwungrad weckte seine Aufmerksamkeit. Am 5. September 1904 wurde Heinrich Wismeyer an der Knabenschule an der Wittelsbacherstraße eingeschult, wo er 1908 auch sein Übertrittszeugnis in das Gymnasium erhielt. Dieses ausschließlich die Note „sehr gut" aufweisende Dokument bildet zugleich den Schlußpunkt hinter die ersten Münchener Kindheitsjahre.

Die Berufung von Vater Wismeyer als Konrektor an das kgl. humanistische Gymnasium, heute Leopoldinum genannt, in Passau veranlaßte die nunmehr fünfköpfige Familie samt Kindermädchen Rosa zum Umzug in die Dreiflüssestadt, und sie fand ein Quartier in der Vorstadt Grünau, genau in der Schillerstraße 59 1/25. Vater Wismeyer unterrichtete bereits in den 80er Jahren als Studienlehrer in Passau und war somit mit der neuen Umgebung schon vertraut. Sohn Heinrich, nunmehr Gymnasiast, hatte den gleichen Schulweg wie der Vater, auf dem den beiden allmorgendlich der geistliche Domkapellmeister Clemens Bachstefel, ausgerüstet mit Halbzylinder und Spazierstock mit Silberkrücke, begegnete. Der ausgezeichnete Tenor Wismeyer sen. wirkte auch im Domchor mit, und Sohn Heinrich erlebte noch die Hechenberger-Orgel, welche gerade erst 1907 mit pneumatischen Maschinen und einem Gebläsemotor ausgerüstet wurde und als größte Orgel Bayerns galt. Die etwas aufweichende Autorität der Mutter als Klavierlehrerin, wenngleich sie eine ausgebildete Pianistin war, bekam eine Ablösung durch ein Klavierfräulein, eine Institutsfreundin der Mutter. Bei ihr ging Heinrich Wismeyer den gradus ad Parnassum durch die übliche Übungsliteratur und erhielt auch erste Harmonielehreinweisung. Am 31. Mai 1909 wurde Wismeyer durch Bischof Dr. Sigismund Felix Freiherr von Ow gefirmt, begleitet von Georg Axtner als Pate. Mit Rücksicht auf die der Hochschulreife entgegenwachsenden beiden älteren Söhne ließ sich Vater Wismeyer bereits 1911 an das Gymnasium Rosenheim versetzen. Heinrich Wismeyer bezeichnet die „Passauer Romanze" als den schönsten, durch nichts getrübten Abschnitt seiner Jugendjahre, weswegen er sicher immer gerne dorthin zurückkehrte. Dies ist so geschehen, als er am 10. Oktober 1948 die nach Kriegseinwirkungen wiederhergestellte weltberühmte Domorgel in einer „Musikalischen Andacht" mit Werken von Bach, Walther, Murschhauser und Reger vorstellte. Beim Probespiel um die Domorganistenstelle, aus dem der knapp 22jährige Walther R. Schuster als Sieger hervorging, amtierte Wismeyer am 13. Oktober 1952 zusammen mit Arthur Piechler und P. Augustin Keßler OSB als Juror. Zum Diözesankirchenmusiktag am 23. Mai 1954 war Wismeyer als Festredner in die Nibelungenhalle geladen, und am 31. Mai 1970 begleitete er den Münchener Domchor unter der Leitung von Domkapellmeister Max Eham beim Domchorausflug mit Sonntagshochamt im Passauer Dom.

Die letzte Station der Schulzeit verbrachte Wismeyer ab 1911 in Rosenheim, wo die Familie in der Rathausstraße 4/III wohnte. In diese Zeit fallen schon erste Jugendkompositionen und Orgeldienste, zunächst an der Kapuzinerkirche, dann, nach militärbedingtem Einzug des Organisten, als stellvertretender Stadtpfarrorganist an St. Nikolaus. All dies nebst der beliebten Hausmusik – Wismeyer spielte Klavier, Geige und hatte Klarinettenkenntnisse erworben – erfuhr ein bitteres Ende durch den Stellungsbefehl für den 1. Dezember 1916 zum 1. Infanterieregiment „König". Wismeyer wird als Rekrut in die Giesinger Kaserne eingezogen. Am 14. Juli 1917 wird ihm das von Gymnasialdirektor Dr. Kronseder unterzeichnete, kriegsmäßige Reifezeugnis nachgereicht, welches nebst besten Noten folgende Bemerkung enthält: „... Anerkennung verdient auch sein Eifer im Zeichnen und Malen, in der englischen Sprache und in den verschiedenen Gebieten der Musik." Soldat Wismeyer selbst hielt die Ansprache bei der Absolviafeier, außerdem kamen zwei Stücke von ihm zur Aufführung.

Nach zehn Monaten Felddienst an der Westfront bzw. Nordfrankreich kehrte im Dezember 1918 die geschlagene Armee zu Fuß von der Gegend um Reims über Luxemburg bis in das Ahrtal zurück. Am 1. Februar 1919 wurde der mit dem Eisernen Kreuz II. Klasse ausgezeichnete Gefreite Heinrich Wismeyer in Neuburg an der Donau entlassen.

Mit vollem Eifer wandte der bereits seit Wintersemester 1917/18 an der Uni München immatrikulierte, jedoch am Studium verhinderte Wismeyer sich nun dem Studium der Philosophie und ab 1919 der Theologie zu. Es war ihm gegönnt, als Stadtstudent unter Seminardispens bei den Eltern in der Werneckstraße 9/I zu wohnen und am intensiven Kulturleben Münchens teilzunehmen, dessen vorwiegende Dirigenten Bruno Walter und Siegmund von Hausegger die Münchener gerade mit Bruckner, Pfitzner, Kaminski und Klose vertraut machten. Im Odeon erlebte er Albert Schweitzer als Organisten. An der Uni hörte er die Professoren Seitz, Grabmann, Walter, Pfeilschiffer, Knecht, Goettsberger, Bardenheuer, Walde, Goettler und Eichmann. Ab 1920 war Wismeyer Alumnus im damals von Direktor Eduard Weigl geleiteten Herzoglichen Georgianum, übte dort das Amt des Musikpräfekten aus und komponierte als solcher Männerchormotetten für den liturgischen Gebrauch sowie seine Thomasmesse für Männerchor und Orgel. Sein letztes Studienjahr vor der Priesterweihe hat er im Freisinger Priesterseminar zugebracht. Das Seminar-Abgangs-Zeugnis vom 28. Juni 1922 enthält nebst wiederum besten Noten die Bemerkung: „Gediegen in Gesinnung und Kenntnissen, von angenehmer Umgangsart; als Dirigent und Orgelspieler etc. recht gut zu verwenden."

Am Peter-und-Pauls-Tag 1922 empfängt Heinrich Wismeyer durch Kardinal Michael Faulhaber die Priesterweihe und feiert am 16. Juli 1922 in St. Max seine Primiz.

Fortan war der Neupriester angewiesen als Koadjutor in Allach, welches damals noch gänzlich dörflichen Charakter trug und entsprechende Seelsorgeaufgaben mit sich brachte. Die Nähe zur Stadt München erlaubte es, nebenbei seit 16. September 1922 an der Akademie der Tonkunst das Fach Kirchenmusik zu studieren, erteilt von den Lehrern Josef Haas, Emmanuel Gatscher, Ludwig Felix Maier und Ludwig Berberich. Am 4. Juli 1924 erhielt er sein mit besonderer Auszeichnung bestandenes Reifezeugnis, unterzeichnet von Direktor Hausegger. Als Übungsinstrument diente ihm im Allacher Pfarrhof ein Pedalharmonium, ein Erinnerungsstück an die Kardinal-Faulhaber-Dollarspende von Freising 1922.

Nach dem Musikstudium hätte Wismeyer die Stelle eines Chordirektors in Giesing-Heilig-Kreuz antreten können, entschied sich aber unter dem Einfluß des großen Jugendseelsorgers Prälat Ludwig Wolker für die Jugendseelsorge und wurde mit 15. November 1925 Zweiter Präses beim Bezirksverband der katholischen Jugend- und Jungmännervereine in München. Ab 16. April 1927 unterrichtete Wismeyer Religion als Studienrat an Münchener Berufsfortbildungsschulen und wurde daselbst mit 1. Januar 1934 zum Studienprofessor befördert. Diese Tätigkeit hatte er bis zu seiner von den Nationalsozialisten verursachten Versetzung in den Wartestand, erteilt am 25. November 1940, inne. Desweiteren war er Landespräses der Deutschen Jugendkraft für Bayern. Wismeyer wohnte in dieser Zeit wieder in der seit Kindheit vertrauten Auenstraße, diesmal Hausnummer 18/III. Seine Zeit als Religionslehrer nützte er auch musikalisch. In den Dreißiger Jahren hatte er als Komponist seine schöpferischste Phase, welche er in späteren Jahren zugunsten ihm wichtiger erscheinenden Tätigkeiten, wie die breite Organistenausbildung und kirchenmusikalisch-liturgische Fortbildung und Organisation für den Klerus und die Musiker, vernachlässigte bzw. einstellte. So fallen die preisgekrönten Werke „Ecce sacerdos“ und „Klosterneuburger Singmesse“ ebenso in die Dreißiger Jahre, wie sein Weihnachtsspiel „Einmal im Jahr“ oder die zahlreichen Liedkantaten über deutsche Kirchenlieder. Letztere waren eine Frucht der Zusammenarbeit mit P. Peter Lippert SJ, für dessen Morgenandachten im Bayerischen Rundfunk Wismeyer die musikalische Umrahmung übernahm. Kurze Zeit zählte Wismeyer zu den führenden zeitgenössischen Kirchenkomponisten und genoß als solcher Anerkennung der Rezensenten. Auch als Organist ist er nicht untätig. Er wird zu den Akademiekonzerten herangezogen und gilt im Domchor, dem er als Bariton angehört, als Hausorganist. Bei der Einweihung der 1936 umgebauten Domorgel durfte er die neu errichtete Chororgel (Steinmeyer II, 25) mit Werken von Pachelbel und Muffat vorstellen. Dieser Auftritt erweckte offenbar eine gewisse Mißgunst der kirchlichen Obrigkeit, da er sich zu einer am 15. Februar 1936 verfaßten Rechtfertigung veranlaßt fühlte.

Mit seinem Freund und Kollegen Otto Steinberger begann Wismeyer bereits 1937 eine diözesane Organistenschule für Landorganisten, die in Anbetracht der sich unter politischem Druck dem Kirchendienst entziehenden Lehrerorganisten zunehmend an Bedeutung gewann und ihre flächendeckende Wirkung im Laufe vieler Jahre nicht verfehlte. Diese Kurse wurden sowohl in München als auch in Berchtesgaden abgehalten und erstreckten sich weit in die Nachkriegszeit hinein bzw. führten über in die C-Musiker-Ausbildung.

Inzwischen war der Zweite Weltkrieg ausgebrochen und Wismeyer befand sich im schon erwähnten unwohlen Wartestand. Die letzte Kriegszeit verbrachte er im „Evakuiertenparadies“ Oberstdorf. Mit dem im nahegelegenen Altstädten ansässigen Orgelbaumeister Josef Zeilhuber entwickelte sich eine konspirative Freundschaft, welche zu einer fruchtbaren Zusammenarbeit im Orgelbau bis hin zur Münchener Domorgel führen sollte.

Mit Kriegsende kehrt Wismeyer nach München zurück. Da er außer einem stellvertretenden Luftschutzwart seines Wohnhauses keinerlei nazistische Vergangenheit aufweist, wird er problemlos entnazifiziert.

Trotz des völlig zerstörten Liebfrauendomes und seiner Orgeln wird Wismeyer mit 15. August 1945 zum Domorganisten in München ernannt, eine groteske Ernennung, gepaart mit unverdrossenem lebensbejahendem Mut in die Zukunft des Wiederaufbaues. Wismeyer wird Nachfolger des 44 Jahre amtierenden Musikdirektors und Rheinberger-Schülers Josef Schmid, welcher als Domorganist nur überleben konnte, indem er nachmittags auf einem städtischen Friedhof Harmonium spielte. Schmid verhungerte regelrecht und starb am 10. Juli 1945.

Mußte sich Wismeyer nach Wiederaufnahme der Gottesdienste im Dom damit begnügen, auf einer fünfregistrigen Kleinorgel in einer Seitenkapelle zu spielen, so wurde er nicht müde, für den Bau einer neuen Domorgel einzutreten. Einen Förderer des großen Projekts fand er in Dompfarrer Karl Abenthum. Die lange orgellose Zeit im Dom war sicherlich deprimierend und führte auch zu resignativen Momenten.

Unter dem Präsidium von Josef Haas nahm Wismeyer mit 1. Juli 1946 an der Musikhochschule eine Lehrtätigkeit im Angestelltenverhältnis auf. Der Unterricht verlief zunächst etwas provisorisch und wurde in der Notkirche St. Max an einer 15registrigen Orgel erteilt, zum Teil bei Eiseskälte. Für die Vorlesungen im Kapitelsaal, Rochusstr. 7, wurden für 20 Donnerstage je ein Zentner Kohle bewilligt. Seit 1. Januar 1949 führte Wismeyer den Professorentitel. 1951 fand der Unterricht in der Larischvilla bzw. Stuckvilla in der Äußeren Prinzregentenstr. 4 statt. Neben der Hochschule war Wismeyer um 1950 mit der Erstellung und Einführung des neuen Münchener Diözesangebet- und Gesangbuches „Gottesdienst" beauftragt, was ihm den Ehrentitel „Wanderapostel für Kirchenmusik" einbrachte. Eine durch die weitverzweigte Tätigkeit mitverursachte Überbelastung veranlaßte Wismeyer am 28. März 1952 zu einer abrupten Kündigung an der Hochschule. Präsident Robert Heger bedauerte, intervenierte und appellierte zum Weitermachen mit einem Teilerfolg. Wismeyer blieb zwar an der Hochschule, jedoch unterbrochen von langen krankheitsbedingten Abwesenheiten. Seiner seit einer Operation 1943 in Oberstdorf überhaupt labilen Gesundheit wurden fortwährend Defizite in Form von Schilddrüsenüberfunktion, Herzschwäche, Magenschleimhautentzündung und letztlich starken endogenen Depressionen attestiert. Der ständige lange Unterrichtsausfall wurde zunächst durch Karl Richter im virtuosen und Dr. Johannes Hafner im liturgischen Orgelspiel überbrückt, und man begann laut darüber nachzudenken, Rudolf Walter aus Stuttgart nach München zu holen, hatte jedoch für ihn keine attraktive Kirchenstelle. Dennoch gingen aus Wismeyers Orgelklasse, die er noch bis 28. Februar 1962 innehatte, eine Reihe namhafter Organisten und Kirchenmusiker hervor, wie Franz Lehrndorfer, Eberhard Kraus, Georg Ratzinger, Rudolf Thomas, Alois Kirchberger, Robert M. Helmschrott, Josef Schmidhuber und Karl Maureen, um nur einige zu nennen.

Eine Schilddrüsenoperation 1959 sorgte dann für Besserung.

Vom Sommersemester 1952 bis zum Wintersemester 1965/66 hielt Wismeyer zudem an der Theologischen Hochschule in Freising Vorlesungen als Lehrbeauftragter für Geschichte der Kirchenmusik.

Bereits 1952, am 4. August, wurde Wismeyer vom Staatsministerium für Unterricht und Kultus zum amtlichen Orgelsachverständigen ernannt, eine Tätigkeit von hier nicht wiederzugebender Tragweite, zumal in der Zeit des Wiederaufbaus nach dem Kriege und zahlreicher Kirchen- und damit Orgelneubauten. Oft entstanden zeitbedingt Orgelwerke, die unseren heutigen überästhetisierenden Geschmack verfehlen und bereits entfernt bzw. ersetzt wurden.

1954 erhielt Wismeyer von Josef Zeilhuber eine pneumatische Hausorgel für seine Wohnung in der Auenstraße mit folgender Disposition:

Pedal:	Sordun 16'	I. Man:	Gedackt 8'	II. Man:	Quintadena 8'
	Subbaß 8'		Spitzflöte 4'		Rohrflöte 4'
	Pommer 4'		Prinzipal 2'		Quint 1 1/3
					Zimbel 1/2

Normalkoppeln

Da sie beim Umzug in die Frauenplatzwohnung nicht mehr Platz gehabt hätte, wurde sie an Franz Lehrndorfer weitergegeben. Inzwischen ist sie im Besitz von Frau Marlene Hinterberger. Für die Frauenplatzwohnung, wo Wismeyer seit 1957 wohnte, erhielt er eine kleine mechanische Übungsorgel der Firma Schuster & Sohn als Leihgabe. Sie war wie folgt disponiert:

I. Man:	Gedackt 8'	II. Man:	Rohrflöte 8'
	Prinzipal 2'		Quintadena 4'
Pedal elektronisch 16', 8', 4'		Koppel II/I	

Ein Lebensereignis für Wismeyer war sicher die Geburt der neuen Domorgel und ihre Weihe am 13. Oktober 1957. Mit 107 Registern war sie die größte Orgel Münchens, disponiert von Wismeyer unter Hinzuziehung von Ludwig Berberich, Karl Höller und Arthur Piechler als Berater. Mit diesem ganz nach seinen Vorstellungen gebauten Instrument, wenngleich mit von ihm bedauerter ungünstiger Aufstellung, war endlich seiner künstlerischen Entfaltung ein breites Fundament gelegt. Er verstand es, dieses weidlich auszunutzen.

Umgehend führte er die breiten Zustrom findenden „Orgelstunden im Liebfrauendom" ein, durchaus ein Wagnis. Die Programme geben Auskunft von seiner streng überlegten Stückauswahl, gerne auf Münchener Komponisten bezogen. Deren ältere waren vertreten durch Paumann, Senfl, Lasso, Kerll, Murschhauser, etc. Die von ihm besonders geförderten Zeitgenossen hießen Haas, Kaminski, Rüdinger, Marx, Höller, Ahrens, Jäggi, Micheelsen, Peeters, Langlais, etc. Uraufführungen brachte er von Geierhaas, Jacobi und Genzmer. Er scheute nicht, Regers Zyklopenstück op. 127 zu spielen und hatte seine tiefste, erschütterndste Glückserfahrung bei Kloses kolossalem Präludium und Doppelfuge mit Bläserschluß. Dem 19. Jahrhundert, dem er differenzierend, doch überwiegend abhold gegenüberstand, huldigte er dennoch mit Rheinberger, Thuille, Lachner, Greith und Beer-Walbrunn. Reger überdies war ja aus Wismeyers Perspektive eher ein Zeitgenosse. Die Improvisation pflegte Wismeyer überwiegend im Gottesdienst. Wie gut er sie beherrschte bezeugt eine auf Schallplatte festgehaltene Improvisation über das alte Münchener Marien-Lied „Oh himmlische Frau Königin". Auch versteht sich, daß Gastorganisten in den Dom geladen wurden, wie Franz Lehrndorfer, Eberhard Kraus, Elmar Schloter, Siegfried Hildenbrand etc. Erstaunlicherweise fanden die Orgelkonzerte im Dom damals nahezu ausnahmslos Echo in der Münchener Presse mit hervorragenden Rezensionen. Wenngleich Wismeyer kein reisender Konzertorganist war und sein wollte, spielte er doch oftmals außerhalb des Domes, etwa diözesanweit, anläßlich von Orgelweihen Einweihungskonzerte. An der Kongreßsaalorgel des Deutschen Museums fungierte er als Hausorganist und spielte bei Orchesteraufführungen unter Leitung von vielen berühmten Dirigenten wie Karl Richter, Ferdinand Leitner, Lovro von Matatic oder Michael Schneider den Orgelpart.

1959 bekam er die Aufgabe übertragen, Vorbereitungen im Rahmen des Eucharistischen Weltkongresses für die Sektion „Musik und Theater" zu treffen. Im Nachhinein dokumentierte er diese umfangreiche Arbeit in der Festschrift „Statio orbis". Für seine bisherigen Verdienste wurde er mit 13. Juli 1961 zum päpstlichen Ehrenprälaten ernannt, nachdem er bereits seit 23. April 1942 als Päpstlicher Geheimkämmerer zählte. Wismeyer, stets erfüllt von priesterlich-missionarischem Eifer um die *musica sacra*, baute das diözesane Kirchenmusikamt auf und wurde ab 1. September 1968 offiziell dessen Leiter. Viele Kirchenmusiker verdankten ihm zum einen die Anerkennung ihres Berufsstandes, zum anderen eine lebenswürdige Besoldung. Dreimal berief Wismeyer Diözesankirchenmusiktage ein, so 1953, 1958 und 1970. In der Vorbereitungskommission zum Einheitsgesangbuch „Gotteslob" war Wismeyer genauso vertreten wie im Bayerischen Tonkünstlerverband oder im Allgemeinen Cäcilienverein als Diözesanpräses von 1931 bis 1972.

Als Wismeyer sich allmählich der Ruhestandsgrenze näherte und 1969 sein Domorganistenamt an seinen ehemaligen Meisterschüler Franz Lehrndorfer abtrat, der ihm 1962 bereits an der Hochschule nachfolgte, begann er, sich seinem poetischen Talent ausführlicher zu widmen und fand Gelegenheit und Anregung dazu in der Voralpenidylle seines Zuhauses in Steinkirchen am Samerberg. Im Laufe der Zeit entstanden schnell eine Menge von Gedichten, großteils in Mundart, und Erzählungen anekdotischen oder biographischen Charakters, bei deren Lektüre oder Vortrag sich viele Leser oder Zuhörer seiner altmünchnerischen, tiefgründigen und herzlichen Heiterkeit erfreuen konnten.

Zu seinen der Vorliebe fürs Theater entsprungenen Freuden gehörte das Krippenbauen. Von den insgesamt sechs kunstvollen Darstellungen sind zwei im Münchener Stadtmuseum verwahrt. An dieser Stelle sei erwähnt, daß Wismeyer auch Gründungsmitglied der Münchener Theatergemeinde war.

Eine weitere Auszeichnung erfuhr er 1973 mit der Verleihung des Bayerischen Verdienstordens. 1978 konnte er noch festlich in der Katholischen Akademie in Bayern seinen 80. Geburtstag feiern, wobei sein Freund und Kurskollege Professor Michael Schmaus die Laudatio hielt. Bis zu dieser Zeit versah er im Dom noch immer Vertretungsdienste.

1984 sah er sich alters- und krankheitsbedingt gezwungen, seinen geliebten Dom zu verlassen und in das Altenheim Vinzentinum in der Öttingenstr. 16 zu ziehen. Dabei begleitete ihn seine treue Seele, die Haushälterin Frau Else Sombeck, welche ihm 36 Jahre hindurch zur Seite stand. Lediglich sein Cembalo konnte er in dem reduzierten Lebensraum eines Zimmers noch plazieren. Nun begann sein Abschiednehmen von dieser Welt und die Erfüllung jener Sehnsucht, die Herr Kammersänger Franz Kelch bei seiner Beerdigung auf die Weise eines Bach-Schemellischen Liedes besungen hat: „Liebster Herr Jesu, wo bleibst du so lange? Komm doch, mir wird hier auf Erden so bange."

Am 23. September 1985 wurde Wismeyer wegen Urämiegefahr ins Klinikum Rechts der Isar eingeliefert und dort operiert. Am 31. Oktober, dem Vorabend des Allerheiligenfestes, verstarb Prälat Professor Heinrich Wismeyer. Eine große Glaubens- und Freundesgemeinde versammelte sich zum von Weihbischof Ernst Tewes zelebrierten Requiem im Dom am 6. November und begleitete den Verstorbenen, vorangeführt von Dompfarrer Johannes Hillreiner, zum Grabe auf dem Ostfriedhof. Gemäß dem Schriftwort „Selig die Toten, die im Herrn sterben, von jetzt an; ja, spricht der Geist, sie sollen ausruhen von ihren Mühen; denn ihre Werke begleiten sie“ (Offb 14,13) sei nachfolgend das Verzeichnis der übriggebliebenen Werke dargestellt, weit weniger als die unsterbliche Erinnerung im Herzen der Nachlebenden und im Lebensbuch Gottes weiterzutragen vermag.

Werkverzeichnis

A. Kompositionen

1. Nicht vorhandene, erwähnte Jugendwerke

– Suite im alten Stil für Vl. u. Klav. (1914).
– Hymne „Heil den Gefallenen“
(Text: Martin Greif, 1914).
– Thema mit Variationen für Streichtrio
(Vl, Va, Vc).
– „Ave Maria“ f. Tenorsolo, gem. Chor,
Str. u. Orgel (1916).
– Kanonische Stücke für zwei Klarinetten.

2. Werke mit Opuszahl

(Die Durchzählung ist nicht streng durchgeführt und verliert sich oft bei der Drucklegung.)

– op. 2 Drei geistliche Lieder für Oberstimmen
Abendgebet, 2. Legende, 3. Christkindleins
Wiegenlied)
Regensburg, Pustet, 1930
W.: Herrn DKM Prof. Ludwig Berberich zu eigen.

– op. 3a „Zum Abschied“
(Worte nach Psalm 120, 8)
Duett f. Sopr. u. Bariton mit Orgelbegleitung
o. J., unveröffentlicht.

– op. 5 „Stabat mater“
(Sequenz von Jacopone da Todi)
für Altsolo, Bratsche, gem. Chor, Streichorchester, vier Bläser, Jugendchor (mit Trompeten)
u. Orgel
München, Hochwind Hafner, 1923
W.: Dem Andenken meiner lieben Mutter.

– op. 6a Nr. 1 Choralkantate über das deutsche
Kirchenlied „Morgenstern der finstern Nacht“
(Advent) f. einstimmigen gem. Chor u. Orgel
Düsseldorf, Schwann, 1935.

– op. 6a Nr. 2 Choralkantate über das deutsche
Kirchenlied „Gelobet seist du, Jesu Christ“
(Weihnachten) f. einstimmigen Chor u. Orgel
Düsseldorf, Schwann, o. J.

– op. 6a Nr. 3 Choralkantate über das deutsche
Kirchenlied „Tu auf, tu auf, o Sünderherz“ (Fastenzeit, Buße) f. einstimmigen gem. Chor u. Orgel
Düsseldorf, Schwann, o. J.

– aus op. 6a Choralkantate über das deutsche
Kirchenlied „Mein Zuflucht alleine“ (Maria)
f. einstimmigen gem. Chor u. Orgel
unveröffentl., 1931
Fassung f. Sopransolo, gem. Chor u. Orgel (1933).

– op. 6b Nr. 1 Choralkantate über das deutsche Kirchenlied „Mein Herz will ich dir schenken" (Weihnachten) f. vierstimmigen gem. Chor a cappella
Düsseldorf, Schwann, o. J.

– op. 6b Nr. 3 Choralkantate über das deutsche Kirchenlied „O Haupt voll Blut und Wunden" (Passion) f. vierstimmigen gem. Chor u. Orgel
Düsseldorf, Schwann, o. J.

– op. 6b Nr. 4 Choralkantate über das deutsche Kirchenlied „Ihr Christen, hoch erfreuet euch" (Ostern, Himmelfahrt) f. vierstimmigen gem. Chor u. Orgel
Düsseldorf, Schwann, o. J.

– aus op. 6 „Ich g'mahn dich, Herr, an deine Pein f. Singstimme u. Orgel (c. f. „O Haupt voll Blut und Wunden")
unveröffentl., 1939.

– op. 7 „Einmal im Jahr"
Ein Singen und Sagen von seligen Tagen
(Dichtung von Josef Steck)
Holzbl., Str.orch., SoloVl., Harfe, Celesta, Glocken, Pauken u. Orgel, drei Solostimmen (Sopran, Mezzosopr., Alt), Frauenchor, Fernchor, Kinderchor
unveröffentl., 1931/32.

– op. 8a Nr. 1 „Du bist wie ein Fels"
(Aus den „Hymnen an die Kirche" von Gertrud von Lefort)
Ein- u. vierstimmig gem. Chor u. Orgel
unveröffentl., 1932.

– op. 8a Nr. 2 „Sei gegrüßt, den ich vernehme"
Hymnus auf das Leidensantlitz Christi (Arnulph von Löwen)
unveröffentl., 1933.

– op. 8 Nr. 3 „Ich glaube, mein Erlöser lebet"
Motette f. vierstimmigen gem. Chor u. vier Blechbläser ad. libitum
unveröffentl., 1932
W.: Meinem lieben Freund Franz Geisenhofer zugeeignet.

– op. 10 Musik zu Ludwig Hugins Schauspiel „Die Ernte"
Holzbl., Blechbl., Schlagwerk, Orgel, Chor, Soli, Sprechchor
unveröffentl., 1933.

– op. 11a Psalm 72
f. vierstimmigen gem. Chor u. Orgel
unveröffentl., 1933.

– op. 13, 1 Aus deutscher Mystik: „O allerseligste Not" (Mechthild von Magdeburg)
f. vierstimmigen gem. Chor a cappella (phrygisch)
als Manuskript veröffentl., o. J.

– op. 13, 2 Aus deutscher Mystik: „Ich hebe mit dem Höchsten an" (Meister Stolle)
f. vierstimmigen gem. Chor u. Orgel
(mixolydisch a la Chaconne)
unveröffentl., 1935.

– op. 13, 3 Aus deutscher Mystik: „O Reis im Strahlendiademe" (Heilige Hildegard)
f. vierstimmigen gem. Chor a cappella (dorisch)
München, Drei Ähren Verlag, o. J.

3. Werke ohne Opuszahl (chronologisch)

– Messe zu Ehren des heiligen Thomas von Aquin
f. vierstimmigen Männerchor u. Orgel
unveröffentl., 1921
W.: Dem Georgianischen Klerikalseminar in München
zur Erinnerung an seinen Musikpräfekten 1920/21.
Meinen lieben Toten zum Andenken.
(dazu ausführliche Werkanalyse).

– Zwei altdeutsche Weihnachtslieder
f. gem. Chor
Ein Kindelein, so löbelich; 2. In einem Kripplein lag ein Kind
unveröffentl., 1921.

– Vier lustige Kanons nach Volksliedern
f. drei gleiche Stimmen
unveröffentl., 1922
W.: Dem strebsamen Chor des kath. Beamtinnenvereins
St. Maximilian zur Aneiferung!

– Der 62. Psalm
f. vierstimmigen gem. Chor
unveröffentl., 1924
(unvollendet).

– „Alte Weisen" in mehrstimmigen Bearbeitungen (a cappella)
Meerstern, ich dich grüße; 2. Es blüh'n drei Rosen auf einem Zweig;
3. Ave Maria zart
unveröffentl., 1925.

– Ecce sacerdos magnus
f. gem. Chor u. Orgel
Regensburg, Pustet, 1930
W.: Dem Münchener Domchor
(Kompositionspreis der Internationalen Gesellschaft für Erneuerung der Kirchenmusik IGK).

– Choralkantate über das deutsche Kirchenlied „Beim letzten Abendmahle“
f. einstimmigen Chor u. Orgel
unveröffentl., 1932.

– Choralkantate über das deutsche Kirchenlied „Schönster Herr Jesu“
f. vierstimmigen gem. Chor u. Orgel
unveröffentl., 1932.

– „Dextera Domini“
f. vierstimmigen gem. Chor a cappella in: Zeitgenössische Kirchenmusik (Weihnachtsfestkreis)
München, A. Bischof G.m.b.H., 1933.

– Jung Deutschlands Schwur (Worte von Josef Steck)
f. einstimmigen Jugendchor mit Streichorch. u. Klavier vierhändig (Orgel ad libitum)
unveröffentl., 1934
W.: Zur Schulentlaßfeier.

– „Kein Bangen soll kommen in euer Herz“ (Dom. IV. p. Pascha) f. Gesang u. Orgel
unveröffentl., 1935.

– „O edler Leib, der Gnade Pfand“
f. Solo-Mezzosopran, gem. Chor u. Orgel
unveröffentl., 1935.

– Klosterneuburger Singmesse
f. Schola, Volksgesang u. Orgel
Preis Kompositionswettbewerb 1936
München, Pfeiffer, 1950.

– Kleine Orgelstücke in: Präludia. 157 Vor-, Zwischen- u. Nachspiele zeitgenössischer Komponisten in allen Dur-, Moll- und Kirchentonarten für Orgel (oder Harmonium)
Leipzig, Schott, 1936.

– „Und ich sah einen neuen Himmel“ (Apoc.)
f. Singstimme u. Orgel (in modo phrygico)
unveröffentl., 1937
(unvollendet).

– „Herr, wie du willst, so rede nun zu mir“
Zum Evangelium (aus Missa poetica v. Ilse von Stach)
f. Singstimme u. Orgel
unveröffentl., 1937.

– Orgelbegleitung zu den Choral-Responsorien in den gebräuchlichen Tonlagen.
München, Pfeiffer, 1937.

– Heiliger Beginn (Ignaz Klug)
f. Singstimme u. Orgel
unveröffentl., 1941
W.: Für Wilhelm Nerl zum Hochzeitstag.

– Dem gefallenen Krieger
(Gedicht von Otto Hengge)
Lied f. drei Oberstimmen u. Orgel ad. lib.
unveröffentl., 1944
W.: Für den Kirchenchor Oberstdorf.

– Choralkantate über das Kirchenlied
(Einheitslied)
„Ich glaub an Gott in aller Not“
f. vierstimmigen gem. Chor, Volksgesang od. Kinderchor u. Orgel
Düsseldorf, Schwann, 1949.

– Intonationen, Präambula u. Nachspiele f. Orgel in: Quack, Erhard-Walter, Rudolf (Hrsg.), Orgelstücke zu den Einheitsliedern
Freiburg i. Br., Christophorus-Verlag Herder, 1954.

4. Werke ohne Opuszahl undatiert

– Lied der Sternsinger: Erde singe
f. eine Singstimme mit Instrumenten
Düsseldorf, Schwann.

– Wachet auf, ruft uns die Stimme;
Macht hoch die Tür
f. einstimmigen Gesang mit Instrumenten
Düsseldorf, Schwann.

– Laßt uns erheben Herz und Stimme:
Lobe den Herren – zum Singen und Spielen
Düsseldorf, Schwann.

– „Mein ‚Seel‘ ist traurig ganz“
(Jesu Abschied von der Mutter)
f. eine Unter- u. eine Oberstimme mit Instrumenten (Orgel) aus Tandaradei
Düsseldorf, Schwann.

– „Ich bin bereit“ (aus „Missa poetica“ v. Ilse von Stach)
f. Singstimme u. Orgel
unveröffentl.

– „Dem Hungernden brich dein Brot“
(Übers. v. Romano Guardini)
Motette f. vierstimmigen gem. Chor u. Orgel
Chorpartitur vervielfältigt.

– „Kommt ein Kindlein auf die Welt“
(Ruth Schaumann)
f. Singstimme u. Klavier
unveröffentl.

– „Zündet ein Licht an“
eine Adventlegende (Josef Steck)
f. Chor u. ?

– diverse Lied- u. Choralbegleitungen für Bläser oder Orgel
München, Pfeiffer und Drei Ähren-Verlag.

– Evangelium zur Fußwaschung (Joh 13, 1–15)
Altötting, Coppenrath.

5. Ausgaben

Giuseppe Antonio Bernabei (1649–1732)
Missa in G f. vierstimmigen gem. Chor a cappella
Altötting, Coppenrath

B. Texte

1. Schriften und Aufsätze

– Gedanken zum Orgelspiel im katholischen Gottesdienst,
in: Rehmann, Th. B. (Hrsg.), Sinfonia sacra. Werkschrift für Kirchenmusik
Düsseldorf, Schwann, 1947.

– Zur Lage der Kirchenmusik in der Gegenwart,
in: Musik und Altar, Freiburg i. Br., Christophorus-Verlag,
Heft 1 u. 2.

– Umbau und Erweiterung der Orgel in der Wallfahrtskirche
Witzighausen bei Ulm,
in: Musik und Altar, Freiburg i. Br.,
1953 Heft 2.

– Wesen und Aufgabe der rechten Kirchenmusik. Der Ruf Papst Pius X. an unsere Zeit
(Referat beim Diözesankirchenmusiktag am 23. Mai 1954 in Passau),
in: Passauer Bistumsblatt, 19. Jg. Nr. 24–26, Passau 1954.

– Die Orgel im Liebfrauendom zu München,
München, Lipp, 1959.

– Kirchenmusik, Konzerte, Theater und Schauspiel,
in: Statio orbis. Eucharistischer Weltkongreß 1960 in München,
Bd. 1, München, Kösel, 1961.

2. Erzählungen und Gedichte

Geschichten um die Orgel, Altötting, Coppenrath, 1972.
Aus dem Papierkorb meines Lebens, München, Uni-Druck, 1976.
Mit allen Registern. Erinnerungen eines Domorganisten, Freiburg i. Br., Herder, 1978.
Neie Fortsezung fon dem Josef Filser seine Brife, o. A. 1971.
Auf boarisch gsagt, München, Uni-Druck, 1972.
Auf guat münchnerisch, München, Uni-Druck, 1973.
A Büachal voi Versal, München, Uni-Druck, 1974.
Auf boarisch meditieren, Freilassing, Pannonia-Verlag, 1977.
Des Münchner Drehorgelmanns Historia vom Promenadenplatz
Herder, 7. November 1978, o. A.
Boarischer Brauch, Freilassing, Pannonia-Verlag, 1979.
Boarische Weihnacht, Freilassing, Pannonia-Verlag, 1980.
Für's boarisch Gmüat, München, Uni-Druck, 1980.
Von allerhand Leut, Freilassing, Pannonia-Verlag, 1981.
Auf boarisch meditieren II, Freilassing, Pannonia-Verlag, 1983.

C. Schallplatten

– Münchner Liebfrauendom. Improvisation über das alte Münchner Marienlied „Oh himmlische Frau Königin“
Dr. Binder Dokumentar-Tonaufnahmen T 74672.

– Mundartdichtungen Heinrich Wismeyer
Hamburg Teldec TST 78503.

Hans Maier

Begegnungen mit Franz Lehrndorfer

Eigentlich bin ich gar kein richtiger Organist. Unser Pfarrherr hatte mich im Krieg auf die Orgelbank gesetzt, weil der Organist der Pfarrei an der Front war: Da sollte ich nun die Lieder der Gemeinde begleiten und bei Ämtern, Vespern und Andachten mitwirken. „Du kannst doch Klavier spielen – lern halt Orgel“, meinte er. Und ich lernte es tatsächlich, angeleitet von guten Geistern, die mir Privatunterricht gaben – Walter Hug, Margarete Ritschl, Bruno Rummel und vor allem Kurt Boßler, der spätere Heidelberger Kirchenmusikdirektor. Das Instrument in der Kirche Maria-Hilf in Freiburg war groß und schön, eine Mönch-Orgel, viermanualig, neubarock disponiert (Ernst Kaller hatte mitgewirkt).

Von 1942 an saß ich sonntags, oft auch werktags, an dieser Orgel, übte mich ein, spielte bei den Gottesdiensten, lernte umgehen mit dem Volk, dem Kirchenchor, den Zelebranten und Sängern am Altar. Ich hatte viel Zeit. Die Schulzeit schrumpfte immer mehr zusammen. Im Sommer 1944, als die alliierten Jagdbomber den Oberrhein beherrschten, wurden die Schulen geschlossen. Ich verbrachte ganze Tage an der Orgel. Am 27. November wurde Freiburg durch einen britischen Luftangriff schwer zerstört. Glücklicherweise blieben meine Kirche und meine Orgel unbeschädigt. Seltsamerweise kam auch immer wieder irgendwoher der Strom für den Orgelmotor – und auch ein paar ältere Sängerinnen fanden sich jeden Morgen ein, um den bei Luftangriffen ums Leben Gekommenen das „Requiem aeternam“ zu singen, das ich mit leisen Registern an der Orgel begleitete. Endlich war der Krieg zu Ende. Joseph Hagenunger, unser Pfarrorganist, kam nach Jahren aus russischer Kriegsgefangenschaft zurück. Er brachte mir liturgisches Orgelspiel und Improvisieren bei – ich begleitete weiterhin bei Festmessen den Maria-Hilf-Kirchenchor, ansonsten wanderte ich jetzt weiter zu anderen Kirchen, anderen Orgeln in Freiburg und Umgebung.

Mit der Zeit wurde ich ein wenig kühner. Ich begleitete Kirchenchöre, trat bei Jugendkonzerten auf, weihte am Tag der Währungsreform eine wiederhergestellte Orgel ein (das Honorar betrug 10 Mark der neuen Währung und hob mich über die normalen „Kopfgeld“-Empfänger (40 DM!) weit hinaus!). Im Juli 1953 nahm ich mit dem Musikkreis katholischer Jugend meine erste Schallplatte für den Christophorus-Verlag auf: Händels Konzert für Orgel und Orchester Nr. 2 in B-Dur aus Opus 4. Der Domorganist ließ mich vertretungsweise auch schon einmal an die große Orgel im Münster Unserer Lieben Frau. Von ihm, dem Professor Dr. Carl Winter, hörte ich auch zum ersten Mal den Namen Franz Lehrndorfer. Das muß 1957 gewesen sein.

Carl Winter, selbst kein übler Improvisator (ich habe sein spätromantisches Spiel noch im Ohr!), schwärmte geradezu von dem jungen Meister aus dem Allgäu – von seinem Literaturspiel, vor allem aber von seiner Improvisationskunst. Das war damals etwas Neues. Natürlich mußten Organisten, zumal katholische, ständig „improvisieren“, denn die beweglichen Teile der Messe waren unterschiedlich lang, die Geistlichen lasen und sangen schnell oder langsam, je nach Temperament – und auch das Volk sang einmal gravitätisch-langsam, einmal rascher und drängender, kurzum, man mußte beweglich sein, auf die Verhältnisse eingehen, manchmal sich beeilen, manchmal Lücken füllen und Pausen überbrücken – nicht selten mit dem berühmt-berüchtigten „Organistenzwirn“. Aber aus der Not konnte man auch eine Tugend machen, aus Verlegenheiten etwas Anspruchsvolles – man konnte seine Phantasie spielen lassen, konnte den Hörer fesseln mit etwas, das aufhorchen ließ, mit handwerklichen Künsten, neuen Einfällen, mit etwas Persönlichem, Originellem. Damals wurden solche Künste im Orgelunterricht leider kaum noch gepflegt (Kurt Boßler war glücklicherweise eine Ausnahme!). Aber in und aus der Praxis ergaben sich viele Anregungen. Vorspiele, Nachspiele, Zwischenspiele – das mußte ja nicht nur Literatur sein, so wichtig und schön die großen Werke waren, von Buxtehude bis Couperin, von Bach bis Reger. Mitte der fünfziger Jahre, als ich in Paris Archiv- und Bibliotheksstudien betrieb, hörte ich in Saint-Sulpice Marcel Dupré improvisieren – und in der Trinité-Kirche Olivier Messiaen. Sie spielten unvergleichlich, im doppelten Sinn des Wortes: Jeder hatte seinen eigenen unverwechselbaren Stil. Und wenn sie beim Offertorium oder bei der Kommunion ein altes Stück von Nicolas de Grigny oder einem anderen klassischen Meister spielten: wie herrlich klangen diese Preziosen vor dem Hintergrund der zeitgenössischen Klangwelt dieser großen Organisten! Demgegenüber waren die Antiquitäten in deutschen Gottesdiensten zur Alltäglichkeit geworden, das Klassische, Bewährte herrschte vor – und wurde deshalb kaum mehr wahrgenommen. Walter Krafts Improvisationen im Freiburger Münster, seltene Ausnahmen ohnehin, befremdeten die an Bekanntes gewohnten Gäste eher – „das ist doch alles sehr kühn und verwirrend“, sagte eine Dame ein wenig ratlos neben mir.

Irgendwann zu Anfang der sechziger Jahre hörte ich – damals schon in München – Franz Lehrndorfers „Improvisationen über Weihnachtslieder“, eine rasch berühmt gewordene CALIG-Schallplatte. Das war eine kühne, neue, subtile, manchmal fast freche Kunst. Lehrndorfer nahm die bekannten Melodien, umrahmte und umspielte sie mit pointierten und witzigen Einfällen, ließ den Cantus im raschen Laufwerk verschwinden und wieder auftauchen, ließ ihn schwelgerisch aufblühen oder motorisch im Baß daherstampfen. Er ließ die Zungen singen und tremulieren, kostete den Gefühlswert der alten Lieder aus, Erinnerungen an vergangene Pastoralmusik beschwörend und Pop-Effekte nicht scheuend – er machte aus Schlußfugen, ungeachtet beträchtlicher Virtuosität, eine einladende „fröhliche Wissenschaft“. Der Hörer fühlte sich verführt und mitgerissen. Es war unmöglich, von Lehrndorfers Witz und Klangsinn nicht begeistert zu sein. Die Adepten eines gravitätischen Legato-Stils freilich hielten sich die Bärte: Durfte man mit der Königin der Instrumente so umgehen, sie so ungestüm ins Tanzen, Schwirren, Stampfen bringen, als sei sie ein Saloninstrument, ein trillernder Pfeifenchor, eine wuchtig dröhnende Lokomotive?

Nun, Lehrndorfers musikalische *attaca* hat sich durchgesetzt – das Improvisieren ist wieder zu Ehren gekommen, es ist zu einem Qualitätsausweis heutiger Organisten geworden, ganz wie in alten Zeiten. Längst ist es auch wieder ein wichtiger Bestandteil des Orgelunterrichts. Hier war der Münchener Orgelprofessor und langjährige Domorganist ein Pionier und Vorbild – Esprit und Leichtigkeit verbreitend im sonst eher schwerflüssigen deutschen Orgelfach. Daß eine schöne Lehrndorfer-CD „Die heitere Orgel“ heißt, paßt ins Bild und ist weit mehr als eine persönliche Liebhaberei. Denn seine Orgel ist heiter.

Ich hatte in München beim Ausbau des Geschwister-Scholl-Instituts unter lauter Wissenschaft die Musik und die Orgel ein wenig aus dem Auge verloren. Immerhin, die restaurierte Wirth-Orgel im schwäbischen Allerheiligen bei Jettingen durfte ich im Juni 1974 einweihen – und auch in München ergaben sich wieder engere Orgel-Beziehungen, diesmal zu unserer Harlachinger Pfarrei Maria Immaculata. Aber öffentlich gespielt habe ich doch in meinen ersten Münchener Jahren nur selten. Freunde meinten schon, ich hätte das Orgelspiel ganz aufgegeben. Vielleicht wäre es wirklich so gekommen. Daß es nicht eintrat, daran ist Franz Lehrndorfer schuld.

Im Sommer 1974 machte unsere Familie Urlaub in der Nähe der Wies. Eines Abends spielte ich nach der Komplet in der Kirche ein paar Stücke – wenn ich mich recht erinnere Clerambault und Mozart. Ich wußte nicht, daß Franz Lehrndorfer, der in der Nähe einen musikalischen Ferienkurs abhielt, unter den Hörern war.

Mein Erstaunen und meine Freude war groß, als er mich nach dem Spiel in der Kirche begrüßte. Wir verstanden uns rasch. Ich kannte den Meister ja seit vielen Jahren – freilich nur aus Messen und Konzerten im Dom und aus Schallplatten, nicht persönlich. Ich erzählte von meiner Freiburger Organisten-Vergangenheit. Er meinte, ich solle doch wieder einmal in der Öffentlichkeit spielen. Um den Anfang zu machen, lud er mich zu einem Domkonzert in München im kommenden Jahr ein. Ich bekam richtig Herzklopfen.

Das Konzert fand dann auch am 28. August 1975 in München statt – mit Werken von Clerambault, Sweelinck, Bach, Guilmant und Reger. Lehrndorfer erklärte mir die Dom-Orgel und beriet mich bei der Registrierung. Ich war stolz, daß er mein Pedalspiel und meine Artikulation passabel fand. Das Konzert wurde von der Presse – die doch sonst Prominenten gern am Zeug flickt, und ich war damals Kultusminister! – freundlich aufgenommen. Die Süddeutsche Zeitung schrieb: „Sollte ein Lokalpatriot ausnahmsweise auf kulturellem Gebiet argumentieren – dem Mann kann geholfen werden. Denn wo hat ein respektheischender Organist das Zeug zum Minister?“ (SZ vom 30.8.1975).

In den folgenden Jahren habe ich, ermuntert durch den Münchener Auftakt, viele Konzerte gegeben – von Freiburg bis Speyer, von Erfurt bis Wuppertal, einmal sogar in Jerusalem und in Istanbul. Als ich 1986 aus dem Ministeramt ausschied, traf ich bei der Vorstellung einer Schallplatte mit Pastoralmusik bayerischer und böhmischer Meister, aufgenommen in St. Michael in München, wiederum mit Franz Lehrndorfer zusammen: Er stellte mir die Truhenorgel des Doms zur Verfügung, damit ich einige der Stücke, die Robert Münster mit gewohntem Finderglück ans Tageslicht gefördert hatte, den Hörerinnen und Hörern in der Herder-Buchhandlung vorspielen konnte. Inzwischen bin ich schon wieder zehn Jahre an der Universität. Ich spiele noch immer Orgel (auch Cembalo und Klavier), habe aber Ende der neunziger Jahre das Tempo gedrosselt. Schließlich gehe ich auf die Siebzig zu, die Franz Lehrndorfer schon erreicht hat. Und ich bin zwar ein ordentlicher Laienorganist und Liebhaber der Musik, aber ganz gewiß kein Profi, kein „Gewappelter“, der es mit den Großen des Fachs aufnehmen könnte und wollte.

So freuen sich meine Frau und ich, wenn wir nach einem Konzert Franz Lehrndorfers im Dom den Meister und seine liebe Frau begrüßen können. Wir wünschen beiden noch viele Jahre ungetrübten Zusammenlebens und stetiger Freude an der Musik. Leider ist die neue, 1994 in Betrieb genommene Domorgel infolge unverzeihlicher Fehler des Bauamts noch „halliger“ als die alte: Da man die Akustik gemessen hat, als der Boden mit Pappe abgedeckt war, hat man den Nachhall gegenüber früher vermehrt, nicht vermindert; er ist auf nicht weniger als elf Sekunden gewachsen! So muß Franz Lehrndorfer heute im Dom auf Musik mit raschem Laufwerk (ältere Niederländer, ältere Deutsche) fast ganz verzichten – und auch in seinen Improvisationen muß er mehr ins Breite und Getragene gehen, als ihm lieb ist. Ein wenig entschädigen ihn die verführerisch-schönen Zungen, Flöten und Mixturen von Georg Jann, in denen man buchstäblich versinken kann. Sie mögen ihren Klang entfalten und ihm aufspielen zum Siebzigsten – hoch droben am Spieltisch in der großen Hallenkirche am Frauenplatz.

Robert Münster

Franz Liszt, wie ihn Heinrich Zöllner erlebte

Zum weitgespannten Repertoire Franz Lehrndorfers zählen auch die großen, bedeutenden Orgelwerke von Franz Liszt. So mögen sich in diesen, ihm gewidmeten Band sinnvoll die Erinnerungen an diese große Künstlerpersönlichkeit des 19. Jahrhunderts einfügen, die der heute weitgehend vergessene Komponist Heinrich Zöllner hinterlassen hat. Einen kleineren Auszug daraus hat Zöllner bereits selbst an versteckter Stelle veröffentlicht.[1] Der Text wird hier erstmals vollständig nach seinen in der Handschriftenabteilung der Bayerischen Staatsbibliothek verwahrten maschinenschriftlichen „Erinnerungen" wiedergegeben.[2]

Zöllner wurde am 4. Juli 1854 in Leipzig geboren. Nach dem Musikstudium am Leipziger Konservatorium war er zunächst seit 1878 Musikdirektor in Dorpat. 1885 übernahm er die Leitung des Kölner Männergesangsvereins. Nachdem er ab 1890 für einige Jahre als Chordirigent in den Vereinigten Staaten gewirkt hatte, wurde er 1898 der Vorgänger von Max Reger als Universitätsmusikdirektor in Leipzig. Von 1907 bis 1914 war er Erster Kapellmeister an der flämischen Oper in Antwerpen. Seit 1914 im Ruhestand lebend, starb er am 8. Mai 1941 in Freiburg im Breisgau. Das Hauptgewicht seines Schaffens lag auf dem Gebiet der Bühnenkomposition, des Oratoriums und der Chormusik. In seinen Erinnerungen an Liszt zeichnet Zöllner aufgrund persönlicher Eindrücke ein lebendiges Charakterbild dieser singulären Erscheinung im Musikleben der 70er und 80er Jahre des 19. Jahrhunderts.

Franz Liszt hatte ich schon Ende der siebziger Jahre kennengelernt. Mein alter Freund Bertrand Roth[3]*, der jetzt in Dresden lebende Professor des Klavierspiels, war*

[1] Heinrich Zöllner: Erinnerungen aus meiner New Yorker Zeit, in: The Illustrated Weekly. Deutsch – Amerika, vol. IX, 1923, Nr.1. – Wiederabgedruckt in: Pauliner-Zeitung, hrsg. vom Verband der Alt-Pauliner, Leipzig, Jg. 49, H.9, Sept.1937.

[2] Bayerische Staatsbibliothek, Handschriftenabteilung, Ana 423.

[3] Bertrand Roth (1854–1938), Lisztschüler, Klaviervirtuose, u.a. Konservatoriumslehrer in Frankfurt und Dresden.

von ihm als Klavierschüler angenommen worden, war ihm wiederholt nach Rom gefolgt und verlebte auch den Sommer in Weimar, um dort seine Studien zu vollenden. Durch Roth wurde ich bei Liszt eingeführt. Es gibt ein Buch von der Amerikanerin Amy Fay, welches sehr plastisch das Leben der damaligen Lisztianer in Weimar schildert.[4] *Auch das Buch „der Kraft-Mayr" von Wolzogen*[5] *führt uns in lebendigster Weise in diese Kreise ein, in dies halb-genialische, halb Künstlertreiben, welches allerdings den ehrsamen Weimaraner Bürgern ein Greuel gewesen sein mag.*

Ich glaube nicht, daß es vorher auf Erden etwas ähnliches gegeben haben mag, noch wieder geben wird. Ich habe damals nur einige Tage in Weimar zugebracht, habe aber vollständig begriffen, daß auf einen jungen Geist dies Wirrsal von hohem Kunststreben, glühendem Enthusiasmus, immer erneuten idealen Anregungen, neidischen Anfeindungen, persönlichstem Strebertum, beim Meister einen Nebenbuhler auszustechen, verrückten Ansichten über alles, was nicht ganz im Fahrwasser der neudeutschen Richtung schiffte, seltsamster Auffassungen des Verhältnisses von College zu Collegin – kurz, daß dies bunte Gemengel von Gut und Böse, dies Zusammenfluten von jungen Leuten der verschiedensten Nationalitäten, die sich alle mehr oder minder für Genies hielten, eine eigentümliche Anziehungskraft auf ein jugendliches Gemüt ausüben mußte. So eine Art Bayreuth in perpetuum.

Und doch – nach einer einzigen Stunde (so wurde wohl ein Übungsnachmittag bei Liszt genannt) war mir klar: Mir persönlich wäre es nicht möglich gewesen, eine längere Zeitspanne hier auszuhalten. Es herrschte gegenüber Liszt eine Art Servilismus, der mir auf die Nerven ging. Wenn ich je begriffen habe was Byzantinismus heißt, so war es hier. Ich muß vorausschicken, daß mir durch die Leipziger Schule jeder besondere Respekt vor Liszt als <u>*Componist*</u> *in einem Maße geraubt worden war, daß mir dieses Herumkriechen vor seiner Person unverständlich wurde. Wohl verstanden: Das taten nicht alle, aber eine große Mehrzahl, vor allem der Troß tat es. Und der war ziemlich zahlreich. Denn Liszt schien durchaus nicht wählerisch in seinen Schülern, namentlich seinen Schülerinnen zu sein. Was tat es ihm auch, ob da ein Geschöpfchen mehr oder weniger seinetwegen in Weimar wohnte? Ob sie in einem kleinen Eckchen seines geräumigen Salons in der Hofgärtnerei Wochen um Wochen geduldig wartete, bis endlich ein gnädiger Wink seines kleinen Fingers das künstlerische Grünhörnchen auf ein paar Augenblicke an den Flügel zitierte, bis er*

[4] Fay, Amy: Music Study in Germany, Chicago 1881, Reprint 1965. Amy Fay war kurze Zeit Schülerin von Liszt.

[5] Wolzogen, Ernst von: Der Kraft-Mayr, Stuttgart 1897. 1906 wurde der Roman auch als Schauspiel gestaltet.

nach zehn Takten sie bei der Hand nahm und in ihr Eckchen zurückschob mit der halblaut gemurmelten Bemerkung: „Üben Sie das weiter, mein Kind!" Nur daß sich später ein solches Fräulein „Schülerin von Liszt" nannte, das war fatal.

Doch der Gott lächelte über Gerechte und Ungerechte. Ich kann nicht sagen, daß ich den Eindruck gehabt hätte, als verlangte *Liszt diese Beweihräucherung seiner Person. Nur ließ er sich es offenbar ganz gern gefallen, obgleich er es scheinbar kaum zu bemerken schien. Einen wenig sympathischen Eindruck machte bei den Tonkünstlerversammlungen dieses Gefolge, unter dem sich stets eine Anzahl nicht mehr ganz junge, oft seltsam angefatzter, halbverrückter Weiber befand. Wenn die junge Welt verrückt wird, befindet sich der Deutsche am seligsten dabei. – Dies Heinesche Wort konnte einem bei Betrachtung dieses verzückten, teilweise etwas angejahrten Bachantenzuges in den Sinn kommen, wenngleich auch hier der Deutsche durch Angehörige anderer Nationen starke Unterstützung erfuhr.*

Um Liszt zu kennen und lieben zu lernen, mußte man mit ihm allein oder in kleiner, gewählter Gesellschaft zusammen sein. Er war dann wirklich liebenswürdig, und man konnte sich in einfacher Weise mit ihm unterhalten. Man fragte sich dann wohl: Warum eigentlich die Schauspielerei, „die Aufmachung" bei anderen Gelegenheiten?

Die richtige Antwort liegt wohl darin: Liszt war nun mal ein weltberühmter Pianist der langen internationalen Friedenszeit 1820–1860, der, obgleich geborener Ungar, durch seinen langjährigen Aufenthalt in Paris ein gut Teil vom französischen Wesen in sich aufgenommen hatte. Ein Mann, der, wenn auch innerlich echter Künstler, von Anfang an den Sinn des alten Wortes gründlich erfaßt hatte: mundus vult decipi! Und der sich auch nicht genierte, dies Sprichwort in allen Schattierungen ins Praktische zu übertragen. Eine Anecdote charakterisiert ihn: Liszt und Paganini geben eine Reihe von Concerten in den Hauptstädten Europas. Am Schluß der Tournee große Abrechnung. Da ist auch ein gewaltiger Posten für Blumen und Lorbeerkränze. Der geizige Paganini fährt auf: Was soll das? Die habe ich nicht bestellt. Liszt lächelt sardonisch: Glaubst Du etwa, daß Deine Verehrer es waren, die dieses Ruhmgemüse Dir gestiftet? Nein, die habe ich *bestellt. Und Du kannst mir glauben, sie haben sich redlich bezahlt gemacht. Paganini und Liszt an einem Concertabend ohne Berge von Blumen? In vier Wochen hätten die Leute den Glauben an uns verloren.*[6]

[6] Auch in der zweiten Hälfte des 19. Jahrhunderts war es vielfach noch üblich, daß die Interpreten die Blumen selbst für sich bestellten. Vgl. dazu u.a. Luise Adolpha LeBeau: Lebenserinnerungen einer Komponistin, Baden-Baden 1910, S. 32 f.

So ungefähr hatte Liszt gesprochen. Er wußte: Auch das Concert ist Theater. Wenigstens für neun Zehntel des Publikums. Und das letzte Zehntel drückt die Augen über das blumige Anhängel zu, wenn nur recht schön concertiert worden ist.

Freilich in der Zeit, in welcher ich Liszt kennenlernte, da war bei ihm der Sinn für solchen Schmuck des Virtuosentums sicher nicht mehr vorhanden. Da war sein Ziel ein ganz anderes, viel höheres geworden. Es war gewiß nicht nur sein Streben, als Componist ersten Ranges anerkannt zu werden, sondern er fühlte sich als Haupt einer Sekte, „der Lisztianer" schlechthin, sowohl in pianistischer wie compositorischer Beziehung, und als Spitze einer neuen Kunstpartei, als Vorsitzender des Allgemeinen Deutschen Musikvereins. Zum letzteren Amte war er wohl besonders berufen, als es ihm gegeben war, sich mit Leichtigkeit in den Gedankengang anderer Seelen zu versetzen. Und keinen Hehl daraus zu machen, wenn er Goldkörner zu sehen vermeinte. Das stempelte ihn zu einer solchen Ausnahmeerscheinung in der Musik, daß er bei einer derartigen Entdeckung keinen Neid zu empfinden schien. Daß er einem anderen groß in die Augen sah: Ich habe Dich verstanden. Und ich habe Freude an Dir und Deinen Gedanken gehabt.

Ja, er war schon der Hans Sachs, der den Tönen eines Walter Stolzing gern lauschte, der ihm auch öffentliche Anerkennung gönnte, während andere Meister ihr Beckmessergefühl nur schlecht zu verhehlen wußten. Und das war schließlich zu einer Zeit, wo seine eigenen Schöpfungen durchaus noch nicht den Weg in die Mehrzahl der Concertsäle gefunden hatten. Wo er mit einer fast frechen Hartnäckigkeit von damaligen maßgeblichen Kritikern, wie dem Leipziger Bernsdorf[7], dem Wiener Hanslick[8] – nicht etwa nur verfolgt, (das wäre noch zu ertragen gewesen) nein! mit einer Miene lächelnden Hohnes als vollständig impotenter, nicht ernstzunehmender Componist abgetan wurde. Ob ihn das nicht erbittert und verbittert hat?

Sicherlich! Allein er wußte diese Gefühle gut zu verbergen, und nur dann und wann bekundete eine sarkastische Bemerkung, daß ihm diese systematischen Verfolgungen, diese hämischen Bemerkungen über alles, was er schuf, nicht ganz gleichgültig waren. Denn als guter Menschenkenner wußte er, daß die größte Dummheit und Unwahrheit, wenn sie nur fortgesetzt mit frecher Stirne wiederholt

7 Eduard Bernsdorf (1825–1901), langjähriger Kritiker der Zeitschrift „Signale für die musikalische Welt", Herausgeber des Universallexikons der Tonkunst 1856/65. Er ließ Liszt nur als Klaviervirtuosen gelten.

8 Eduard Hanslick (1825–1904), geistvoller Kritiker, entschiedener Gegner von Wagner und der neudeutschen Richtung.

wird, bei der Menge Glauben findet, mindestens den Glauben an jemand stark und auf lange Zeit erschüttern kann. Doch hielt er sich wohl für zu vornehm, als daß ihm dergleichen Gegner wert eines Kampfes erschienen. Und die Zukunft hat ihm in diesem Punkte recht gegeben, wenngleich diese Leute den Aufführungen seiner Werke lange Jahre erfolgreichen Widerstand geleistet und seinem Namen als musikalischem Erfinder großen Schaden getan haben. Genau wie jetzt die Hammelherde gewisser modernster Schaumpfeifer oder Tonphilister mit fröhlichstem Blöken folgt, so schmatzte dieselbe blöde Menge damals die Phrasen nach, welche von diesen verbohrten oder übelwollenden Kritikern, besonders über Alles, was mit Liszt und Wagner zusammenhing, mit mehr hämischer Schadenfreude als Wahrheitsliebe verbreitet wurden.

Auch Liszt hat als Componist ziemlich lange „Die Fahne der Erfolglosigkeit geschwungen“, wie Felix Draeseke so schön von sich behauptete. Und doch hat er unzähligen anderen die Wege zum Erfolg geebnet. Hat ihnen Mut und Zuversicht ins Herz gesprochen, wenn sie an sich und ihrem Talente schier verzweifeln wollten. Und deswegen hat er auch viel Dankbarkeit geerntet, deswegen ist und bleibt sein Name als der eines Maecenas vielleicht noch größer als der eines ruhmreichen Pianisten und geistreichen Componisten[9]*. Man braucht durchaus nicht Richard Wagner als berühmtestes Beispiel dafür heranzuziehen, wie und in welchem Grade Liszt aufopfernd sein konnte. Er hat es in hundert anderen Fällen ebenso bewiesen, daß ihm der Goethesche Spruch: „Edel sei der Mensch, hilfreich und gut“ naturgemäße Richtschnur seines Lebens und Handelns war. „Gut“ natürlich nicht im Sinne gewisser Moralisten – sicherlich war ihm auch ein mephistophelischer Zug nicht fremd (– wie er dies künstlerisch glänzend in seiner Faustsymphonie bewies –), aber Seelengröße und Güte im weiteren Sinne war ein Charakterzug in ihm, den selbst seine zahlreichen künstlerischen Widersacher nicht ganz abzuleugnen wagten.*

Im Januar 1884 hatte mir Prof. Carl Riedel[10] *in Leipzig eine besondere Empfehlung an Liszt mitgegeben. Es war darin das Ersuchen angesprochen, daß Liszt den Anfangsact meines „Faust“ anhören möge. Ich hatte damals etwas mehr als die Hälfte dieses Werkes vollendet und nahm mir vor, billigt der Meister dein Werk, so*

[9] So unvergessen die Rolle Liszts als Förderer junger Talente ist, seine zum Teil in die Zukunft weisende Musik besitzt innerhalb des Schaffens der großen Komponisten des 19. Jahrhunderts heute volle Geltung.

[10] Karl Riedel (1817–1888), Gründer und Leiter des berühmten Riedelschen Chorvereins, der durch seine Altes und Neues berücksichtigenden Programme fördernd gewirkt hat. Riedel war langjähriger Vorsitzender des Allgemeinen Deutschen Musikvereins.

vollende ich's. Lehnt er's ab – hält er meine Kraft für nicht groß genug, so bleibe es als Torso in meinem Pulte.

Liszt hatte zu diesem für mich so bedeutenden Akte vier Schüler eingeladen: Siloti[11]*, Ansorge*[12]*, Friedheim*[13] *und Göllerich*[14]*, den Brucknerschüler und Biographen. Außerdem kam, etwas später, Arma Senkri [!]*[15]*hinzu, die schöne jugendliche amerikanische Violinvirtuosin (– endigte einige Jahre später durch Selbstmord –). Also eine sehr erlesene Gesellschaft. Als ich zu Anfang erklärte, das Vorspiel im Himmel möchte ich lieber nicht vortragen, da ich stark erkältet sei und mit meiner heiseren Stimme unmöglich die Gesänge der Engel auch nur andeuten könnte, zog Liszt ein sehr sarcastisches Gesicht und äußerte sich zu den um ihn und die Partitur grüppierten Jüngern in seiner halblaut vor sich hingemurmelten Sprechweise ungefähr: Ja, der Himmel wäre überhaupt ein gefährliches Gebiet – da solle man froh sein, wenn man, anstatt mit ihm anzufangen, mit ihm endigen dürfte. Da die Jünger beflissen bei der humoristischen Bemerkung lächelten, was mir – ich weiß nicht warum – einen kleinen Stich gab, warf ich die Partitur herum zum ersten Akte und dachte gereizt: Na ihr sollt mir schon nicht mehr lachen.*

Ich spielte das Orchestervorspiel, so gut ich konnte – da brummte es von drüben: „Sie tragen gut vor." Das Wort zündete bei mir, und obgleich ich meiner Stimme absolut nicht Herr war, gab ich doch wohl ein ungefähres Bild des großen Monologs. Oft war ein beifälliges Brummen oder ein kurzes beistimmendes Wort in meinen Vortrag hineingeklungen. Als ich mit dem Chor der Engel geendet hatte, stand Liszt auf, kam mir ans Klavier entgegen, sah mir voll ins Gesicht und sagte halblaut, fast wie für sich gesprochen und doch mit einer gewissen feierlichen Eindringlichkeit: „Sie fliegen hoch, wie ein Adler!"

So war ich also geadelt. Der Junker hatte den Ritterstreich empfangen. Daß es Liszt durchaus ernst mit seinem Urteile gewesen war, erhellte sich mir daraus, daß Riedel mir bald darauf mitteilte, daß der I. Akt von meinem Faust auf das Programm des nächstjährigen Frankfurterfestes[16] *auf Liszts eigenen Vorschlag hin gesetzt werden würde. Für mich aber bedeutete das Wort des Meisters noch ein anderes! Faust wurde nun vollendet. Was kam mir darauf an, was andere Leute sagten? Der erste lebende Musiker hatte mein Werk gutgeheißen, hatte mich zur*

[11] Alexander Siloti (1863–1945), einer der bedeutendsten Pianisten der Lisztschen Schule.

[12] Konrad Ansorge (1862–1930), Klaviervirtuose und Komponist.

[13] Arthur Friedheim (1859–1932), amerikanischer Klaviervirtuose, lebte von 1908 bis 1913 in München.

[14] August Göllerich (1859–1923), Schüler von Bruckner und Liszt, Pädagoge und Dirigent.

[15] Arma Leorette Senkrah, eigentlich Harknes (1864–1900).

[16] Musikfest des Allgemeinen Deutschen Musikvereins in Frankfurt am Main 1885.

Fortsetzung, zur Vollendung ermutigt. Für ihn war es kein Herostratismus, daß ich Goethes Werk vertonte, als Basis eines Musikdramas benützte.[17] *Im Weimarer Park war das Urteil gefallen – doch drüber lugte das Goethehäuschen aus dem dunklen Grün hervor – es war mir, als hätte der Olympier selbst zugehört und hätte zustimmend genickt, so wie einst die Götter auf dem Parthenon den Aufführungen einer Tragödie des Aeschylos oder Sophokles in Athen gelauscht hatten.*

Da Liszt seit Jahren nicht mehr öffentlich spielte und es auch in den von ihm gegebenen Unterrichtscursen zu den größten Seltenheiten gehörte, so war ich höchst erfreut, als er mir, ohne daß ich ihn darum gebeten hatte, so quasi aus dem Gespräch heraus, das G-Dur Nocturne von Chopin vorspielte. Träumerisch, zart, wie eine Erinnerung aus alter Zeit. Später einmal wollte es der Zufall, daß ich mit Liszt fünfhändig gespielt habe. Ihm war vor kurzem ein seltsames Kunststück, ein gemeinschaftliches Variationenwerk einer Anzahl russischer Componisten über ein ziemlich monotones, ganz einfaches und kurzes Thema zugesandt worden[18]*. Dieses Thema lag ganz oben in der viergestrichenen Oktave. Liszt gab es an, während ich primo und – ich glaube – Siloti secundo übernahm. Da Liszt damals bereits recht wohlbeleibt und der Nachmittag schwül war, so kann man sich denken, daß bei der unvermeidlichen Gedrängtheit des fünfhändigen Spiels ich nach der letzten der ziemlich zahlreichen Variationen erleichtert aufatmete.*

Das war mein letztes Zusammentreffen mit Liszt. Im Sommer 1886 starb er in Bayreuth. In der Stadt, die ohne seine tätige Mithilfe, die ohne seine Aufopferungsfähigkeit für einen Künstler, auf dessen Bedeutung er in intensivster Weise hinwies, ihm in bitterster Not half, [der] niemals den jetzt so leuchtenden Namen errungen hätte – in dieser Stadt wurde auch der geistige Zwillingsbruder Richard Wagners begraben. Nicht bloß ein Gefühl der Ehrfurcht erfüllt mein Herz, wenn ich den Namen Franz Liszt höre.[19]

Heinrich Zöllners Musikdrama „Faust" in einem Vorspiel (Prolog im Himmel) und vier Aufzügen nach Goethes „Faust", I. Teil, wurde am 19. Oktober 1887 im

[17] Anders die ablehnende Reaktion von Johannes Brahms. Vgl. dazu R. Münster: Heinrich Zöllners Erinnerungen an Johannes Brahms, in: Musik in Bayern, Heft 55, Tutzing 1998, S. 101–115.

[18] Es handelt sich um die Variationen über ein russisches Thema von Blumenfeld, Glasunow, Ljadow, Rimsky-Korsakow, Sokolow, Whitol und Winkler, Leipzig 1900.

[19] Der Teilwiedergabe in der Pauliner-Zeitung (s.Anm. l) fügte Zöllner bezüglich seines „Faust" folgenden Zusatz an: „Der Meister hatte mein Werk gutgeheißen, und Männer wie die Generalmusikdirektoren Hermann Levi, Franz Fischer, Joseph Sucher, Carl Muck wie der jugendliche Richard Strauss, hatten dadurch, daß sie mein Werk dirigierten, lebhafte Propaganda für dieses gemacht. So bestand für mich wohlbegründete Aussicht, daß es auch in New York zu Gehör gebracht werden würde, als plötzlich die Aera [des Intendanten Edward C.] Stanton [1891] mit der deutschen Oper für beendet erklärt wurde."

Münchner Hof- und National-Theater erfolgreich uraufgeführt. Die Vermittlung hatte der Komponist dem 23jährigen dritten Kapellmeister Richard Strauss zu danken. Hermann Levi dirigierte die Premiere, um dann spätere Aufführungen Strauss zu überlassen. Zöllner hatte Goethes „Faust“ bereits 1868 in einer Lesung des Schillerbiographen Emil Palleske kennengelernt und war davon tief ergriffen. Schon sein Vater, der Komponist Karl Friedrich Zöllner (1800–1860), hatte den Plan gefaßt, den Faust als Musikdrama zu vertonen.[20]

[20] Eine ausführliche Darstellung der Umstände um die Münchener Uraufführung ist abgeschlossen und wird 1998 erscheinen.

Hans Musch

Bachs Passacaglia c-moll BWV 582 und ihr Umfeld

Die hohe Wertschätzung der Passacaglia c-moll im Kreis der Bach-Söhne und Bach-Schüler spiegelt sich in der Verbreitung durch eine beträchtliche Zahl von Abschriften. Johann Nikolaus Forkel, der persönlich mit dem ältesten Bach-Sohn Wilhelm Friedemann und brieflich mit Carl Philipp Emanuel in Verbindung stand, erwähnt das Werk in seinem 1802 in Leipzig erschienenen Buch *Über Johann Sebastian Bachs Leben, Kunst und Kunstwerke* nach Aufzählung einer Reihe von Orgelwerken samt Incipit-Angabe mit den Worten: *Zu diesen setze ich noch eine sehr kunstreich gearbeitete Passacaglia.* Hermann Keller steigert sich 1948 zu dem in eine Frage gehüllten Urteil: *Gibt es denn überhaupt größere Orgelkunst als die Passacaglia Bachs?*[1]

Die eigentliche breite Wirkungsgeschichte des Werks beginnt mit dem 1844 veröffentlichten Band I der Peters-Ausgabe. Den Trio-Sonaten für Orgel sind darin die Passacaglia und die Pastorella beigefügt. Der Herausgeber, der braunschweigische Musikgelehrte Friedrich Conrad Griepenkerl (1782–1849), verstand sich als Hüter einer Tradition und wollte die im ersten Band seiner Ausgabe der Orgelwerke Bachs vereinigten Kompositionen v.a. Ausbildungszwecken dienen lassen. Seine Vorrede begann er mit den Worten: *Mit Begeisterung nimmt unser Zeitalter alles Große und Bedeutsame auf, welchen Kreisen es auch angehöre, und läßt sich, bei all seinem Stolze auf die Gegenwart, doch gern selbst in die Tiefe der Vergangenheit hinabführen, um alles dort gefundene Edle zur Belehrung und Genuß an das Licht der Gegenwart heraufzufördern.* In der Zuordnung der im Band I enthaltenen Werke an ein besaitetes Tasteninstrument unterlief Griepenkerl ein Irrtum. Er stützte sich auf eine Äußerung Forkels: *Sechs Sonaten oder Trio für zwey Claviere mit dem obligaten Pedal. Bach hat sie für seinen ältesten Sohn, Wilh. Friedemann, aufgesetzt, welcher sich damit zu dem großen Orgelspieler vorbereiten mußte, der er nachher geworden ist.* Pedalcembalo bzw. Pedalclavichord waren

[1] Hermann Keller, Die Orgelwerke Bachs, Leipzig 1948, S. 95.

die wesentlichen häuslichen Übeinstrumente der Organisten, bevor der Kalkant zum Üben auf der Kirchenorgel durch den elektrisch betriebenen Winderzeuger ersetzt werden konnte.

Die Gattung Passacaglia ist ein Kind des 17. Jh. Die grundlegenden Techniken der Satzgestaltung mit ostinatem Baß wurden um 1600 entwickelt. Nachdem die Kirchentonarten ihren konstruktiven Einfluß auf die Komposition verloren hatten, mußten neue Ordnungselemente gefunden werden. Dazu zählen auch Satzmodelle wie Passamezzo, Folia, Ruggiero, Romanesca, Baßmodelle mit zugehöriger Harmonie, mitunter auch zugehöriger Melodie, die von Wiederholung zu Wiederholung variiert werden konnten. Einfluß auf die Entwicklung nahm auch die Improvisation von Musik zu Strophen von Vers-Epen wie Ariostos *Orlando furioso.* Solche Techniken fanden im Laufe des 17. Jh. Eingang in die Orgelmusik. Dazu Johann Mattheson 1739 in *Der Vollkommene Capellmeister: Die Ciacone werden auch oft mit in die Toccaten geflochten, und waren vor Alters von großem Ansehen, welches sich allmählich zu verlieren beginnet, weil die gar zu öfftere Wiederholung des Unterwurffs, aller Variation ungeachtet, dennoch verdrießlich fällt und einen Eckel verursacht, absonderlich bey heutigen Ohren.*[2] Dies bestätigen Orgel-Praeludien von Dieterich Buxtehude (ca. 1637–1707), wo wir Ciacconen-Abschnitte eingeflochten finden in BuxWV 137 C-dur T. 75–99, BuxWV 140 d-moll T. 112–116, BuxWV 145 F-dur T. 23–33, BuxWV 147 fis-moll T. 99–104 und 114–118, BuxWV 148 g-moll T. 113–140, BuxWV 149 g-moll T. 7–20 und 142–151. Ciacconen-Abschnitte mit ostinatem Bass bewahren Episoden im Stylus phantasticus vor der Gefahr des Zerfließens und bringen ein Moment der Stabilisierung in die Komposition.

Ähnlich griff der junge Bach gern auf Ostinato-Techniken zurück. Ciaccona-Elemente finden wir in der Ratswahlkantate *Gott ist mein König* BWV 71 von 1708 im Arioso *Tag und Nacht,* ebenso in der Mühlhäuser Psalmkantate BWV 131 *Aus der Tieffen rufe ich, Herr, zu dir* in der Aria *Meine Seele wartet auf den Herrn.* Als Gattungen wurden Ciaccona und Passacaglia im 17. Jh. zu geschlossenen Sätzen nach dem Prinzip des Basso ostinato komponiert. Reinhard Goebel[3] hat mit dem Ensemble *Musica Antiqua Köln* eine CD mit Ciacconen und Passacaglien für größeres Instrumentalensemble herausgebracht, mit Kompositionen von Jean-Baptiste Lully, Biagio Marini, Arcangelo Corelli, Henry Purcell, John

2 Johann Mattheson, Der Vollkommene Capellmeister, Hamburg 1739, S. 437f.

3 Chaconne, Musica Antiqua Köln – Reinhard Goebel, Deutsche Grammophon Archiv Production 1997, 453 418–2.

Blow, Georg Muffat und Johann Christoph Pezel. Ostinato-Variationen für Ensemble über Baß-Modelle entzündeten den schöpferischen Elan vieler Komponisten. Sie wurden zum idealen Terrain für die kompositorische Fantasie. Als ernste Schreit-Tänze dienten sie in Opern von Jean-Baptiste Lully zur Gestaltung von Akt-Finalien und wurden zu grandiosen Abschlüssen. Reichen Gebrauch von Ostinato-Strukturen machte Henry Purcell in *Dido and Aeneas,* sowohl für den Siegestanz (*The Triumphing Dance*) als auch für die Aria der Dido *Ah! Belinda* mit 21 Baßwiederholungen, besonders aber für die große Klage der Dido am Ende des dritten Aktes *When I am laid in earth* mit elf Baßwiederholungen und überwältigender Wirkung. Große und starke Affekte sollten damit im Hörer aufgebaut werden.

Einen Weg, wie Ostinato-Kompositionen als Vorbilder zum jungen Bach gefunden haben könnten, weist das Repertoire der beiden Manuskriptbände aus dem Besitz des ältesten Bruders Johann Christoph Bach (1671–1721), bei dem Johann Sebastian von 1695 bis 1700 in Ohrdruf lebte und den ersten Unterricht erhalten hat. Der Nekrolog umschreibt dies mit den Worten: *Johann Sebastian war noch nicht zehen Jahr alt, als er sich seiner Eltern durch den Tod beraubet sahe. Er begab sich nach Ohrdruff zu seinem ältesten Bruder Johann Christoph, Organisten daselbst, und legte unter desselben Anführung den Grund zum Clavierspielen.* Die beiden Manuskriptbände aus dem Besitz Johann Christoph Bachs, die sog. Möllersche Handschrift und das Andreas-Bach-Buch, sind zwar später zusammengestellt worden, beleuchten aber das musikalische Umfeld des 10- bis 15jährigen Bach. Von Robert Hill wurden sie jüngst beschrieben und teilweise ediert.[4] Die Möllersche Handschrift, angelegt wohl zwischen 1703 bis ca. 1707, enthält an Ostinato-Kompositionen für Cembalo eine Chaconne G-dur aus der Oper *Phaeton* von Jean-Baptiste Lully (1632–1687), eine Chaconne grave und eine Chaconne C-dur von Nicolas Lebègue (1631–1702), das *Capriccio sopra la lontananza del fratello dilettissimo* BWV 992 von Johann Sebastian Bach und das von dessen eigener Hand eingetragene Praeludium cum Fuga g-moll BWV 535a. Das Andreas-Bach-Buch, das zwischen 1707 und 1717 niedergeschrieben worden sein dürfte, enthält für besaitetes Tasteninstrument eine Chaconne d-moll von Louis Marchand (1669–1732), eine Ouvertüre D-dur mit Chaconne von Georg Böhm (1661–1733), eine Chaconne G-dur von Johann Caspar Ferdinand Fischer (um 1665–1746), die Ciaccona d-moll für Orgel von Johann Pachelbel (1653–1706), bei dem Johann

4 Keyboard Music from the Andreas Bach Book and the Möller Manuscript, edited by Robert Hill, Harvard Publications in Music, Vol. 16, Harvard University Press, Cambridge, Massachusetts 1991.

Christoph Bach selbst noch in Erfurt Unterricht gehabt hat, die Ciaccona c-moll BuxWV 159 und Ciaccona e-moll BuxWV 160 von Dieterich Buxtehude (ca. 1637–1707) sowie dessen Passacaglia d-moll BuxWV 161, von J.S. Bach die früheste nachweisbare Niederschrift der Passacaglia c-moll.

Anfänge der Passacaglia d-moll von Dieterich Buxtehude und der Passacaglia c-moll BWV 582 von Johann Sebastian Bach

In den denkbaren Vorbildern für den jungen Bach umfaßt das Baßmodell gewöhnlich vier Takte. Darüber werden zahlreiche Variationen ausgearbeitet, die das vorgegebene harmonische Feld ausgestalten mit Diminutionen, Akkordbrechungen und vielen anderen satztechnischen Mitteln; in Pachelbels Ciaccona d-moll sind es 35 Variationen, in Buxtehudes Ciaccona in c 26, in dessen Ciaccona in e 32. In Buxtehudes Passacaglia d-moll werden 28 Variationen in vier Gruppen zu je sieben zusammengefaßt. Die Gruppen bewegen sich tonal in d, F, a und zuletzt wieder in d. Diese Passacaglia Buxtehudes hat den jungen Bach offensichtlich beeindruckt. Dies spiegelt sich in der Übernahme der Idee des Anfangs in die c-moll-Passacaglia. Der Versetzung des Baßmodells auf mehrere tonale Ebenen begegnen wir im Schlußsatz der möglicherweise frühesten Kirchenkantate BWV 150 *Nach dir, Herr, verlanget mich,* der als Ciaccona gestaltet ist. Die Orgel-Passacaglia c-moll verläßt nicht die Grundharmonie, aber die sich anschließende *Fuga cum subjectis* weitet sich tonal und trägt das Thema nach g-moll, Es-dur und f-moll.

Sein Baßmodell für die Orgel-Passacaglia hat Bach dem Vers *Christe – Trio en Passacaille* der *Messe du deuxième Ton* im *Premier Livre d'Orgue* 1688 von André Raison (gest. 1719) entnommen, aber für seine Zwecke von vier auf acht Takte erweitert, um Raum zu geben für großzügigere musikalische Entwicklung.

Anfang des Christe – Trio en Passacaille aus der Messe du deuxième Ton von André Raison 1688 (Editions musicales de la Schola Cantorum)

Den weiten Abstand vom biederen Schulbuchmuster zum musikalischen Kunstwerk bei Buxtehude und Bach veranschaulicht ein Abschnitt der *Musikalischen Handleitung* von Friedrich Erhardt Niedt (1674–1708), die Bach für seinen Unterricht benutzte. Niedt führt vor, wie aus einem schlichten General-Baß als Grundmuster der Invention eine Ciaccona gemacht werden könne.[5] In ein einzigartiges Licht gehüllt werden die Ostinato-Kompositionen für Orgel nord- und mitteldeutscher Tradition von Buxtehude und Bach durch die Schilderung zweier Organisten-Probespiele zur Wiederbesetzung der freigewordenen Organistenstelle am Dom zu Hamburg 1725 und 1727 in der zweiten Auflage 1731 von Johann Matthesons *Großer Generalbaß-Schule oder Exemplarischer Organistenprobe.*[6] Beim Probespiel am 8. Oktober 1727 wird als fünfte Aufgabe gefordert: *Aus dem Subjecto sothaner Arie einen kurtzen Modulum zu ergreiffen / und eine Nachahmung drüber / in vollem Werck / anzustellen: so daß dieselbe entweder in der Form einer Chaconne / oder einer freien Fantasie / gleichsam zum Ausgabe / dienen könne.* Beim Probespiel am 24. Oktober 1725 wird als sechste Aufgabe gefordert:

[5] Friedrich Erhardt Niedt, Musical. Handleitung, 3. Teil, hrsg. von J. Mattheson, XI. Kapitel, S. 117ff.
[6] Johann Mattheson, Große Generalbaßschule, Hamburg [2]1731, S. 34–37.

6. Mit einer kurtz-gefaßten Ciacona / über folgendem Grund-Satz / zu schliessen / und das volle Werck dazu zu gebrauchen : etwa sechs Minuten lang.

Abgesehen davon, daß Matthesons Baßmodell für eine Ciaccona acht Takte umfaßt, ist bemerkenswert die geforderte Dauer von sechs Minuten. Ungefähr diese Dauer haben die zwei Orgel-Ciacconen von Buxtehude und dessen Passacaglia d-moll und auch Bachs Passacaglia c-moll – ohne die Fuge. Beide zu improvisierenden Ciacconen bei den Hamburger Organistenproben sollten im vollen Werk gespielt werden. Ohne Zweifel ist damit gemeint ein Principal-Mixturen-Plenum im Manual mit Hinzuziehung von Zungenregistern im Pedal, wie es Mattheson selbst umschreibt in seinem *Vollkommenen Capellmeister*: *Es gehören zum vollen Werck die Principale, die Bordunen, die Salicionale oder Salicete (Weiden-Pfeiffen), die Rausch-Pfeiffen, die Octaven, die Quinten, Mixturen, Scharffen (kleine Mixturen von drey Pfeiffen), Quintadeen, Zimbeln, Nasat, die Terzien, Sesquialtern, Super-Octaven, Posaunen im Pedal, nicht im Manual: Denn die Posaunen sind ein Rohr-Werck, welches aus dem Manual, bey voller Orgel, ausgeschlossen bleibet; indem es daselbst, wegen der Höhe, zu sehr schnarren würde; da es hergegen, wegen der Tiefe des Klanges, im Pedal prächtig lautet, wenn die Mundstücke wie billig, gefüttert sind.*[7] Das volle Werk wird von Mattheson als Klanggewand für die Ciacconen und Passacaglien betrachtet. In einer heute verlorenen Kopie von Franz Hauser (1794–1870) hatte die Bachsche Passacaglia noch den Titel getragen *Passacaglio con Pedale pro Organo pleno.*[8] Der 14jährige Felix Mendelssohn Bartholdy setzte über seine eigene Passacaglia c-moll 1823 zu Beginn *Volles Werk.*[9] Auf dem Programmzettel von Mendelssohns berühmtem Orgelkonzert am 6. August 1840 zugunsten eines Bach-Denkmals erscheint das Bachsche Werk unter dem Titel *Passacaille (21 Variationen und Phantasie für die volle*

[7] Wie Anm. 2, III. Theil, XXIV. Cap. § 76.

[8] Zitiert nach P. Williams, The Organ Music of J.S. Bach, Bd. I, Cambridge (Cambridge University Press) 1980, S. 253.

[9] Felix Mendelssohn Bartholdy, Complete Organ Works, Bd. V, Selected Juvenilia, London (Novello) 1990, S. 24.

Orgel) (C moll).[10] Bis dahin scheint die Darstellung mit dem vollen Werk Selbstverständlichkeit gewesen zu sein. Erst danach zeigen sich Auflösungstendenzen dieser Tradition.

Ein wichtiger Aspekt des Bachschen Komponierens ist das systematische Vorgehen. Werke ein und desselben Typus schrieb er in der Regel in einer relativ begrenzten Zeitspanne. Es ging ihm ums Erproben, Weiterentwickeln und Ausschöpfen bestimmter Prinzipien. Von der Entstehung der Goldberg-Variationen BWV 988 schrieb Johann Nikolaus Forkel 1802: *Einst äußerte der Graf (Kaiserling) gegen Bach, daß er gern einige Clavierstücke für seinen Goldberg haben möchte, die so sanften und etwas muntern Charakters wären, daß er dadurch in seinen schlaflosen Nächten ein wenig aufgeheitert werden könnte. Bach glaubte, diesen Wunsch am besten durch Variationen erfüllen zu können, die er bisher, der stets gleichen Grundharmonie wegen, für eine undankbare Arbeit gehalten hatte. Aber so wie um diese Zeit alle seine Werke schon Kunstmuster waren, so wurden auch diese Variationen unter seiner Hand dazu. Auch hat er nur ein einziges Muster dieser Art geliefert.* Bach hat uns nur eine einzige Orgel-Passacaglia hinterlassen, eine Ciaccona für Violine solo, und sich dreimal dieser Techniken in Kirchenkantaten bedient (BWV 150, BWV 12, BWV 78). Seine Bemühungen um Ostinato-Kompositionen könnten etwa den Zeitraum zwischen 1704 und 1724 umspannen. Folgende Werke sind in Betracht zu ziehen:

Ciaccona *Meine Tage in dem Leide* (Schlußsatz der Kantate BWV 150 *Nach dir, Herr, verlanget mich*, ca.1706)

Lamento (Satz 3) im *Capriccio sopra la lontananza del fratello dilettissimo* BWV 992, ca. 1703–1707

Passacaglia c-moll für Orgel BWV 582, ca. 1708–1712

Weinen, Klagen, Sorgen, Zagen (Satz 2 der gleichnamigen Kirchenkantate BWV 12, für den 22. April 1714)

Ciaccona für Violino solo in der Partita BWV 1004, von 1720

Eingangssatz der Kantate BWV 78 *Jesu, der du meine Seele*, für den 10. September 1724

[10] Matthias Pape, Mendelssohns Leipziger Orgelkonzert 1840, Wiesbaden (Breitkopf & Härtel) 1988, S. 20.

Nach dir, Herr, verlanget mich ist vermutlich die älteste der erhaltenen Kirchenkantaten, möglicherweise noch vor 1707 entstanden, also in der Arnstädter Zeit. Der Schlußsatz *Meine Tage in dem Leide* bringt die ganze Besetzung mit Basso Continuo, Sopran, Alt, Tenor, Baß, zwei Violinen und Fagotto zum Einsatz. Die Grundtonart ist h-moll. Der vier Takte umfassende Basso Ostinato des als Ciaccona gebauten Satzes erklingt insgesamt 22 Mal: viermal auf h, dreimal auf D, dreimal auf fis, einmal auf A, zweimal auf e und zuletzt neunmal auf h. Die jeweils letzte Baßwiederholung vor einem neuen tonalen Feld endet modulierend in die angestrebte Tonart. Die innere Bewegung des Satzes steigert sich zunehmend: Der 3/2-Takt wird zunächst sachte, dann immer mehr mit Viertelnoten diminuiert. Ab Wiederholung 11 auf A-dur treten in den Instrumenten Achtelnoten auf. Ab Wiederholung 14 (in der Grundtonart h-moll) nimmt die Spannung in der Harmonik deutlich zu mit Quart-, Sept- und Nonenvorhalten, ablesbar auch an der Generalbaßbezifferung. Die Variationen 19 und 20 greifen zu einem Mittel, das auch in den beiden Schlußvariationen der Orgel-Passacaglia zu beobachten ist: Über drei Takte wird die Harmonie in den Oberstimmen auf den h-moll-Klang fixiert, während der Basso Ostinato in seinem modellhaften Ablauf sich gegen die fixierten Oberstimmen stemmt und damit außergewöhnliche Spannungen hervorruft, die sich jeweils im vierten Takt lösen, indem die Oberstimmen sich dem Klauselgeschehen fügen. Die Variationen 21 und 22 sind als kraftvoller Abschluß der Variation 14 nachgebildet, aber durch Stimmtausch im Vokalteil doch verändert.

„Fixierte Harmonien", gegen die sich der Basso Ostinato stemmt, in der Ciaccona BWV 150 und in der Passacaglia BWV 582

Der Text dieser Ciaccona ist aus Bibelzitaten zusammengesetzt. Er zeigt den Menschen in Gefahr, aber geborgen im Vertrauen auf Gott, der Rettung bringt:

Meine Tage in dem Leide
Endet Gott dennoch zur Freude.
Christen auf den Dornenwegen
Führen Himmels Kraft und Segen.
Bleibet Gott mein treuer Schutz,
Achte ich nicht Menschentrutz.
Christus, der uns steht zur Seiten,
Hilft mir täglich sieghaft streiten.

Zur Textausdeutung sind musikalisch-rhetorische Figuren eingeflochten: Die *Dornenwege* werden durch chromatische Schritte der Singstimmen unterstrichen, Freudenäußerungen durch Koloraturen zum Ausdruck gebracht, *Freude* und *sieghaft streiten* durch dieselben diminuierenden Figurationen in Zusammenhang gesetzt. Für die beiden Schlußverse des Textes *Christus, der uns steht zur Seiten, hilft mir täglich sieghaft Streiten* werden die neun letzten der insgesamt 22 Baßwiederholungen aufgewandt mit der Wirkung eines kraftvollen Abschlusses voll Zuversicht und Hoffnung auf Errettung durch Gottes Schutz. Johannes Brahms, der von Philipp Spitta im Februar 1874 eine Partiturabschrift erhalten hatte, ließ sich von diesem Satz tief beeindrucken und im Sommer 1885 zur Komposition des Finalsatzes seiner 4. Symphonie e-moll anregen.[11]

Das *Adagiosissimo (Ist ein allgemeines Lamento der Freunde)* im *Capriccio sopra la lontananza del fratello dilettissimo* BWV 992 mutet an wie eine Vorstudie zum Kantatensatz *Weinen, Klagen, Sorgen, Zagen.* Das Baßmodell hat zunächst noch nicht die Stringenz des abwärts gerichteten chromatischen Quartgangs (*Passus duriusculus*); erst im vierten Durchgang nimmt es den vollen chromatischen Gang an. Der junge Bach kann sich darin nicht genugtun mit Seufzerfiguren, Seufzerpausen (*suspirationes*), abwärtsgerichteten chromatischen Melodiegängen, Seufzerketten in Sexten und Dezimenparallelen.

Die ersten vier Variationen des Lamento im Capriccio sopra la lontananza del fratello dilettissimo BWV 992 von Johann Sebastian Bach

[11] Andreas Glöckner, Eine Abschrift der Kantate BWV 150 als Quelle für Brahms e-moll-Sinfonie op. 98, in: Bach-Jahrbuch 83/1997, S. 181–183.

Im zweiten Satz der Kantate BWV 12 von 1714 werden die Seufzer über dem Lamentobaß den Vokalstimmen anvertraut. Einer Beobachtung Bernhard Paumgartners[12] zufolge geht die Komposition möglicherweise auf ein Vorbild Antonio Vivaldis zurück mit dem italienischen Text *Piango, gemo, sospiro e peno,* ebenfalls über einen Lamentobaß gebaut. Bach kann bei Wiederholung des Basso Ostinato die Technik des Stimmtausches einsetzen. Neben den abwärtsgerichteten Seufzern wird auch das „Aufseufzen", eine nach oben gerichtete Melodieführung zur Steigerung des Affekts eingesetzt, darüber hinaus chromatische Schritte in den Vokalstimmen und homorhythmische Deklamation. Das anfängliche Seufzen in den Vokalstimmen wird ab Takt 33 noch gesteigert durch Umschreiben des angestrebten Auflösungstons bei Dissonanzvorhalten mit dem unteren Nebenton. Am Ende seines Lebens hat Bach den Satz umgearbeitet zum Crucifixus seiner Messe in h-moll BWV 232.

Die Ciaccona d-moll für Violino solo mit der stattlichen Zahl von 257 Takten ist wesentlich bestimmt durch die Technik des mehrstimmigen Spiels auf der Violine und deren Möglichkeiten. Der vorherrschende äußere Eindruck beim Hörer ist zunächst der einer zunehmenden Bewegung: Ab Takt 37 sind durchlaufend Sechzehntelfiguren zu vernehmen, ab Takt 65 Zweiunddreißigstel, ab Takt 87 Arpeggi; ab Takt 133 erfolgt der Übergang nach D-dur. Die Ausgangstonart d-moll wird erst in Takt 209 wieder aufgenommen. Ein Hauch von *Chaconne en rondeau* gliedert das Werk formal durch Anklingenlassen der einleitenden Akkorde ab Takt 126, T. 177 und ab T. 249.

Das Prinzip der Komposition von 32 Variationen über einen viertaktigen Lamento-Baß in Form einer ausgedehnten Chaconne hat Bach nochmals aufgegriffen in der Kantate BWV 78 für den 10. September 1724 *Jesu, der du meine Seele.* Sie gehört zum Jahrgang der Choralkantaten. Bach hat darin eine „tour de force" geritten.[13] Der chromatisch absteigende Quartgang dient nicht allein als Baßmodell, versetzt von der Grundtonart g-moll auch nach c-moll, F-dur, B-dur, kombiniert mit neuen Soggetti, sondern tritt auch als Sopran- und Mittelstimme auf, wird in Vokalstimmen in Engführungen imitatorisch geführt, auf- und absteigend, auch über Orgelpunkten und wird obendrein noch mit einem Choral-Cantus-firmus im Sopran kombiniert. Bach ist darin weit über die Satztechniken hinausgegangen, die er in seiner Orgel-Passacaglia zur Anwendung brachte. Von

[12] B. Paumgartner, Zum Crucifixus der h-moll-Messe J.S. Bachs, in: Österr. Musikzeitschrift 21/1966, S. 500–503.

Die ersten drei Variationen des Ensemblesatzes (2) der Kantate BWV 12 Weinen, Klagen, Sorgen, Zagen von Johann Sebastian Bach (Eulenburg-Studienpartitur, Zürich 1969)

[13] Michael Kube, Bachs „tour de force" – Analytischer Versuch über den Eingangschor der Kantate „Jesu, der du meine Seele" BWV 78, in: Die Musikforschung 45/1992, S. 138–152.

den Techniken aus BWV 78 finden wir darin lediglich das Einsetzen des Passacaglia-Themas als Ober- und Mittelstimme (T. 88–112), was bis dahin keiner seiner Vorläufer in einer Orgel-Passacaglia gewagt hatte.

Stimmtausch in den Takten 1–4 und 9–16 im Einleitungssatz der Kantate BWV 78 Jesu, der du meine Seele von J. S. Bach

Die formale Anlage von Bachs Orgel-Passacaglia wurde von Christoph Wolff eingehend untersucht.[14] In einer Übersichtstafel hat er die Bewegungstypen der Manualstimmen über dem Baßmodell in eine Zusammenschau gebracht. Ausgehend von den Vorhaltsakkorden nach dem Vorbild der Passacaglia d-moll von Buxtehude steigert sich die Bewegungsgeschwindigkeit zunehmend zu den durchgehenden Achtelnoten in Variation 3, zu der *figura corta* in den Variationen 4 und 5, weiter zu den auf- und abstrebenden Sechzehntelgängen in den Variationen 6 und 7, zu den gegeneinanderlaufenden Sechzehntelgängen in Variation 8, zur aufspringenden Terzfigur in Variation 9. Die bis hierhin sich vollziehende Ent-

[14] Christoph Wolff, Die Architektur von Bachs Passacaglia, in: Acta Organologica, Bd. 3, 1969, S. 183–194.

wicklung läuft auf eine Betonung der Mitte der Passacaglia hin, wie wir dies aus mehreren Werken aus Bachs Reifezeit kennen. Die elf Sätze der Motette *Jesu, meine Freude* BWV 227 gruppieren sich wie die Schalen einer Zwiebel um die Fuge *Ihr aber seid nicht fleischlich, sondern geistlich,* die in der Mitte steht. In der Passacaglia wird die Mitte gebildet durch die Technik des doppelten Kontrapunkts mit Stimmtausch in den Variationen 10 und 11: Nach elfmaligem Erklingen im Pedalbaß wird das Passacaglia-Thema zur Sopran-Melodie. In drei pedallosen Variationen (13–15) lockert sich der Satz zur Dreistimmigkeit mit dem Passacagliathema in der Mittelstimme, dann zur Zweistimmigkeit in lockerem Verband, schließlich zur Einstimmigkeit mit den Harmonien in Akkordbrechungen fast über die ganze Manualklaviatur. Der Wiedereintritt des Pedals mit dem Passacaglia-Thema wird im Manualsatz begleitet durch spannungsvoll sich akkumulierende Vorhaltsharmonien. Sie lösen sich in der folgenden Variation 17 in flüchtiger Bewegung von Sechzehnteltriolenketten in beiden Händen. Die drei letzten Variationen sind gekennzeichnet von erheblichen harmonischen Spannungen, hervorgerufen von Vorhaltsakkorden im Manualsatz und folgend von fixierten Harmonien in den Oberstimmen (T. 152–156 und 160–164).

Zugegeben, der Passacaglia haftet wegen der stets „gleichbleibenden Grundharmonie“ etwas Starres an. Ihr Wesen ist mehr auf harmonischen Ausdruck gerichtet. Das Werk erhält einen gelösten, beschwingten, ja geradezu tänzerischen Zug in der sich anschließenden *Fuga cum subjectis.* Durchgeführt wird darin nurmehr die vordere Hälfte des Passacaglia-Themas, der von Raison übernommene Gedanke. Er wird nun mit zwei Kontrasubjekten garniert. Es entsteht ein dreistimmiger Kernsatz, bestehend aus dem Raison-Thema, einem ersten Kontrasubjekt in Achtelnoten und einem zweiten Kontrasubjekt in Sechzehnteln. Die Fuga wird zur Permutationsfuge. Vor der Ausarbeitung der Komposition muß Bach sich eine Skizze angelegt haben, in der er die Stimmtauschmöglichkeiten durchprobierte. Mit insgesamt drei Subjekten ergäben sich sechs Kombinationsmöglichkeiten bei konsequentem Stimmtausch. Nur fünf davon hat er in der *Fuga cum subjectis* angewandt. Eine zusätzliche freie Stimme kann jeweils hinzugefügt werden. In den Notenwerten bilden die drei Subjekte eine Mensurenschichtung.

Themenkombinationen in der Fuga cum subjectis durch Stimmtausch im dreifachen Kontrapunkt

Im Sinne der Artikulationstechnik der Bach-Zeit als *ordentlichem Fortgehen* (die Hälfte des notierten Notenwerts ist jeweils als klingend zu betrachten), ergibt sich eine rhythmisch äußerst reizvolle Kombination. Für den Hörer wird die Fuga angenehm aufgelockert durch den Wechsel von Abschnitten mit der Trias der Subjekte und völlig freistimmigen Episoden. Im Laufe der Entwicklung der Fuga werden die themenfreien Episoden immer länger (in Taktzahlen ausgedrückt: 2, 2, 1, 2, 2, 6, 7, 8, 8, 6, 12, 18). Noch ein anderer Umstand wirkt befreiend: Während die Passacaglia über das Baßmodell ständig an die c-moll-Tonart gebunden ist, weitet die Fuge durch Modulationen ihre tonalen Felder aus; die Themeneinsätze erfolgen in c-moll, Es-dur, g-moll, f-moll, c-moll. Das Raison-Thema bleibt als Melodie immer unverändert erhalten, wird nirgendwo tonal angepaßt. Das Versetzen des Baßmodells auf andere tonale Ebenen, wie Bach es in Buxtehudes Passacaglia d-moll vorfand und in seiner Ciaccona BWV 150 durchprobiert hatte, hat er in der Passacaglia c-moll ausgespart, aber in die *Fuga cum subjectis* einbezogen.

Bis gegen 1840 bestand die Tradition der klanglichen Darstellung der Passacaglia mit dem vollen Werk allem Anschein nach unangetastet. Dann geriet sie allmählich ins Wanken. Griepenkerl verrät Unsicherheit im Vorwort seiner Edition im Band I der Peters-Ausgabe 1844. Entscheidende Impulse für eine neue Interpretationsweise der Orgelwerke J.S. Bachs gingen von Franz Liszt aus. In den „Orgelkonferenzen“, die er in den 1850er Jahren häufig an Sonntagnachmittagen mit Alexander Wilhelm Gottschalg abhielt, breitete er seine Ideen von abwechslungsreicher und dynamisch differenzierter Registrierung aus. Gottschalg hat 1865 in seinem *Repertorium*[15] eine Bearbeitung der Passacaglia durch J.G. Töpfer veröffentlicht, in der jede der 20 Variationen ihre eigene Registrierung hat. Vom Beginn bis zur 12. Variation entwickelt sich ein stetiges Crescendo, Variationen 13 bis 15 treten als Intermezzo manualiter zurück, ab Variation 16 wird das Crescendo wieder aufgenommen. Die Konzeption Töpfers wurde von Wilhelm Valentin Volckmar in dessen *Orgel-Archiv* übernommen. Die Orgel-Passacaglien Max Regers, die als große Steigerungskompositionen angelegt sind, taten ein Übriges, bis über die Mitte des 20. Jahrhunderts hinaus Orgel-Passacaglien selbstverständlich als Crescendo-Werke zu betrachten. Seither hat sich das Blatt wieder gewendet. Gewachsene Kenntnis über historische Aufführungspraxis hat das Bewußtsein verändert und die Tendenz verstärkt, dem musikalischen Kunstwerk aus dem Geist seiner

[15] Hermann J. Busch, Entwicklungslinien des Bach-Spiels im 19. und 20. Jahrhundert, in: Acta Organologica, Bd. 17, 1984, S. 387–405; bes. S. 391f.

Entstehungszeit heraus gerecht zu werden, es mit Mitteln zum Klingen zu bringen, die in der Umwelt seines Schöpfers zur Verfügung standen. Gestalterische Mittel wie subtile Artikulation und differenzierte Agogik können an guten historischen und qualitätvollen neuen Instrumenten mehr Leben in die Musik bringen als häufiger Klang- und Registerwechsel. In Kenntnis der Texte Matthesons hat es die Lisztsche Crescendo-Interpretation schwer, dem kraftvollen Anfang der Bachschen Passacaglia gerecht zu werden.

Antonio Santos

Kirchenmusikalischer Aufbruch in Portugal

Als ich 1962 nach München kam, um an der Musikhochschule Katholische Kirchenmusik zu studieren, hatte ich gleich das Glück, Franz Lehrndorfer zum Lehrer zu bekommen. Schon bald (1964) mußte ich allerdings das Studium unterbrechen, da ich nach Porto zurückgerufen wurde. Erst 1966 konnte ich wieder nach München kommen, um mein Studium, nun im Hauptfach Orgel, fortzusetzen. Weiterhin war Franz Lehrndorfer mein Lehrer, bei dem ich dann 1970 mit der Künstlerischen Staatsprüfung abschließen konnte.

Im letzten Jahr meines Hochschulstudiums geriet ich in eine Krise, weil ich nicht wußte, was meine künftige Aufgabe in Porto sein sollte. Auf dem Gebiet der Kirchenmusik war dort völliges Brachland – sollte ich daher überhaupt nach Porto zurückkehren oder nicht doch lieber in München bleiben? Schließlich formulierte ich all diese Fragen, die mich umtrieben, in einem Brief an meinen Bischof und wurde daraufhin zu einem persönlichen Gespräch eingeladen. Im Frühjahr 1970 flog ich deshalb nach Porto. Vom Bischof nach meinen Plänen und Vorstellungen gefragt, trug ich ihm meine Projekte vor:

- die Gründung eines Domchors
- die Gründung einer Kirchenmusikzeitschrift
- die Gründung einer diözesanen Kirchenmusikschule
- die Neubewertung der Kirchenmusikausbildung in Knaben- und Priesterseminaren
- die Einberufung eines Sachverständigengremiums zur Realisierung dieser Vorhaben

Ich fand offene Ohren und traf auf volles Einverständnis: Der Bischof akzeptierte alle Vorschläge!

Also konnte ich nach meinem Examen im Oktober 1970 mit der Arbeit beginnen und darangehen, nach und nach die einzelnen Projekte zu verwirklichen. Es kam viel in Bewegung „*pro musica sacra*“, zunächst in der Diözese Porto und mit der Zeit auch in den anderen Diözesen Portugals: Neue Chöre entstanden, diözesane und nationale Chortreffen und -festspiele wurden abgehalten. Der Dom von Porto erhielt 1985 eine neue Orgel (das Einweihungskonzert spielte Franz Lehrndorfer), historische Orgeln wurden restauriert. Junge Musikstudenten entschlossen sich zum Orgel- und Kirchenmusikstudium in Deutschland, darunter eine Organistin aus Porto, die wie ich das Studium im Hauptfach Orgel bei Franz Lehrndorfer absolvierte. Andere entschieden sich für eine Orgelbauerlehre. Weitere neue Orgeln entstanden, darunter die große Orgel der Lapa-Kirche in Porto (1995, ebenfalls von Franz Lehrndorfer eingespielt). Doch alle diese Bestrebungen waren auf ein künftiges Vorhaben gerichtet, das zunächst nur als ein Traum erschien: die Gründung einer Hochschule für Kirchenmusik.

1989 befaßte sich ein Expertengremium unter meiner Leitung erstmals konkret mit der Frage: Wie wäre es mit der Gründung einer Kirchenmusikhochschule in Portugal? Sollte sie in die Musikhochschule von Porto integriert oder an die Katholische Universität angeschlossen werden, oder sollte sie autonom sein? Nach vielen Vorüberlegungen wurde eine Empfehlung verabschiedet, sie in die Katholische Universität zu integrieren, jedoch nicht in Lissabon, sondern in Porto, und dieser Vorschlag wurde von der Katholischen Universität auch akzeptiert. Zwischenzeitlich wurde eine Reihe von europäischen Hochschulen besucht, wurden Studiengänge erkundet und Professoren aus den Bereichen Musikpädagogik und Kirchenmusik kontaktiert. Auch Franz Lehrndorfer war ständiger Berater. Die langwierigen Vorüberlegungen mündeten schließlich in einige Grundgedanken, nach denen ein neues Konzept von Universitätsleben und -studium realisiert werden sollte, etwa in Anlehnung an anglo-amerikanische Modelle. Folgende Grundsätze wurden formuliert:

1. Mit Rücksicht auf die musikalische Situation Portugals soll der Typ eines vielseitigen Musikers herangebildet werden. Zu den Instrumentalfächern Orgel, Klavier und einem Wahlinstrument gehören daher als weitere praktische Fächer Gesang, Komposition, Chor- und Orchesterleitung. Theorie, Musikwissenschaft, Ästhetik und Theologie runden die Ausbildung ab. In einer umfangreichen Aufnahmeprüfung sind neben entsprechenden Fertigkeiten an der Orgel und am Klavier ein gutes Gehör und eine gute Stimme nachzuweisen, außerdem werden Harmonielehre, Dirigieren und Singen geprüft, eine Vielfalt, die ausdrücklich gewollt ist.

2. Großer Wert ist auf eine positive Lehrer-Schüler-Beziehung zu legen. Nicht nur beim Unterricht, sondern auch bei dessen Vorbereitung soll der Lehrer „in Reichweite“ sein und konsultiert werden können.

3. Die Studierenden sollen möglichst den ganzen Tag am Institut verbringen, um auch vom gegenseitigen Kontakt zu profitieren.

Unser Vorhaben erhielt jedoch bald eine weitere, neue Perspektive: Die bildende Kunst. Nicht nur im Bereich der Musik, sondern auch im Bereich der bildenden Kunst besteht in Portugal ein großer Bedarf an qualifizierten Kräften. Ein unübersehbares, riesiges Erbe an Kunstschätzen harrt, soweit nicht schon zerstört, dringend der Restaurierung. Da es aber nach unseren Überlegungen finanziell schwierig erschien, ein Institut mit dieser Kombination lebensfähig zu machen, entstand die Idee, zusätzlich eine Abteilung für Bild und Ton anzugliedern (im Blick auf Foto-, Film- und Fernsehproduktionen), und in der Kombination dieser drei Sparten nahm die neue Hochschule als ESCOLA DAS ARTES (Hochschule der Künste) schließlich Gestalt an. Sie besitzt vier Abteilungen: Musik, Bildende Kunst (Restaurierung und Konservierung) sowie Ton und Bild. Ihre Grundstruktur leitet sich von den oben erwähnten, für eine Musikakademie entworfenen Grundsätzen ab:

1. Enge Zusammenarbeit von Lehrenden und Lernenden; dies aus der Einsicht heraus, daß ein unmittelbarer, guter Lehrer-Schüler-Kontakt gerade im künstlerischen Bereich viel wichtiger ist als das theoretische Studium anhand von Fachliteratur.

2. Unterricht bzw. Vorlesungen ebenso wie die Vorbereitung darauf am Institut selbst, auf der Grundlage eines detaillierten pädagogischen Programms.

3. Interdisziplinäre Zusammenarbeit als Chance; hierzu gibt es ein spezielles Vorlesungsangebot zu übergeordneten Fragestellungen. Zweistündige Vorlesungen zu Themen wie *Symbolik in der Bibel, Poetik und Tradition, Philosophie der Ästhetik* sowie *Informatik und Internet* richten sich an die Studierenden aller vier Abteilungen und sollen zur Kreativität im jeweiligen Fachgebiet anregen.

4. Berufung möglichst der qualifiziertesten Professoren. Diese kommen sowohl aus dem Inland wie aus dem Ausland und stehen als Lehrer ausschließlich unserer Hochschule zur Verfügung. Darüber hinaus sollen sie in der Öffentlichkeit durch Konzerte, Ausstellungen, Vorträge und die Leitung von Tagungen und Kongressen präsent sein. Qualität hat Vorrang vor Quantität! Sogenannte nur „installierte" Professoren sind nicht vorgesehen.

5. Zwei Professorengremien:

a) ein „Exekutiv"-Konsilium, das alle im laufenden akademischen Betrieb anfallenden Entscheidungen und Projekte berät und beschließt, zusammengesetzt nur aus den Professoren des Hauses;

b) ein erweitertes, internationales Konsilium, dem Persönlichkeiten sowohl aus Europa als auch aus Amerika angehören, allesamt renommierte Fachleute auf den

Gebieten der Musik, der bildenden Kunst (der Konservierung und Restaurierung), von Foto, Film und Tontechnik. Dieses Gremium tagt zweimal im Jahr und hat vor allem die Aufgabe, das internationale Niveau der Hochschule zu gewährleisten.

Dies sind, kurzgefaßt, die Maximen, nach denen die Neugründung unserer *ESCOLA DAS ARTES* (Hochschule der Künste) erfolgte.

An allen Phasen der Entstehung dieser Hochschule war Franz Lehrndorfer als Berater beteiligt, der dazu seine reichen Erfahrungen und Kenntnisse als Hochschullehrer und als Abteilungsleiter einbringen konnte. Er kam nicht nur zu vielen Orgelkonzerten nach Porto, sondern war und ist Gastprofessor unserer Hochschule und gehört auch dem erweiterten Konsilium an. Die kirchenmusikalische Aufbauarbeit in Portugal verdankt ihm deshalb wesentliche Impulse, die auch in die Zukunft hinein weiterwirken werden!

Klemens Schnorr

Mystik und Virtuosität: Die Orgelmusik von Karl Höller (1907–1987)

Der Komponist Karl Höller stand 19 Jahre lang – von 1953 bis zu seiner Emeritierung 1972 – als Direktor und als Präsident an der Spitze der Musikhochschule München. In der Zeit seiner Präsidentschaft wurde Franz Lehrndorfer an das Haus berufen (1962) und schließlich zum Abteilungsleiter für Orgel und Kirchenmusik ernannt (1969). Höller und Lehrndorfer waren einander freundschaftlich und in gegenseitigem Respekt verbunden, ihre Beziehung gründete aber nicht so sehr im Administrativen, sondern lag mehr auf der Ebene einer künstlerischen Begegnung, denn Höllers Orgelwerke fanden in Lehrndorfer den kongenialen Interpreten, der nicht nur eine ausgeprägte Sensibilität für alle Facetten dieser Musik mitbrachte, sondern auch die Bereitschaft, seine Darstellungen im Dialog mit dem Komponisten zu erarbeiten, was Höller umso mehr zu schätzen wußte, als er ja selbst auch Organist war. Niederschlag dieser Zusammenarbeit ist, unter vielem anderen, eine exemplarische, noch zu Lebzeiten Höllers entstandene Einspielung der Ciacona Op.54 an der Steinmeyer-Orgel der Musikhochschule München (bei Wergo 60107). Als engagierter Lehrer vermittelte Lehrndorfer diese Werke auch seinen Schülern, so daß bei Orgel-Abschlußprüfungen nicht selten Höller auf dem Programm stand. Die Uraufführung von Höllers letztem Orgelwerk, dem umfangreichen Triptychon über die Ostersequenz „Victimae paschali laudes“ Op.64 durch Franz Lehrndorfer bei den Internationalen Orgeltagen Düsseldorf 1976 stellte quasi den krönenden Abschluß einer langjährigen Zusammenarbeit dar, und so geschieht es mit gutem Grund, wenn in dieser Franz Lehrndorfer gewidmeten Festschrift der Blick auch auf die Orgelmusik von Karl Höller gelenkt wird.

Karl Höller wurde am 25. Juli 1907 in Bamberg geboren und wuchs in der Alten Hofhaltung auf dem Domberg auf. Seine Familientradition bedeutete ihm viel, er entstammte, wie er selbst nicht ohne Stolz formulierte, „einer alten fränkischen Musiker- und Organistenfamilie“. Der Vater Valentin Höller (1873–1932) war Domorganist am Bamberger Kaiserdom, leitete den „Bamberger Liederkranz“

und hatte überdies einen Oratorienchor gegründet, mit dem er, teils erstmals für Bamberg, die großen Oratorien aufführte. Bereits der Großvater Georg Höller (1838–1901) war in Würzburg Domorganist, kgl. Hoforganist und Hofchordirektor gewesen. Seine Tochter Gretchen (Karl Höllers Tante) hatte ihn dort im Amt des Domorganisten beerbt und war damit – ungewöhnlich für die damalige Zeit – die erste und einzige weibliche Domorganistin. „Die Orgel, Bach und die Gregorianik standen am Anfang seines Musikerlebens“[1], schreibt Höller über sich selbst. Den ersten Orgelunterricht erteilte ihm der Vater, den er schon im Alter von zehn Jahren an der Domorgel vertrat. Nach dem Abitur studierte er 1926/27 für kurze Zeit am Würzburger Konservatorium, wo er Orgelschüler von Hanns Schindler (1889–1951) war, ehe er sich 1927 an der Münchener Akademie der Tonkunst einschrieb. Dort setzte er das Orgelstudium bei Dr. Emmanuel Gatscher (1890–1946), einem Schüler von Karl Straube, fort und studierte gleichzeitig Komposition bei dem Reger-Schüler Joseph Haas (1879–1960) sowie Dirigieren bei Siegmund von Hausegger (1872–1948). Daneben hörte er Musikwissenschaft an der Universität bei Adolf Sandberger (1864–1943). Bereits nach zwei Jahren konnte Höller 1929 die künstlerische Staatsprüfung in Orgel und in Komposition absolvieren, worauf sich ein zweijähriges Meisterklassenstudium anschloß. Ab 1931 wirkte er zunächst als Praktikant für Orgel, dann als Dozent an der Münchener Akademie, 1937 folgte er einem Ruf an die Frankfurter Musikhochschule, bis er 1949 auf eine Kompositionsprofessur an das Münchener Haus, die nunmehrige Musikhochschule, zurückberufen wurde. Auch während seiner Lehrtätigkeit betätigte er sich immer wieder als Organist, gab Konzerte und spielte in einer Aufführung mit den Münchner Philharmonikern den Solopart in der Neufassung seines Orgelkonzerts. Höller starb am 14. April 1987 in Hausham bei Miesbach.

Das kompositorische Werk, auf das hier nicht weiter eingegangen werden kann, ist vielseitig und umfangreich, es umfaßt vor allem Orchesterwerke, Kammer- und Klaviermusik, aber auch eine Reihe von Vokalwerken. Für die Orgel entstanden sieben größere Solo-Werke, das Konzert für Orgel und Orchester sowie ein kleines Choralvorspiel. Auch zwei Werke der Besetzung Violine bzw. Violoncello und Orgel sind in diesem Zusammenhang zu nennen.

Am Beginn von Höllers Werkverzeichnis steht die Orgelpartita „O wie selig seid ihr doch, ihr Frommen“, geschrieben in seinem Examensjahr 1929 und nach Annullierung der schon zahlreich vorliegenden Jugendwerke als Op.1 veröffentlicht. Unter jenen Jugendwerken, die erhalten sind, befindet sich eine bisher kaum

[1] In dem bei Edition Peters 1977 erschienenen Werkverzeichnis.

Improvisation.
Entschlossen, immer den Charakter einer Improvisation betonen.
marcato f
pesante
rit.
a tempo
poco a poco crescendo

bekannte, unveröffentlichte viersätzige Suite für Orgel, ursprünglich als Op.10 gezählt. Nachdem schon an diesem frühen Stück Höllers eminente kompositorische Begabung sichtbar wird, es darüber hinaus in manchen Zügen – und auch ganz konkret, wie zu zeigen sein wird – auf spätere Werke vorausweist, soll hier etwas ausführlicher darauf eingegangen werden.[2] (Eine Ausgabe der Suite befindet sich in Vorbereitung). Bisher unveröffentlicht blieb auch eine Fantasie, die 1930 entstanden ist.

I. Suite für Orgel (1926, Manuskript)

Improvisation / Mysterium / Ave maris stella / ... et resurrexit

Die vier Sätze sind weder tonartlich noch thematisch aufeinander bezogen und könnten somit jeder für sich allein stehen. In der Orgelmusik ist die Gattung der Suite nicht eben häufig vertreten, die entsprechenden Beispiele von Max Reger (Suite e-moll Op.16, 2. Suite g-moll Op.92) sowie von seinem nachmaligen Lehrer Joseph Haas (Suite A-Dur Op.25/1) könnte Höller aber gekannt haben. Dafür spricht, daß er wie Haas den ersten Satz „*Improvisation*" überschreibt (bei Reger heißt der erste Satz der 2. Orgelsonate d-moll Op. 60 „*Improvisation*"). Lassen sich die Satzanfänge von Reger und Haas einigermaßen klar thematisch gliedern, so ist dies bei Höller nicht so leicht möglich, die Musik taucht gleichsam aus dem Dunkel auf und bahnt sich in gleichbleibend punktierten Rhythmen und harmonisch immer dichter werdendem Satz ihren Weg, bis ein kontrastierender, vorwiegend melodisch geprägter Zwischenteil die Entwicklung unterbricht. Nach einem reprisenartigen Rückgriff auf den Anfang wird der Satz zu einem *fff*-Abschluß geführt. Mehr als bei Haas oder bei Reger stellt sich der Eindruck einer wirklichen Improvisation ein, was durch Höllers Vortragsbezeichnung „*Entschlossen, immer den Charakter einer Improvisation betonen*" noch unterstrichen wird. Auch die reiche Agogik und Dynamik des Satzes sowie das häufige Schwanken zwischen 2/4-, 3/4- und 4/4-Taktvorzeichnung tragen dazu bei, den Eindruck des Improvisatorischen zu verstärken. – Die Charakterisierung als „Auftauchen aus der Tiefe"

[2] Den Hinweis auf dieses Stück verdanke ich Herrn Domorganisten Hans Leitner, Passau. Faksimile-Abdrucke mit freundlicher Genehmigung von Frau Heide Höller, Fischbachau, und Frau Sibylle Höller, Holzkirchen.

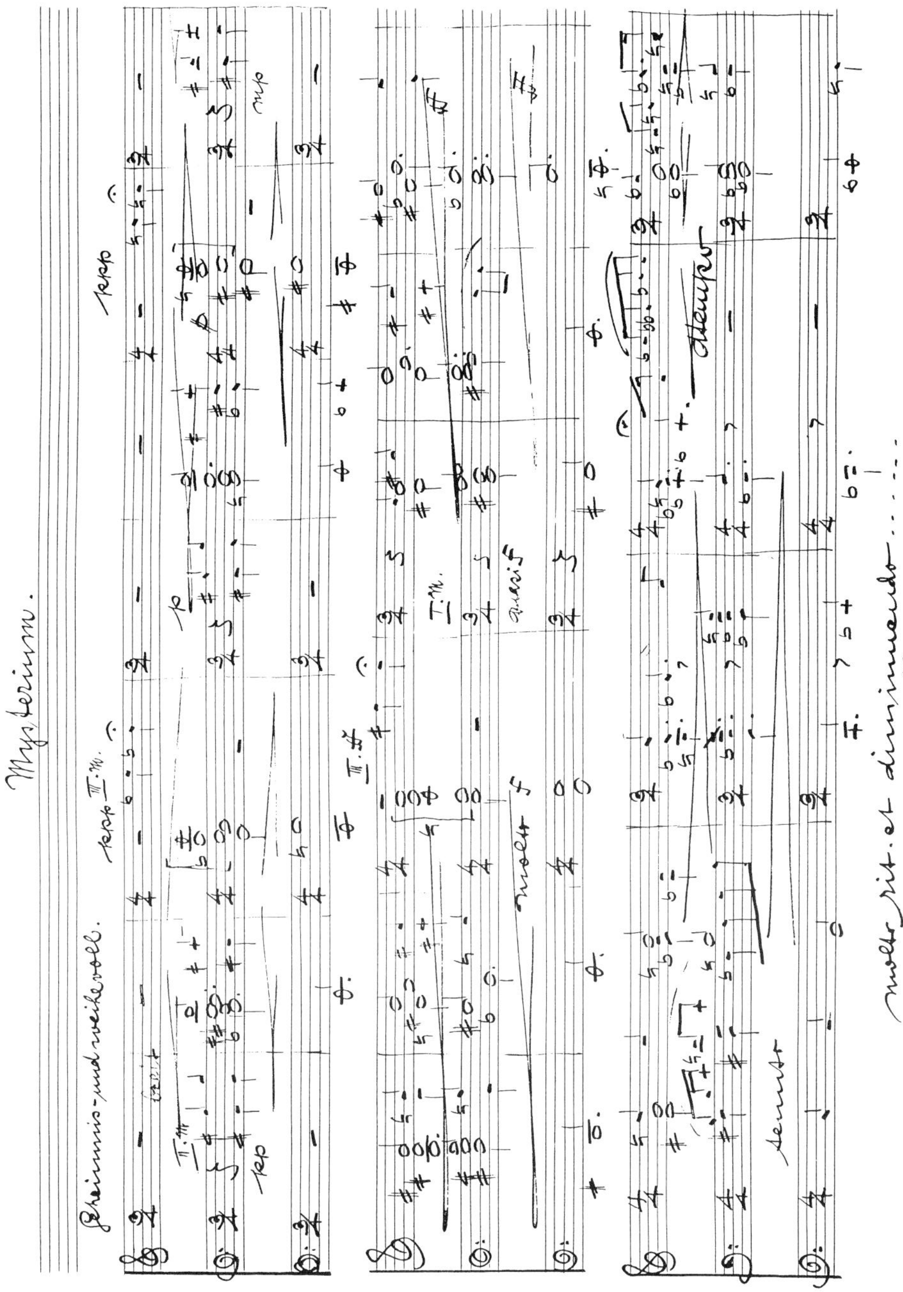
Mysterium.
Geheimnis- und weihevoll.
molto rit. et diminuendo ......
- 10 -

trifft mehr noch für die Musik des zweiten, *Mysterium* genannten Satzes zu. Eine viermal von unten ansetzende melodische Geste, unterlegt von hoch geschichteten, meist alterierten Sept-Non-Akkorden steigert den Orgelklang vom *pp* zum *ff* und evoziert eine *„geheimnis- und weihevolle"* Stimmung – so die Vortragsbezeichnung –, dann wird ein zweiter, choralartiger Gedanke eingeführt, bevor das leitmotivartige Anfangsthema wiederkehrt und der Satz im *pppp „misterioso"* verhaucht.

Der dritte Satz ist eine Vertonung des gregorianischen Hymnus *„Ave maris stella"*. Das Choralthema wird zunächst *ppp* mit mixturartigen Klängen in hoher, quasi entrückter Lage vorgestellt, weitergesponnen und abschließend zu einem vollstimmigen, grandiosen *ff*-Hymnus gesteigert. Dieses Thema bearbeitete Höller wenige Jahre später auch in seinen *„Hymnen für Orchester über gregorianische Choralmelodien"* Op.18 (1932/33, dort ebenfalls der dritte von vier Sätzen)[3]. In zweierlei Hinsicht erscheint dies bedeutsam: Der Komponist knüpft an ein zunächst „anulliertes" Jugendwerk an und bringt zum Ausdruck, daß Orgel- und Orchestersatz für ihn benachbarte, verwandte Größen sind. – Der vierte Satz der Suite *„...et resurrexit"*, eine veritable, virtuose Toccata in D-dur, ist Ausdruck überschwenglichen Osterjubels. Die großangelegte Suite belegt die Kreativität und das bereits eminente kompositorische Vermögen des erst 19jährigen, sie zeigt ihn aber auch als einen versierten Orgelspieler, der das Instrument genau kennt und es versteht, durch detaillierte dynamische und Manualverteilungsangaben die klanglichen Möglichkeiten der Orgel seiner Zeit auszuschöpfen. Wenn Höller das Stück auch zurückhielt, weil er seinen Personalstil darin noch nicht voll zur Entfaltung gekommen sah, so erweist das Weiterwirken des dritten Satzes in den *„Hymnen"*, daß er sich nicht davon distanzierte; zudem findet man bereits in diesem Frühwerk Ideen und Themen realisiert, die der Komponist im viel späteren *„Triptychon"* wieder aufgreift.

[3] Freundlicher Hinweis von Frau Sibylle Höller.

II. Partita Op. 1 über „O wie selig seid ihr doch, ihr Frommen“ (F.E.C. Leuckart Musikverlag 1929, Nachdruck bei Musikverlag Thomi-Berg, TB 917, Planegg 1990)

Daß Höllers Op. 1 ein Orgelwerk sein würde, nachdem er ja zugleich Komposition und Orgel studiert hatte, lag nahe. Er widmete es dem befreundeten Bibliothekar und späteren Musikreferenten im Bayerischen Kultusministerium Dr. Benno Ziegler (1891–1965). Bezeichnend ist die Wahl einer Variationsform, die er in seinem weiteren Schaffen immer wieder aufgreifen sollte, vor allem in den Orgelwerken, unter denen fast ausschließlich Choral- bzw. Ostinatovariationen anzutreffen sind, aber auch in einem Orchesterwerk wie den Sweelinck-Variationen Op. 56. Am Beginn der Partita steht ein Choralsatz entsprechend den Vorbildern aus der Gattungskonvention des 17. und 18. Jh., es handelt sich jedoch nicht um eine statische Satzkopie, sondern um ein Gebilde eigener Prägung, wie am Detail sichtbar und hörbar wird. In der zweiten Hälfte, Takt 9, beginnt die dritte Choralzeile mit einer quasi kirchentonalen Wendung, unterlegt von der traditionellen

[4] Abdruck der Notenbeispiele mit freundlicher Genehmigung des F.E.C. Leuckart Musikverlages, München.

Quintschrittsequenz im Baß. Mit dem Liegenbleiben des Tenors auf a° in Takt 10 entsteht ein Sept-Non-Klang, eine neue harmonische Weiträumigkeit, die in Takt 11 ff durch Alteration, chromatische Stimmführung und Überhöhung des Melodieverlaufs weiter gesteigert wird, so daß eine Folge von Septakkorden und übermäßigen Klängen entsteht, die in der bitonalen „blue-note"-Wirkung von Takt 12 gipfelt. Von diesem Moment an, mit „quasi forte" zugleich der dynamische Höhepunkt des Einleitungschorals, wird die harmonische Spannung nach und nach zurückgenommen, um mit einer herkömmlichen Quartvorhaltswirkung zu schließen.

Als Variation 1 folgt ein Bicinium, ein zartes, hochliegendes Duett zweier Flötenstimmen, das eine verklärte und entmaterialisierte Haltung einnimmt. Die Bewegung der linken Hand beruht auf einem ostinaten Motiv. Auch in Variation 2, einem Trio mit Cantus firmus in der Mittelstimme, kommt Ostinato-Technik zur Anwendung, und zwar in der Pedalstimme. Das Trio erweitert sich gegen Ende der Strophe zur Vollstimmigkeit, eine drängende, in Sept-Non-Akkordketten kulminierende Überleitung führt attacca zur dritten Variation, die nun den Cantus firmus im Baß bringt, von mächtigen Akkordschlägen begleitet. Allegorisch wird so auf das in Strophe 3 beschworene irdische Kerkerdasein angespielt. Die Variation mündet in den Aufschrei eines scharf dissonanten, zwölfstimmigen Akkords, an den sich unvermittelt Variation 4 attacca anschließt.

Der Baß setzt hier aus, nur gelegentlich finden sich Stütztöne im Pedal, der Cantus firmus liegt im Alt und wird von leicht hingetupften Quartparallelen umspielt, was eine ätherisch-transparente Wirkung hervorruft. Die Schlußvariation legt den Cantus firmus wieder in die Oberstimme, allerdings in die Oberoktave versetzt, die Melodie schwebt gleichsam, dem irdischen Geschehen entrückt, hoch über dem harmonischen Geflecht. Ein melodisch-expressives Gegenthema, das ritornellartig wiederkehrt, entpuppt sich als Umkehrung des Cantus firmus. In Höllers „offiziellem" Erstlingswerk werden wesentliche Züge seiner Musik deutlich: die Vorliebe für Variationsformen einschließlich von Ostinato-Techniken, handwerkliche Souveränität, derer man kaum gewahr wird, weil sie im Dienste eines starken Ausdruckswillens eingesetzt wird, farbige, ja raffinierte Harmonik, die musikalische Stimmungsbilder von großem klanglichem Reiz erschafft, in den schnellen Sätzen lebhafte, motorisch-virtuose Rhythmen, gepaart mit einer selbstverständlichen Ausschöpfung der klanglichen Mittel und Möglichkeiten der Orgel. Herkömmliche Satztypen wie vierstimmiger Choral oder Bicinium erhalten durch harmonische Steigerungen und wiederholte Ansätze zu Ostinatobildungen zusätzliche Intensität, im Text angelegte poetische Gehalte werden in musikalische Gebärden umgesetzt. Nicht umsonst empfiehlt Höller im Vorwort, im Interesse des Hörers den Text des Chorals aufs Programm setzen zu lassen.

III. Zwei Choralvariationen Op.22, Nr. 1 „Helft mir Gottes Güte preisen", Nr. 2 „Jesu meine Freude" (F.E.C. Leuckart Musikverlag, 1936, Nachdruck bei Musikverlag Thomi-Berg, Planegg)

Der erste Zyklus über *„Helft mir Gottes Güte preisen"* ist manualiter angelegt, nur in der letzten Variation tritt Pedal hinzu. Zunehmende Bewegung bestimmt die Folge der Variationen: Nach ruhigem Beginn mit einem Choralsatz kommt es zu triolischer Bewegung, dann zu lebhaften, virtuosen Sechzehntelfiguren, ehe das Stück mit einer besinnlichen Schlußvariation ausklingt. Von erheblich größerer Ausdehnung ist die zweite Partita über *„Jesu, meine Freude"*, die in manchem an Op.1 erinnert. So sind unter den sechs Variationen (entsprechend den sechs Strophen des Chorals) wieder die traditionellen Formen Bicinium und Trio vertreten, aber auch Sätze von spielerisch-virtuosem Zuschnitt. Man mag bedauern, daß Höller jeweils auf die Wiederholung des ersten Stollens der Choralmelodie verzichtet, zweifellos erreicht er aber durch diese Verknappung eine

Konzentration der musikalischen Aussage. Die letzte, breit angelegte Variation, von markant-punktierten Rhythmen und einer ostinatoartig wiederkehrenden chromatischen Baßlinie geprägt, mündet in die Apotheose des Schlußchorals. Die Harmonisierung des Anfangschorals wird getreu wiederholt, der Satz aber durch Oktavverdoppelungen und *fff* ins Unermeßliche gesteigert, so daß eine grandiose Schlußwirkung eintritt, die aber zugleich den Bogen zurück zum Anfang schlägt.

IV. Ciacona Op.54 (Edition Schott, 1949)

Das Werk ist dem Organisten Dr. Michael Schneider (1909–1992) gewidmet, der von 1945 bis 1951 in München wirkte. Uraufgeführt wurde es von Karl Höller selbst bei der Erlanger Orgelwoche 1950. Dank einer farbigen musikalischen Vielgestaltigkeit, mit der man die klanglichen Möglichkeiten einer großen Orgel aufs beste vorführen kann und dank eines virtuosen Anspruchs, der für jeden Organisten eine Herausforderung bedeutet, wurde die Ciacona zu einem der meistgespielten Orgelwerke Höllers. Als einziges nicht choralgebundenes Orgelwerk ist sie bezeichnenderweise eben doch wieder ein Variationenwerk. Höller legt ein eigenes viertaktiges Thema zugrunde, dem er immer neue harmonische Facetten abgewinnt. Fugierte Abschnitte werden eingefügt und die Form im großen durch Transposition des Baßthemas gegliedert, das im Mittelteil um einen Ganzton nach unten versetzt wird. Nach einer dramatischen Kulmination baut sich die angestaute Spannung allmählich ab, der Schluß kehrt zum *pp* des Anfangs zurück, womit sich eine romantisch-wehmütige Stimmung der Reminiszenz einstellt.

V. Choral-Passacaglia Op. 61 über „Die Sonn' hat sich mit ihrem Glanz gewendet" (Edition Schott, 1963)

Für einmal sind Choralpartita und Ostinatovariationen in ein- und demselben Werk vereint, das Friedrich Högner (1897–1981), dem damaligen evangelischen Landeskirchenmusikdirektor und Honorarprofessor der Musikhochschule gewidmet ist, der es 1964 in München uraufführte. Die Passacaglia – hier übrigens durchgehend an der Grundtonart d festhaltend – wird zwischen zwei Choralvariationen gestellt. In der Anfangsstrophe entwickelt sich der Choral aus dunklen, gleichsam aus dem Nichts kommenden Klängen, ein Verfahren, das bereits in der Suite angetroffen wurde, und entsprechend verklingt er in der langgedehnten Schlußstrophe, so daß eine schöne musikalische Symmetrie entsteht.

VI. Triptychon über die Ostersequenz „Victimae paschali laudes" Op. 64 (Edition Peters, 1979)

I. Improvisation „Amen", II. Ricercar „Dic nobis, Maria", III. Postludium „Amen. Alleluja"

Das Triptychon sollte Höllers letztes (größeres) Werk für Orgel solo werden, es wurde am 28. September 1976 bei den Internationalen Orgeltagen in St. Franziskus Xaverius, Düsseldorf, von Franz Lehrndorfer uraufgeführt und ist ihm auch gewidmet. Wenn man sich an die eingangs besprochene Suite erinnert, ist man versucht zu sagen, daß sich hiermit ein Kreis schließt: „*Improvisation*" als Satzüberschrift, die Bearbeitung eines gregorianischen Themas und die musikalische Auseinandersetzung mit der Osterthematik waren schon in dem Frühwerk begegnet. Und noch in anderer Hinsicht schließt sich ein Kreis, wie zu zeigen sein wird; zuvor sei aber das Vorwort wiedergegeben, in dem zum Verständnis des Stückes, aber auch zu Höllers Musikanschauung wertvolle Hinweise stehen: „*Der einleitenden Improvisation liegt thematisch das lapidare ‚Amen' (großer Sekund-Schritt) zugrunde. Hymnisch beginnend, dann über einen langen Orgelpunkt (Pedal) in transzendentale Bereiche vorstoßend, bereitet dieser Satz stimmungsgemäß auf den beherrschenden Mittelteil des Triptychons vor. In Form eines Ricercare (Vorform der Fuge) wird hier die Ostersequenz musikalisch nachempfunden. Nach einer ausdrucksvollen Einleitung und mit dem Beginn des eigentlichen Ostergeschehens erscheinen nun die gregorianischen Melodien in tongetreuem Zitat. Auf die bange Frage ‚Dic nobis, Maria, quid vidisti in via?' (‚Maria, künd' es an, was staunend deine Augen sah'n') und auf die erlösende Antwort ‚Sepulchrum Christi viventis et gloriam vidi resurgentis...' (‚Ich sah das Grab vom Tod befreit und des Erstandenen Herrlichkeit...') erklingt immer erregter das ekstatische ‚Scimus Christum surrexisse a mortuis vere...' (‚Wir wissen, von Todesbanden ist wahrhaft der Heiland erstanden...'). Das am Ende des Satzes zunächst leise angestimmte ‚Amen. Alleluja' wird im abschließenden Postludium in einer dreiteiligen Form tokkatenhaft stürmisch aufgenommen, durchgeführt und schließlich zum krönenden Höhepunkt geführt.*"

Mit *transzendental*, *stimmungsvoll* und *ekstatisch* fallen hier einige Schlüsselwörter, die für Höllers Bekenntnis zu einer romantisch-emotional geprägten Musikanschauung bezeichnend sind. Der eigentliche Bereich kompositorischen Handwerks wird nur beiläufig angesprochen, er ist nicht Selbstzweck, sondern soll beim Hörer entsprechende Empfindungen wecken. Der musikalische Verlauf zeichnet innere Stimmungen nach, das Ostergeschehen wird weniger konstruktiv als vielmehr in seiner Wirkung auf die Beteiligten geschildert. Musik als Ausdruck inneren Empfindens – diese Haltung spiegelt sich auch in einem eher intuitiven als deterministisch-konstruktiven Schaffensprozeß. Bis zuletzt, bis kurz vor der Uraufführung hat Höller, wie Franz Lehrndorfer berichtete, das Werk umgearbeitet, sich vom klanglichen Resultat am Instrument inspirieren und zu Korrekturen anregen lassen. Komposition wird so nicht in einem technisch-nüchternen Arbeitsprozeß fixiert, sondern ist Ergebnis ständiger Auseinandersetzung mit dem klingenden Resultat, für das klanglich-sinnliche Reize, Farbigkeit und harmonische, immer tonal bezogene Spannungen ausschlaggebend sind. Mit keinem Wort geht Höller darauf ein, daß der *„beherrschende Mittelteil“*, der zweite Satz, vollständig (mit Ausnahme der Einleitung) den bereits erwähnten, 1932/33 komponierten *„Hymnen für Orchester über gregorianische Choralmelodien“* Op.18 entnommen ist. Die Übernahme beginnt ab Takt 36, für die Orgelfassung um eine kleine Terz tiefer transponiert.

Aus: EP 8414
© 1997 C. F. Peters, Musikverlag, Frankfurt/M.[5]

An einigen besonders dicht gehaltenen Stellen der Orgelpartitur erkennt man das Bestreben, den Orchestersatz bei der Übertragung auf die Orgel möglichst wenig zu reduzieren. Bemerkenswert ist die bruchlose kompositorische Enfügung in ein immerhin 40 Jahre später entstandenes Werk, was man je nach Standpunkt als kompositorische Stagnation oder aber als Beleg für Konstanz und Einheitlichkeit

[5] Abdruck mit freundlicher Genehmigung der Edition Peters, Frankfurt/Main.

eines Personalstils bewerten mag. Vergleicht man die Orgelfassung mit der Orchesterpartitur im Detail, so wird deutlich, daß zum einen Höllers Orchesterbehandlung von der Orgel her inspiriert ist, daß zum anderen orchestrale Weiträumigkeit, Fülle und große dynamische Expressivität auch seinen Orgelsatz kennzeichnen, was natürlich eine entsprechend große, grundstimmengesättigte und mit einem Schwellwerk ausgestattete Orgel voraussetzt. So kommt es dazu, daß ein Orchesterwerk („*Ricercare*“) ohne weiteres auf die Orgel übertragen werden kann. Die Hymnen Op.18 – ein seinerzeit übrigens sehr erfolgreiches Werk – nehmen gewissermaßen Scharnierfunktion ein, wenn Höller mit einem der vier Sätze an die frühe Orgelsuite anknüpft und dann Jahrzehnte später einen anderen Satz der Hymnen dem Orgel-Triptychon einfügt. So schließt sich der Kreis zwischen dem ersten, unveröffentlichten Orgelwerk und dem späten Triptychon.

VII. Konzert für Orgel und Orchester Op.15 (F.E.C. Leuckart Musikverlag 1932, Neufassung 1966)

Un poco maestoso – Larghetto con gran espressione – Allegro con brio

Das Konzert Op.15 ist Höllers Münchener Orgellehrer Dr. Emmanuel Gatscher gewidmet. Bei der Uraufführung 1932 saß Höller selbst an der Orgel, begleitet vom Symphonieorchester des Bayerischen Rundfunks unter Leitung von H. A. Winter. Die originelle Besetzung umfaßt sieben Blechbläser (zwei Trompeten, zwei Hörner, zwei Posaunen und Tuba), Pauken, Violoncelli und Kontrabässe. Holzbläser und hohe Streicher werden ausgespart. Besonders schöne Wirkungen gewinnt Höller dieser Besetzung im zweiten Satz ab, wo die Bläser choralartig über einem Baßostinato geführt sind und die Orgel sich quasi improvisierend einschaltet, um dann mit den Bläsern wie mit kontrastierenden Registern zu alternieren. Der dritte Satz hat den Charakter eines virtuosen Scherzos, in dessen Zentrum eine Fuge steht. Zur klanglichen Realisierung schreibt Höller: „*In der Orgelregistrierung wird in den Ecksätzen ein heller Mixturklang vorzuherrschen haben, während der Mittelsatz dem Solisten Gelegenheit geben will, die klanglichen Vorzüge der Orgel in äußerst farbiger Registrierung auszunützen.*“ In gewisser Weise stellt das Konzert auch eine Huldigung an Bach dar: Kann schon der Solo-Einsatz mit seinem rhythmisch-motorischen Thema das Vorbild des Dritten Brandenburgischen Konzerts nicht verleugnen, so tritt in Takt 7ff – zunächst spielerisch – das B-A-C-H-Thema auf und gibt sich kurz vor Schluß und Höhepunkt des ersten Satzes unverhüllt zu erkennen.

VIII. Fantasie für Violine und Orgel Op.49 (Edition Peters, 1948)

IX. Improvisationen über das geistliche Volkslied „Schönster Herr Jesu" für Violoncello und Orgel Op.55 (Edition Peters, 1949)

Beide Werke sind für die Erlanger Orgelwochen 1948 bzw. 1949 entstanden und wurden dort vom Komponisten zusammen mit Anita Portner (Violine) und Ludwig Hoelscher (Violoncello) uraufgeführt. Die Orgel wird hier subtil kammermusikalisch eingesetzt, farbige Registrierungen kontrastieren mit dem Streicherklang. Insbesondere die „*Improvisationen*" sind ein stimmungsvolles, den Choral fantasievoll variierendes Werk, das in einem elegischen Schluß sanft verklingt.

X. Choralvorspiel „Zu Bethlehem geboren" (Breitkopf & Härtel, EB 8292, 1982)

Unter dem Titel „Marienstatter Orgelbüchlein" gab der Organist der Zisterzienserabtei Marienstatt im Westerwald, P. Gabriel Hammer, 1982 ein Heft mit Choralvorspielen und Orgelsätzen zeitgenössischer Komponisten zu Liedern des katholischen und evangelischen Gesangbuchs heraus. Der Beitrag Karl Höllers ist ein harmonisch-farbiges Vorspiel, das, dem Weihnachtslied entsprechend, mit häufigen Orgelpunkten Pastorale-Charakter annimmt und von einem schlichten vierstimmigen Begleitsatz gefolgt wird.

„Mystik und Virtuosität" bezeichnen zwei Pole der Orgelmusik von Karl Höller. Das Moment des Mystischen, das sich weitgehend einer verbalen Aussage entzieht und auf unaussprechliche Erfahrungen und Offenbarungen verweist, klingt wiederholt an, in der Satzbezeichnung *Mysterium* (zweiter Satz der Suite) und in Vortragsbezeichnungen wie „*Geheimnisvoll*", „*misterioso*" (Suite und Op.64), *Sehr breit und visionär* (Op.55 und Op.61). Wie sehr die Vorstellung eines gemeinsamen Mysteriums von Liturgie und Musik im katholischen Bereich zu Höllers Jugendzeit verbreitet war, verdeutlichen Ausführungen des Beuroner Organisten

P. Fidelis Böser OSB, der 1926 – im Jahr der Entstehung der Orgelsuite – in vielleicht übersteigerten Worten auf der Freiburger Orgeltagung zum Thema „Orgel und Liturgie" sprach: *„Die Liturgie erhebt die Orgelbank noch höher, zu einem Königsthron künstlerischen Priestertums... Hier ist die Möglichkeit gegeben zu einzigartiger Verbindung von Kunst und Religion. Hier vollzieht sich die Vermählung von menschlichem Ingenium und gottmenschlichem Mysterium... Man darf nicht vergessen, daß gerade der Organist in besonderer Weise berufen und befähigt ist, im liturgischen Mysterium das Priestertum der Kunst auszuüben."*[6] Bei allem extrovertierten, konzertant-virtuosen Anspruch, den Höllers Orgelwerke zweifellos besitzen, scheint doch immer wieder auch jenes verborgene, nach innen gerichtete Moment des Mysteriums auf, das sich für Höller wie selbstverständlich mit der Orgel verbindet.

[6] In: Bericht über die Freiburger Tagung für Deutsche Orgelkunst vom 27. bis 30. Juli 1926, Augsburg 1926, S. 93.

Christopher Stembridge

Frescobaldis Fiori Musicali (1635)

An den geneigten Leser

Allzeit ist es fürwahr mein Begehren gewesen (durch die Begabung, die mir von Gott zutheil wardt), die Practicanten der selbigen Kunst mit meiner Arbeit Frucht zu ergötzen, dahero habe ich iemer allerley Fantasiae & Inventiones in Druck erscheinen lassen, sowohl in Tabulatura wie auch in Partitura, alß Zeichen meines Hertzens Anliegens, ein Ieder, der diese Wercke anschauen & studiren möge, solle darinne Gewinn finden & zu Frieden seyn. Zu disem Buche will ich nur Eines sagen, daß es mein Hauptziel sey, den Organisten einen Gefallen zu erweisen, da ich Compositiones angefertiget, dergestalt, daß man dieselbigen bey den hl. Messen & Vespern vorspielen kann, & deren Kenntniß ihnen von großem Gewinn seyn möge. Undt sie können selbige Versetten anwenden, wann & wie es ihnen gut dünckt; die Canzonen wie auch die Ricercari können bey ieder Cadentz terminiret werden, sollte die ganzte Composition ihnen zu lange erscheinen. Von großer Wichtigkeit halte ich das Spiel auß der Partitura, nicht allein deßhalb, da ich es als nützlich erachte, für diejenigen, die solche Componier=Kunst studiren wollen, sondern sogar unerläßlich, da es einem Prüfstein gleich, das wahre Gold des Tugendhaften von der Ignorantz zu unterscheiden wisse. Ansonsten will mir Weiteres nit einfallen, alß daß die Erfahrung Meisterin in allen Dingen sey. Wer sich in diser Kunst avancieren will, er versuche & prüfe die Wahrheyt meiner Worte; so mercke er dann, was er für ein Gewinn darauß ziehen mag.

1. Kommen bey den Toccaten Triller oder Colorierung von Affekt vor, so sollen diese adagio gespielet werden; wenn man aber in den beiden Stimmen Achtelnoten vorfindet, so sollen sie etwas geschwinde seyn, man verlangsame aber den Tactus bey den Trillern, die eher adagio seyen; dies sage ich, wenngleich die Toccaten nach Gutdüncken außzuführen sind, je nach dem Geschmacke deß Spielers.

2. Die Anfänge aller Toccaten, & seyen sie auch mit Achtelnoten gemacht, können adagio gespielet, & dann, je nach Manier der Schreibart, geschwinder.

3. Von den Kyrie=Versen können einige geschwinde, andere mit langsamem Tactus gespielet werden, wie es dem Sinne des Außführenden besser erscheinen mag.

4. Wiederum sind einige obgenanten Versetten, wenn sie gleich auf den Kyrie gemacht, wohl auch auff andere Weise zu brauchen, wie es sich schicken mag.

5. In den cantus firmus=Versen mit gehaltenen Noten, können diese, ob sie gleich gebunden geschrieben seyn, auch unterbrochen werden, auf daß die Hände ohngehindert seyen & sich leichter bewegen mögen; aber dies allein wenn es bey Anwendung allen Fleißes nit recht gelingen mag.

(G. Frescobaldi, Vorwort zu *Fiori musicali.* Zeitgemäße Übersetzung: C. Stembridge)

I. Das Werk und seine Bedeutung für das folgende Jahrhundert

Die *Fiori musicali*, 1635 bei Vincenti in Venedig erschienen, bildeten Frescobaldis allerletzte Veröffentlichung eines ganz neuen Werkes. Es ist Kardinal Antonio Barberini gewidmet, der eine bedeutende Instrumentensammlung besaß – Orgel, Regal, zwei Claviorgana und über ein Dutzend Cembali und Spinette. Antonios Bruder, Kardinal Francesco Barberini, war es, der 1634 Frescobaldi überredet hatte, nach sechsjährigem Aufenthalt in Florenz nach Rom zurückzukehren[1].

Die Musik besteht aus meist kürzeren Toccaten, Kyrieversen, Ricercaren, Capriccien und Canzonen, insgesamt 47 Stücken, die drei Orgelmessen bilden. Im Gegensatz zu anderen italienischen Orgelmessen – etwa von Andrea Gabrieli oder Claudio Merulo – gibt es keine Verse für Gloria, Credo, Sanctus oder Agnus Dei, sondern nur für das Kyrie. (Es ist denkbar, daß Frescobaldi diese Art Orgelmesse speziell für die Basilika di S. Marco in Venedig geschrieben hat, wo es Brauch war, die Orgel bei Messen zu spielen, bei denen mehrstimmig gesungen wurde.[2]) Dazu kommen rein instrumentale Sätze während der Messe: eine Eingangstoccata, eine Canzona nach der Epistel, ein Ricercar nach dem Credo, eine Elevationstoccata (während der Wandlung) und eine Canzona nach der Kommunion u.a.m.

[1] Für diese und weitere Information über das Leben und Werk Frescobaldis, s. F. Hammond, *Girolamo Frescobaldi*, Cambridge (Ma) u. London 1983.

[2] Vgl. J.H. Moore, „The Liturgical Use of the Organ in Seventeenth-Century Italy", *Frescobaldi Studies*, (hrsg. A. Silbiger), Durham N.C.1987, 351–383. Für eine andere Auslegung s. L.F. Tagliavini, „Orgelmusik und liturgische Praxis", in: *Die Orgel im Dienste der Kirche* (Publikation der Walcker-Stiftung für orgelwissenschaftliche Forschung, Murrhardt 1985, 43–56.

Es existieren noch 14 zugängliche Exemplare des Originaldrucks, davon fünf im deutschsprachigen Raum: Berlin, München, Wien (2 Ex.) und Wolfenbüttel; eins befindet sich in der Universitätsbibliothek zu Breslau (Wroclaw). Der Originaldruck ist von sehr guter Qualität. (Lediglich eine Note und einige Pausenzeichen fehlen in allen Exemplaren; einige Vorzeichen sind schwach oder unvollständig – sicher aufgrund stark abgenützter Drucktypen.) In den meisten Fällen scheinen die Exemplare wenig gebraucht worden zu sein. Oft sind eindeutige Druckfehler unkorrigiert geblieben. Eine Ausnahme bildet das Exemplar in der Bayerischen Staatsbibliothek; es wurde dem Anschein nach von einem Benediktinermönch in Dießen am Ammersee benützt, der die Hälfte aller Druckfehler (vor allem diejenigen in der *Messa Delli Apostoli*) notiert und korrigiert hat. Das Breslauer Exemplar trägt ebenfalls einige Korrekturen, vornehmlich in der ersten Hälfte des Werkes. Dazu sind dort auch zahlreiche Akzidentien hinzugefügt worden, eine Eigenschaft, die sonst nur das Exemplar in Reggio Emilia – in weit geringerem Maße – teilt. Eines der Wiener Exemplare hat auf der ersten Seite eine Notenkopfkorrektur, die anscheinend gedruckt wurde.

Die Musik ist in vierstimmiger Partitur gedruckt, so wie die elf Jahre früher erschienene *Tabulatura Nova* von Samuel Scheidt. In Italien war es üblich, Orgelmusik in Partitur zu veröffentlichen, v.a. in Neapel. Daneben gab es die sogenannte italienische Orgeltabulatur auf zwei Systemen, wobei das untere System normalerweise aus acht (statt fünf) Linien, das obere aus sechs besteht. Somit überschneiden sie sich, damit alles für die linke Hand unten, alles für die rechte Hand oben steht; die Stimmführung ist jedoch in dieser Schreibweise nicht klar zu erkennen. Somit ist der Begriff „Tabulatur" (*intavolatura*) nicht fehl am Platz, auch wenn diese Form eher normaler Notation als etwa deutscher Orgeltabulatur oder spanischer Zifferntabulatur ähnelt. Die *intavolatura* war manchmal bei Berufsmusikern verpönt; 1609 schrieb Adriano Banchieri in seinen „*Conclusioni*" über die *intavolatura*: „Wahr ist es, daß sie wenig im Gebrauch ist bei denen, die den Ruf eines sicheren Organisten genießen"[3]. Natürlich war die *intavolatura* v.a. für einfache Tanzmusik und Frottole üblich, die überwiegend für Amateure im Druck erschienen. Aber auch seriöse Musik, wie die von seinem Neffen Giovanni bearbeiteten Orgelwerke Andrea Gabrielis oder die *Ricercari* Claudio Merulos, ist noch im 16. Jh. auf diese Weise, vielleicht auch um Platz und somit Papier zu sparen, veröffentlicht worden. Frescobaldi hat beide Notationsformen für seine Werke angewendet: rein polyphone Musik – *Fantasie, Ricercari, Capricci* – erschien vorzugsweise in

[3] A. Banchieri, *Conclusioni nel suono dell'organo* (Bologna, 1609/*R*1934, 1968).

Partitur, die *Toccate* dagegen in *intavolatura*. (Beide Arten benutzte er für seine *Canzoni*, je nachdem, ob sie in reinem Orgel- bzw. Cembalostil konzipiert oder genausogut von einem Instrumentalensemble aufzuführen waren.)

Eine strikte Trennung war nicht immer möglich, da die Toccatenbücher von 1615 und 1627 auch polyphone Musik enthielten. Es war aber immer mehr Mode geworden, zumindest in Norditalien, alles in *intavolatura* erscheinen zu lassen. Sicher sah der reife Frescobaldi eine Gefahr darin, daß die solide alte Praxis verloren ginge. So setzte er ganz bewußt die *Fiori*, auch wenn viele Toccaten dabei sind, in Partitur, und bekräftigte diesen Entschluß mit seinen einleitenden Worten.

Überraschend ist es aber, daß er eine einzige Schlüsselkombination für den ganzen Zyklus anwendet, während er für seine früheren Partiturdrucke von Instrumentalwerken (*Il primo libro delle Fantasie a Quattro*, Mailand 1608; *Recercari, et Canzoni... Libro Primo,* Rom 1615; *Il primo libro di Capricci* ..., Rom 1624) auch die „Chiavetten“ benützt. So ist keines der insgesamt 47 Stücke, die den *Fiori*-Zyklus bilden, im V., VII. oder IX. Modus komponiert. (Der Stimmumfang dieser Modi verlangte eben die „Chiavetten“-Schlüssel.) Durchaus denkbar ist es, daß Frescobaldi damit dem Organisten das Partiturspiel um einiges erleichtern wollte, um das Überleben der alten Tradition zu sichern. Andererseits könnte diese Wahl seinen Wunsch bezeugen, ein Werk zu veröffentlichen, das möglichst auf jeder Orgel spielbar sei. Es gab nämlich damals in Italien viele Instrumente aus der Renaissancezeit, die den Umfang F-f''' bzw. FF-f'' hatten, meist ohne Fis und Gis (bzw. FFis und GGis). Daneben war es üblich, die neueren Orgeln mit dem Umfang C/E-a'' (also mit kurzer Oktave und meist ohne gis'') oder C/E-c''' zu versehen. Die meisten Stücke der *Fiori musicali* sind auf allen diesen Orgeln spielbar, da für sie ein Umfang von nur drei Oktaven (F-f'') ausreicht[4].

Zu der Musik selbst muß gesagt werden, daß die *Fiori a*ls letztes Werk Frescobaldis eine besonders bedeutsame Stellung einnehmen. Es sind zwar keine neuen Formen enthalten, aber die Kompositionen zeigen eine gewisse Verklärtheit. Wenn die Toccaten kürzer sind als jene, die Frescobaldi in seinen beiden Büchern von 1615 und 1627 veröffentlicht hat, so sind sie dennoch kleine Meisterstücke in konzentrierter Form und stellen hervorragende Beispiele dieser Gattung für den heutigen

[4] Fis und Gis kommen höchst selten vor; einige Stücke wurden dem Anschein nach vielleicht sogar umgeschrieben, um diese Töne zu vermeiden. Der geringe Tastaturumfang, den Frescobaldi für die *Fiori musicali* verlangt, ist um so erstaunlicher, wenn man bedenkt, daß Marc'Antonio Cavazzoni im ersten italienischen Druck liturgischer Orgelmusik (Venedig 1523) für einen Umfang von vier Oktaven (F–f''') schreibt.

Organisten dar. Der ausdrucksvolle Stil, oft ganz richtig mit den italienischen Madrigalen der *seconda pratica* – also der Monteverdischule – in Beziehung gebracht, wurde vor allem von Frescobaldis wichtigstem Schüler Froberger weitergeführt – man denke z. B. an die beiden Elevationstoccaten des Froberger-Autographs von 1649. Auch andere deutsche und österreichische Komponisten des 17. Jh. haben dieses Toccata-Modell weitergeführt: Unter den wichtigsten müssen Johann Caspar Kerll und Georg Muffat erwähnt werden.

Aber da eben die Toccaten als etwas Besonderes – auch Bizarres – geschätzt werden, so wird heute leider oft vergessen, daß Frescobaldi v.a. großer Kontrapunktiker alten Stils war. In seinen Kyrieversen zeigt er sich etwa als ein „instrumentaler Palestrina"; er bildet somit eine Brücke der weiterlebenden *prima pratica* zwischen Palestrina und der deutschen Schule – über seinen Schüler Froberger bis J.S. Bach selbst. Wie die Bachschen *Inventionen* sind die Kompositionen der *Fiori musicali* nicht nur als Spielstücke, sondern ebenfalls als Kompositionsbeispiele für den Schüler gemeint. Obwohl es auch Gründe gibt, eine enge Verbindung der *Fiori musicali* mit der Liturgie in der Markuskirche in Venedig zu vermuten – scheinbar waren die Kyrieverse in Alternation mit Polyphonie gedacht –, zeigt jedoch das Vorwort des Komponisten selber, daß das Werk vorwiegend zum allgemeinen Nutzen des Organisten gedacht war, nicht zuletzt für sein privates Studium. Daß es sowohl in ltalien, als auch außerhalb, weitgehend so aufgefaßt wurde, bezeugt nicht nur die weite Verbreitung des Originaldrucks, sondern auch die Tatsache, daß zahlreiche handschriftliche Kopien in den folgenden 100 Jahren verfaßt wurden. Leider ist die wohl wichtigste Abschrift – von der Hand J.S. Bachs – seit dem Zweiten Weltkrieg verschollen. (Es besteht gleichwohl die Hoffnung, daß sie in Polen oder Rußland noch auftauchen könnte.)

Es gibt ganz klare Beziehungen zwischen den *Fiori musicali* und einigen Werken Bachs. Der dritte Teil der *Clavierübung* ist kaum denkbar ohne dessen Vorbild, das eben auch auf der Grundidee der Orgelmesse basiert. Weiterhin ist wohl eine Beziehung zwischen der ‚Bergamasca', dem vorletzten Stück der *Fiori*, und dem ‚Quodlibet' (30. Veränderung) am Ende der *Goldberg-Variationen*. Auch die *Canzona* (BWV 588) – eindeutig manualiter zu spielen – zeugt vom Einfluß der Frescobaldi/Froberger-Schule. Schließlich ist es sicher nicht ohne Bedeutung, daß Bach sein letztes Meisterwerk, *Die Kunst der Fuge*, ebenfalls in Partitur gesetzt hat, obwohl es für Tasteninstrument bestimmt war – oder eben deswegen![5]

[5] S.Vartolo, „Girolamo Frescobaldi: annotazioni sulla musica per strumenti a tastiera", *Nuova rivista musicale italiana* 1994, 621–663, vgl. 646ff.

II. Kann das Werk eine didaktische Rolle auch für den heutigen Organisten spielen?

Es sind in diesem Jahrhundert schon mehrere Ausgaben der *Fiori musicali* erschienen. 1936 veröffentlichte Fernando Germani eine Partiturausgabe, in der er zwar die Originalschlüssel beibehielt, die Notation jedoch in allen übrigen Aspekten modernisierte[6]. Wenig später gab Herrmann Keller in Deutschland eine Ausgabe heraus, wobei er fast alles auf drei Systeme setzte und somit für Orgel mit obligatem Pedal umschrieb[7]. (Obwohl diese Ausgabe viele Informationen über die italienische Orgel der Zeit auf deutsch bringt, ist sie etwas irreführend, da sie Kellers Angaben im Notentext auch auf italienisch enthält – z. B. „Lo stesso c.f. col 4' nella pedaliera" –, so daß man meinen könnte, es handle sich um Originalangaben!) Zwölf Jahre später erschien die inzwischen weitverbreitete Ausgabe von Pierre Pidoux, die einen zuverlässigen Notentext auf zwei Systemen bietet, wobei die Stimmführung gut erkennbar bleibt[8]. Hier – im Gegensatz zu Germani und Keller – finden wir nur Frescobaldis *adasio*-Angaben vor. Für ein breites Publikum also ist diese Ausgabe einwandfrei. Man kann die Musik gut verstehen und spielen.

So stellt sie eine zugängliche Einführung in diese Welt dar. Dazu muß man natürlich auch Frescobaldis Vorwort gut studieren (siehe oben!). Dieses ist sehr aufschlußreich. Aber die Freiheit, die er dem Interpreten läßt, birgt in sich eine große Verantwortung. Man kann die Hinweise des Komponisten etwa so ergänzen:

Adasio (adagio) bedeutet – dem ursprünglichen Sinn gemäß – „gemächlich", „nach Belieben"; somit ist eher eine Auflockerung des Taktes als die Einführung eines neuen langsamen Tempos gemeint.

Die Kadenzen sollten mit Trillern verziert werden. Das Zeichen ‚t.' ist manchmal etwas mangelhaft im Notentext. Nach Diruta werden auch die Anfänge der Ricercari und Canzonen mit *tremoli* versehen[9]. (Diese kurzen Triller mit der oberen Note fangen auf der Hauptnote an.) In seinen zwei Toccatenbüchern hat Frescobaldi solche Triller mit der oberen Note ausgeschrieben (vgl. Anfänge der *Toccata Prima* (1615), *Toccata Prima* (1627) u. a.); der Anfang von der *Toccata Undecima* (1627) läßt vermuten, daß ihm das *tremolo* mit der unteren Note bekannt war.

6 Rom (De Santis) 1936. Eine neue Ausgabe in Partitur mit alten Schlüsseln sowie eine neue *intavolatura* wird in der Gesamtausgabe der Werke Frescobaldis demnächst von L.F. Tagliavini herausgegeben (Verlag Suvini-Zerboni, Mailand).

7 G. Frescobaldi, *Ausgewählte Orgelwerke in zwei Bänden*, I, Leipzig (Peters) 1942.

8 G. Frescobaldi, *Orgel- und Klavierwerke*, V, Kassel (Bärenreiter) 1954.

9 G. Diruta, *Il Transilvano* I, Venedig 1593, fol.10v.

Es ist auch bestimmt nicht falsch, die Kyrieverse und Ricercari mit Diminutionen zu versehen. Diese Praxis kann in den gedruckten Ricercari der venezianischen Schule – Jacques Buus[10], Claudio Merulo[11], Andrea und Giovanni Gabrieli[12] – nachvollzogen werden.

Die Modi (vielleicht zu unrecht oft Kirchentonarten genannt – sie waren ja auch für weltliche Musik des Frühbarock noch bestimmend) werden allzuoft vergessen. Sie waren jedoch sehr wichtig für die Musiker des frühen 17. Jh.[13]. Auf jeden Fall lohnt es sich, die gemeinten Eigenschaften der Modi beim Spielen in Betracht zu ziehen. Diejenigen, die in den *Fiori* vorkommen, sind:

I ...etwa halbwegs zwischen dem Traurigen und dem Heiteren... sehr passend für Texte, die voll Ernstes sind... (Zarlino)

II ...Die Kirchenmänner haben diesen Modus für traurige und klagende Texte sowie für die Fastenzeit... gebraucht (Zarlino)

IV ...wunderbar geeignet für Klagelieder... etwas trauriger als die authentische Form [III. Modus – welcher, nach der Meinung vieler, Tränen hervorrufen könne], vor allem bei fallender Melodie und langsamem Tempo. (Zarlino)

VIII ...Praktizierende Musiker sagen, die Eigenschaft von diesem Modus sei eine gewisse natürliche Anmut voller Lieblichkeit, die die Seele des Zuhörers mit reiner Freude erfüllt. (Zarlino)

X ...etwas traurig (Diruta)

XI ...Von Natur aus für Tanzmusik sehr geeignet, weshalb die meisten Tänze, die man in Italien hört, in diesem Modus gespielt werden. (Zarlino)

XII ...weniger fröhlich als seine authentische Form [XI. Modus]. (Diruta)

Normal wäre es, die Musik auf einer mitteltönig temperierten Orgel zu spielen. In einigen Stücken jedoch bietet dies eventuelle Probleme, da auf einer normal mitteltönig gestimmten Tastatur die Töne ‚dis' und ‚as' nicht zur Verfügung stehen. Diese Töne, die Frescobaldi in seinem ersten Toccatenbuch (1615) vermeidet, kommen in den *Fiori* nur sehr selten vor; sie können manchmal als Dissonanzen „falsch" angewendet werden; an Kadenzen kann man, wie auch Praetorius im *Syntagma Musicum* vorschlägt, ein ‚dis' zwar spielen, „aber mit scharffen mordanten es also vergütte/ damit die Dissonantz so eigendlich nicht observiret und

[10] J. Buus, *Orgelwerke* I, (hrsg. T. Schlee), Wien 1980.

[11] C. Merulo, *Ricercari d'intavolatura d'organo*, (hrsg. A.Marcon), Zimmern ob Rottweil 1995.

[12] A. Gabrieli, *Ricercari* I u. II, (hrsg. P. Pidoux), Kassel 1959/*R* 1968, 1970.

[13] Vgl. B. Meier, *Alte Tonarten dargestellt an der Instrumentalmusik des 16. und 17. Jahrhunderts*, Kassel 1992.

gehöret werde"[14]. (Es gab zu Frescobaldis Zeiten in Italien etliche Orgeln, die mit Subsemitonien ausgerüstet waren, d.h. geteilte Tasten, damit man beide chromatischen Töne in den Paaren ‚dis/es' und ‚gis/as' zur Verfügung hatte.)

Die italienische Orgel der Frescobaldi-Zeit war meist ein einmanualiges Instrument mit angehängtem Pedal. Sie bestand aus einem Prinzipalchor mit separat einsetzbaren Aliquotstimmen (statt mehrstimmiger Mixturen). Je nach Größe der Orgel war dieser auf einem Prinzipal 16', 12', 8', oder gar 6' aufgebaut. Die einzigen Register, die nicht zur Gattung Prinzipal zählten, waren ein oder zwei Offenflöten, die eine Oktave, eine Duodezim oder zwei Oktaven höher als der Prinzipal klangen. Einige von Antegnatis Ratschlägen können nützlich sein. Außer der Anweisung, Eingangstoccaten im *ripieno* (Plenum ohne Flötenstimmen) zu spielen, sind folgende Kombinationen für Canzonen zu beachten: 8' mit Quintflöte 2 2/3' oder Flöte 2', mit und ohne 4' Oktav; Flöte 4' allein oder mit Oktav 4' zusammen (ohne 8' Register)[15]. Da das italienische *principale* weicher ist als ein deutsches Prinzipal, wäre dieser für eine Elevationstoccata nicht immer geeignet.

Wie schon oben klargestellt, war für Frescobaldi eine der wichtigsten Eigenschaften seiner *Fiori musicali* eben die Tatsache, daß das Werk in Partitur erschien. Wenn wir also diese Welt uns zu eigen machen wollen, müssen wir auch diesen Aspekt ernst nehmen. Es gibt die oben erwähnte Ausgabe von Germani sowie auch eine Facsimile-Ausgabe des Originaldrucks[16]; letztere ist aber natürlich unbequem zu lesen. Wenn Frescobaldi tatsächlich die Frage der Schlüssel hat vereinfachen wollen, so ist sicher nichts gegen eine Ausgabe mit modernen Schlüsseln einzuwenden. Eine solche Transkription habe ich schon vor Jahren für meine Schüler gemacht, damit man besser die Stimmführung wahrnimmt und somit der Musik näher kommt. (Diese ist jetzt als Neuausgabe erschienen, die auch die Frucht folgender Überlegungen ist[17].)

Es gibt jedoch auch andere Eigenschaften des Originals, die dem Interpreten nicht verschwiegen werden dürften. Am bedeutendsten ist die Akzidentienfrage. Es müssen Töne alteriert werden, vor denen in der Quelle kein Vorzeichen steht. Theoretisch betrifft im Originaldruck ein Vorzeichen lediglich die Note, vor der es steht. Leider war Frescobaldi (oder vielleicht sein Verleger) nicht immer groß-

[14] M. Praetorius, *Syntagma Musicum* III, Wolfenbüttel 1619/*R* Kassel 1954, S.81.

[15] C. Antegnati, *L'arte organica*, Brescia 1608/*R* Bologna 1971, fol.7r ff.

[16] Paris (Fuzeau) 1994. Es sei jedoch gewarnt, daß dieses sogenannte Facsimile leider ‚gereinigt' und ‚ausgebessert' worden ist; z.B. erscheinen original schwarze Noten manchmal als weiße und umgekehrt.

[17] G. Frescobaldi, *Fiori Musicali...in partitura a quattro..*(hrsg. C. Stembridge), Padua (Armelin Musica) 1997.

zügig. Zum Beispiel in dem Kyrie II 1 der *Messa della Domenica* sind lediglich drei der sechs h1 im Alt auf b1 versetzt worden, obwohl natürlich jedesmal b1 zu spielen ist. (Dort, wo kein Vorzeichen steht, steht ‚h' am Ende einer Fortschreitung: f, g, a, h – bzw. b; der damaligen Praxis entsprechend muß ‚b' gespielt werden, um den Tritonus zu vermeiden.) Es handelt sich nicht etwa um einen fehlerhaften Druck, sondern um eine Wiederspiegelung normaler Praxis der Zeit; jeder Musiker – Sänger auch! – mußte wissen, wo er eine Note zwangsläufig zu alterieren hatte. So ist es wohl vorteilhaft, auch heute diesen Vorgang dem Interpreten, der diese Musik möglichst im Urtext sehen will, zu überlassen. Fälle, in denen eine Note ohne Vorzeichen alteriert werden muß, sind:

a) Wiederholungen einer alterierten Note in kurzem Abstand
b) Kadenzen – d.h. wo zwei Stimmen stufenweise in Gegenbewegung auf eine Oktave oder einen Einklang treffen. Hier muß eine der Stimmen einen Halbtonschritt vollziehen.
c) Die Vermeidung von übermäßigen Sekundschritten oder von übermäßigen Quartintervallen.

Auch sollte eine mögliche Rückwirkung der Akzidentien nicht übersehen werden.

Diese Praxis bringt zwangsläufig ein reicheres Verständnis der harmonischen Struktur der Musik mit sich. Es ist zwar meistens – aber nicht immer – eindeutig, ob eine Note alteriert werden sollte oder nicht; daher sollten diese Entscheidungen eher vom Interpreten getroffen werden, der diese Musik genauso gut kennen und verstehen möchte wie jeder Herausgeber.

Folgerichtig wäre es dann auch, alle Eigenschaften der ursprünglichen Notation beizubehalten. Die wichtigste, die auch eine kurze Erklärung benötigt, betrifft die Kolorierung. In einigen Dreiertaktabschnitten mit Vorzeichen oder **C**3/2 hat wegen der *prolatio maior* die ganze Note (Semibrevis) ohne Punkt den Wert von drei Halben, solange keine Halbe darauf folgt. In diesem Fall hätte sie den Wert von zwei Halben. (Manchmal ist die ganze Note punktiert und entspricht moderner Schreibweise.) Wo aber die ganze Note innerhalb eines Taktes n a c h einer Halben kommt, wird dieser „Kurz-Lang"-Rhythmus manchmal in schwarzer Notation hervorgehoben, d.h. eine schwarze Halbe (die sich leider graphisch nicht von einer Viertelnote unterscheidet) von einer schwarzen ganzen Note gefolgt. In einigen Fällen – vermutlich um Verwechslung mit der schwarzen Halben zu vermeiden – wird eine weiße Viertelnote angewendet, d.h. einen weißen Notenkopf mit Achtelschwanz. Im *tempus perfectus*, **O**3/1, haben die nicht punktierten Breven den Wert von drei ganzen Noten.

Weiter wäre Folgendes zu beachten:

Beim *Recercar Con obligo di Cantare la Quinta parte* sollte der Spieler selber mögliche Einsätze des Obligatos ausfindig machen.

Ein einziges Mal kommt ein Bindebogen bei einem chromatischen Halbtonschritt vor. Es könnte sich vielleicht um einen Druckfehler handeln, der aber als solcher schwer zu erklären wäre. Falls absichtlich so gedruckt wurde, handelt es sich wahrscheinlich um die erste Legatobindung in der Geschichte der gedruckten Tastenmusik. Solche mit Bindung versehenen chromatischen Halbtonschritte gibt es auch im Erstdruck der Motetten Frescobaldis (*Liber Secundus diversarum Modulationum*, Rom, 1627)[18]. Schon 1608 hatte der römische Komponist Ottavio Durante im Vorwort zu seinem Motettenbuch die Sänger auf solche Intervalle aufmerksam gemacht, und er schreibt auch vor, wie sie mittels eines Portamento auszuführen seien – man soll nämlich nicht vergessen, daß ein solches Intervall vier Kommas miteinschließt![19] Das einzige, was der Organist sich wohl leisten kann: chromatische (nicht aber diatonische) Halbtonschritte *legato* zu spielen.

Man müßte also vielleicht den heutigen Organisten dazu ermuntern, Frescobaldis Wort zufolge, diese Musik aus der Partitur zu spielen. So wird nämlich die Stimmführung besser wahrgenommen als aus einem Klavierauszug. Da manche Musiker alte Schlüssel nur als Hindernis empfinden, könnte man die Schlüssel wie bei einer modernen vierstimmigen Chorpartitur einrichten. Es kann heute auch vieles mehr gemacht werden, um ein klares Notenbild zu erzielen und somit dem Spieler zu helfen. Dabei kann man trotzdem sehr viele Eigenschaften der Quelle übernehmen. Wenn man diese Eigenschaften in einer neuen Ausgabe behält, so kann heute das Werk einen zusätzlichen didaktischen Zweck erhalten und als ein Lehrbuch für die alte Praxis dienen. Auch wenn wir heute viele sogenannte Urtextausgaben haben, so wird oft immer noch einiges „modernisiert“ und im Sinne des Herausgebers ausgelegt; in manchen Fällen ist es dann für den Leser (den Spieler) nicht möglich zu wissen, wie die Originalnoten aussehen. Wenn sie sozusagen „modern übersetzt“ sind, kann er sich nie die alte Schrift, die alte Sprache, zu eigen machen. Genauso wie wir heute eine alte Orgel lieber mit einer alten Tastatur bedienen, ist es sinnvoller, die alte Musik in der Originalsprache zu lesen.

[18] G. Frescobaldi, *Mottetti a 1, 2, e 3 voci con continuo*, (hrsg. C. Stembridge), Padua (Zanibon) 1987. Vgl. S.14 u. 29.

[19] O. Durante, *Arie devote*, Rom 1608. Der relevante Satz wird in U. Wolf, *Notation und Aufführungspraxis*, Kassel 1992, Bd.I, S.246f zitiert und besprochen.

Franz Josef Stoiber

Harmonische Idiomatik

Jede Sprache verfügt über eine Struktur, die den Zusammenhang der einzelnen Wörter regelt, um kausale Zusammenhänge herstellen zu können. Diese strukturelle Ordnung einer Sprache nennen wir Grammatik.

Auch in der mehrstimmigen Musik und ihren harmonischen Verläufen können wir eine Art „harmonische Grammatik" feststellen, die die Abfolge der Akkorde prägt; diese harmonischen Wendungen und Zusammenhänge nennen wir harmonische Idiomatik.

Das Thema der Fuge a-Moll (BWV 543) von Johann Sebastian Bach (1685–1750) beinhaltet drei harmonische Idiome: Pendel – Sequenz – Kadenz.

Das den Satz eröffnende Harmoniependel (a – E – a), die harmonische Sequenz (hier Quintfälle: a – d – G – C etc.) und die Kadenz (h – E – a).

Das Harmoniependel in diesem Beispiel läßt sich genauer als leittöniges Oberquintpendel beschreiben, ein in der Dur/Moll-tonalen Musik grundlegendes Idiom, das einen Satz eröffnen, aber auch abschließen kann und eine Tonalität zu etablieren vermag.

Der Beginn des berühmten „In stiller Nacht" von Johannes Brahms (1833–1897) zeigt ebenfalls ein Quintpendel:

Aber welch fundamentaler Unterschied zum Bachbeispiel: Der Pendelausschlag erfolgt in die Unterquinte, was eine plagale Rückkehr zur Tonika zur Folge hat; der mittlere Akkord (as) ist aus der gleichnamigen Molltonart es-Moll sozusagen ausgeliehen (stiltypisch für die Romantik) und mit einer „sixte ajoutée" klanglich intensiviert.

Zahllose derartige Beispiele in der Musik des 19. Jahrhunderts verleiten uns fast dazu, ein solchermaßen gestaltetes Pendel „romantisches Pendel" zu nennen.

Die Canzone „Landsknecht-Ständchen" von Orlando di Lasso (1532–1594) hat folgenden Beginn:

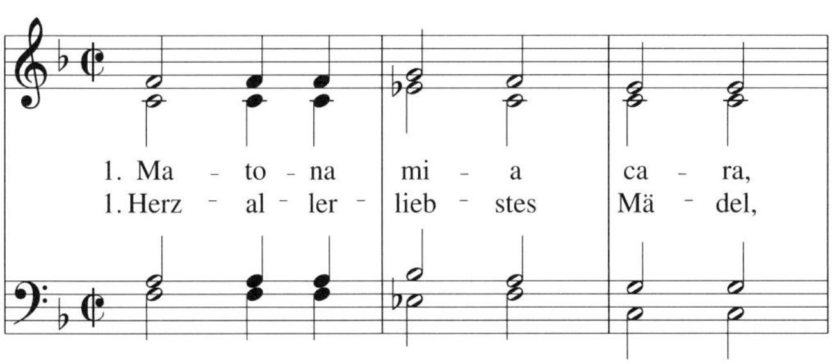

Wir hören ein Untersekundpendel (F – Es – F): als stiltypisch für die modale Harmonik der Renaissance erweist sich der im plagalen[1] Sekundschritt erreichte grundstellige Dreiklang auf der Ta-Stufe[2].

[1] In diatonischen Tonsystemen sind sechs Grundtonfortschreitungen möglich, jeweils drei (Terz-, Quint- und Septim-/Sekundschritt) in eine plagale und authentische Richtung; „authentisch" sind alle fallenden Terz-, Quint- und Septimverbindungen sowie ihre (steigenden) Komplementärintervalle, „plagal" sind alle steigenden Terz-, Quint- und Septimverbindungen sowie ihre (fallenden) Komplementärintervalle.

[2] Der Terminus leitet sich von der Solmisationssilbe „Ti" ab; „Ta" entspricht somit der tiefalterierten Leittonstufe „Ti".

Die Dur/Moll-tonale Harmonik bevorzugt das leittönige Untersekundpendel: als Beispiel Bachs zweistimmige Invention d-Moll (BWV 775): d – cis 7 – d.

Die plagale Rückkehr zur Tonika prägt wiederum die Klanglichkeit der Terzpendel im ersten Stück „Sposalizio“ aus dem zweiten Band der „Années des Pèlerinage“ (Takte 129 ff) von Franz Liszt (1811–1886).

Ein Terzpendel mit Non-Tredezimakkorden (auf dominantischer Basis) finden wir im dritten Satz „Transports de joie“ (S. 12, 2. System) des Orgelzyklus „L'Ascension“ von Olivier Messiaen (1908–1992):

Diese Beispiele, die eine Zeitspanne von fünf Jahrhunderten umreißen, zeigen, daß es sich beim Harmoniependel um ein grundlegendes harmonisches Phänomen handelt.

Die Quintfallsequenz ist der wichtigste Sequenztyp der Dur/Moll-tonalen Musik; in der modalen Harmonik des 16. und 17. Jahrhunderts finden wir vor allem harmonische Sequenzen mit wechselnden Schrittgrößen.

Die siebte Liedzeile des Psalmes 29 aus dem Becker-Psalter von Heinrich Schütz (1585–1672) weist eine Sequenz auf, in der Quintanstieg[3] und Sekundanstieg alternieren; dieser Sequenztypus erlangte durch den Kanon D-Dur von Johann Pachelbel (1653–1706) einige Berühmtheit.

Der Schluß des Psalmes 93, wiederum aus dem Becker-Psalter von Schütz, zeigt eine Sequenz mit entgegengesetzten Schrittqualitäten: Quintfall und Sekundfall wechseln einander ab.

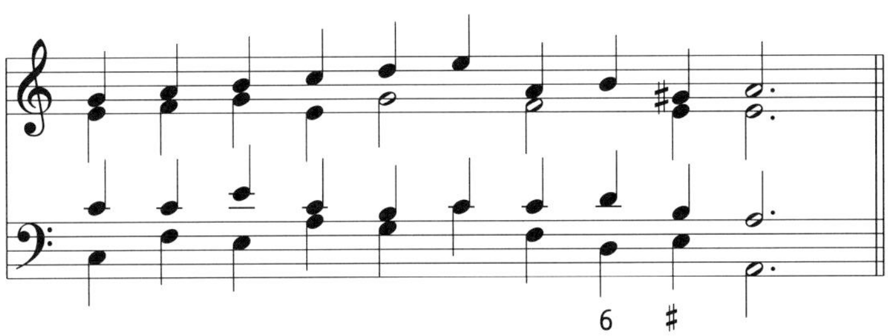

In Takt 33 f des Intermediums IV aus der Weihnachtshistorie von Heinrich Schütz entfaltet sich eine aufsteigende harmonische Sequenz mit den Schrittqualitäten Terzfall – Quintfall; dieser Sequenztypus erweist sich im weiteren Verlauf der Harmoniegeschichte als der zweitwichtigste neben der Quintfallsequenz.

3 Wir sprechen bei Akkordverbindungen nur von Quint-, Terz- und Sekundbeziehungen; ein Quartanstieg entspricht einem Quintfall, etc. vgl. Fußnote 1.

Tragen die Quintfallsequenzen im 18. Jahrhundert oft Septimakkorde und bewegen sich im Rahmen einer Tonalität (tonale Sequenz), so finden wir im 19. und 20. Jahrhundert quintfällige Sequenzbildungen (auch mit Non-, Tredezim- und Doppelterzakkorden), die häufig als reale Sequenzen einzuordnen sind: Intervall- und Akkordstrukturen werden beibehalten, so daß der feste Bezug zu einer Tonalität wird vorübergehend verloren geht.

Ein Ausschnitt aus „Il penseroso“ (T. 33 ff) von Franz Liszt zeigt eine Quintfallsequenz mit Nonakkorden und Vorhalten:

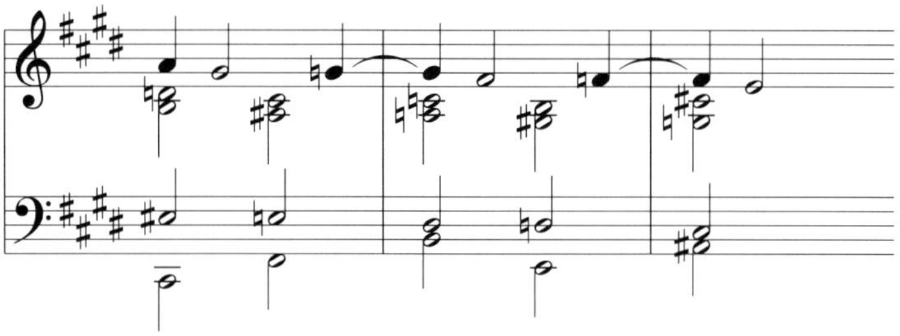

Im Trio F-Dur (aus op. 39) von Josef Renner (1868–1934) alternieren verminderte und reine Quinten:

In der kurzen quintfälligen Akkordfolge der sechsten Meditation aus dem Zyklus „Les Corps Glorieux“ von Olivier Messiaen (1908–1992) hören wir einen F-Doppelterzklang, einen B-Nonakkord und einen Es-Non-Tredezimakkord.

Im Rahmen der realen Sequenz sind vielfältige Schrittkombinationen möglich: Die reale Sequenz aus der Choralfantasie „Jesu, meine Freude“ für Orgel von Sigfrid Karg-Elert (1877–1933) weist die Schrittkombination „Quintanstieg – Terzfall“ auf.

Das Thema der eingangs zitierten Fuge a-Moll von Bach schließt mit der doppelt quintfälligen Kadenz h – E – a, in Tonleiterstufen ausgedrückt: II – V – I (ich beschränke mich hier auf dieses Kadenzmodell!).

In der modalen Harmonik wird die II. Stufe als Sext- oder Quintsextakkord gesetzt, die V. Stufe meist als grundstelliger Dreiklang. Die erste Liedzeile des Kantionalsatzes „Ach wundergroßer Siegesheld“ von 1659 schließt nach einem eröffnenden Oberquintpendel (F – C – F6) mit einer II-V-I-Kadenz: g6 – C – F; der Satz „Feinslieb, du hast mich gfangen“ von Hans Leo Haßler (1564–1612) endet nach einem Obersekundpendel (G – a – G6) ebenfalls mit einer II-V-I-Kadenz; hier trägt die II. Stufe einen Quintsextakkord.

J.S. Bach alteriert den Septimakkord auf der II. Stufe häufig zu einem Dominantseptimakkord; dadurch ergibt sich in dieser Kadenz neben der doppelten Quintfälligkeit auch zweifache Leittönigkeit: von der II. zur V., von der V. zur I. Stufe.

Nun sind wir gerüstet für die Idiomatik des letzten Abschnittes des Chorals „Ach Gott, wie manches Herzeleid" von J.S. Bach:

Leittöniges Sekundpendel (C – h – C), II-V-Kadenz mit Trugschlußakkord (d – G – a) und II-V-I-Kadenz mit dominantischem Quintsextakkord (D – G – C).

In der Wiener Klassik entwickelt sich das II-V-I-Idiom in folgender Ausprägung zur „Standard"-Kadenz: die II. Stufe erscheint als Sextakkord, die V. Stufe wird mit einem Quartsextvorhalt figuriert.

Das Beispiel aus dem ersten Satz (T. 50 f) der Klaviersonate G-Dur (KV 283) von Wolfgang Amadeus Mozart (1756–1791) zeigt diese Kadenz in D-Dur (e6 – A mit Quartsextvorhalt – D):

Die Harmonik der Musik des 19. Jahrhunderts liebt die Labilität des Terzquartakkordes und alterierter Akkorde. So läßt folgender Ausschnitt aus der Klaviersonate Es-Dur (op. 7), 2. Satz, T. 3 ff, den „Romantiker" Beethoven (1770–1827) erahnen:

Die II. Stufe der II-V-I-Kadenz erscheint zunächst als dominantischer Terzquartakkord und wird sofort zu einem halbverminderten Terzquartakkord (Anleihe aus der gleichnamigen Molltonart c-Moll) alteriert.

Franz Schubert (1797–1828) benutzt im Gloria seiner Messe G-Dur die II-V-I-Kadenz zu einer Modulation von A-Dur nach h-Moll; die II. Stufe trägt hier einen übermäßigen Terzquartakkord (Akkordfolge: A – Cis – Fis – h).

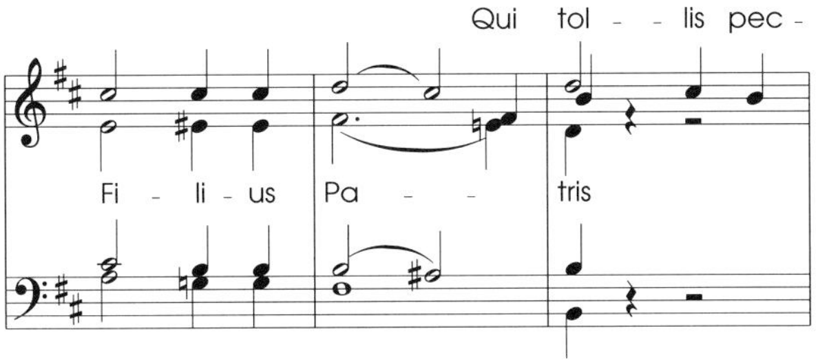

Der Spätromantiker Sigfrid Karg-Elert reichert gegen Ende des ersten Stückes „Kyrie eleison“ aus den „Kathedralfenstern“ (op. 106, 1) die II-V-I-Kadenz mit Non-Tredezimakkorden an (Akkordgrundtöne: G – C – F).

Nun ist der Weg nicht mehr weit zur Jazz-Harmonik, wo wir folgende Ausformung der II-V-I-Kadenz finden können:

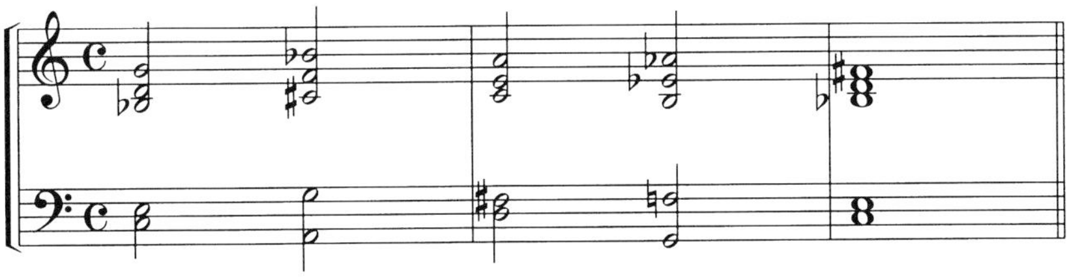

Zusammenfassung: Die Idiome Pendel – Sequenz – Kadenz stellen epochenübergreifende Strukturelemente der Harmonik dar, die je nach Stilrichtung oder Personalstil eine unterschiedliche Ausformung erfahren.

Der Ausgangspunkt unserer Überlegungen war ein Fugenthema von Bach, schließen möchte ich mit einem Fugenthema unseres Jubilars aus einer Improvisation über das Marienlied „Sagt an, wer ist doch diese", das meine Aspekte harmonischer Idiomatik noch einmal zusammenfaßt:

Quintpendel (C – G – C und G – D – G), Quintfallsequenz und Kadenz.

Gert Völkl

Orgeln in Kempten

„In Kempten hatte... die Orgelbaukunst eine frühe Heimstätte."[1] Schon aus der Zeit um 1000 ist ein Hymnar des Benediktinerstiftes Kempten (St. Lorenz) überliefert, dessen Tonbuchstaben die Verwendung der Orgel möglich erscheinen lassen.[2] Seit dem späten 15. Jahrhundert haben wir gesicherte Kunde von Orgeln (St. Lorenz, St. Mang) und Orgelbauern (Meister Augustin, Hans Peysinger).[3] Heute ist Kempten reich gesegnet an Orgeln verschiedenster Größe und Stilrichtung.

I. Kirchen

I.1. St. Lorenz, Stiftsplatz, ehem. Benediktiner-Stiftskirche, jetzt katholische Stadtpfarrkirche[4]

Hauptorgel

Ende des 15. Jahrhunderts ließ Fürstabt Johann von Riedheim in die romanische Stiftskirche eine „hölzerne Orgel" bauen, die allerdings schon 1525 im Bauernkrieg wieder „zerbrochen" wurde.[5] Bereits 1540 muß wieder eine Orgel vorhanden gewesen sein, denn beim Abt wird der Organist zum Orgelspiel nach Ottobeuren erbeten.[6] Nach den verheerenden Verwüstungen 1632 in Zusammenhang

[1] Adolf Layer, „Orgeln, Orgelbauer und Organisten im Bistum Augsburg vor der Reformation", in *Jahrbuch des Vereins für Augsburger Bistumsgeschichte* 2, 1968, S. 17.

[2] Adolf Layer, „Musikgeschichte der Fürstabtei Kempten", Kempten 1975, S. 9.

[3] Wie Fußn. 1.

[4] Einen fundierten Überblick über die Orgelgeschichte von St. Lorenz gibt Dr. Franz Lehrndorfer, ehemals Organist und Chordirektor an St. Lorenz, in seinem Aufsatz: „Über Orgelbau in der Stifts- und Pfarrkirche St. Lorenz in Kempten", in *Allgäuer Geschichtsfreund 49* NF, 1942, S. 40ff.

[5] J.B. Haggenmüller, „Geschichte der Stadt und der gefürsteten Grafschaft Kempten I/II", Kempten 1840–47, S. 526, zitiert nach Hermann Fischer/Theodor Wohnhaas, Organa Benedictina Bavarico-Suevica, in *Studien und Mitteilungen zur Geschichte des Benediktiner-Ordens und seiner Zweige 1979*, S. 338.

[6] Layer, Musikgeschichte, a.a.O., S. 11 und 13.

mit dem Dreißigjährigen Krieg scheint schon während des Baus der neuen Stiftskirche seit 1650 wieder die Musikpflege in Gang gekommen zu sein.[7] 1727 bewirbt sich der aus Oberthingau gebürtige und in Augsburg ansässige Anton Berger „mit einer ausgearbeiteten Disposition um den Bau eines großen Orgelwerks... Ob und welche Arbeitsmöglichkeiten Anton Berger... erhielt, wissen wir nicht."[8] „Wenn nicht alles täuscht, dann wurde eine große Orgel für St. Lorenz zur Klosterzeit nicht mehr gebaut."[9] Die ersten Vorschläge für eine neue Hauptorgel an der westlichen Rückfront, wo damals noch gar keine Empore stand, erstellten 1834 der Orgelbauer Georg Steiner aus Görisried und 1838 der nicht näher bekannte Orgelmacher Hopf; die Ausführung scheiterte aber an der Kostenfrage.[10] Ein Kostenangebot von Orgelbauer Eberhard Friedrich Walcker aus Ludwigsburg von 1857 wurde endlich 1866 verwirklicht. Es handelte sich um eine Orgel mit zwei Manualen und 36 Registern.[11] Gepflegt wurde das Werk 1888 von Joseph Fritz aus Kempten, 1897, 1904 (Zurückversetzung an die Wand, elektrisches Gebläse), 1911, 1916 (neue Trompete in HW) und 1917 (Ersatzpfeifen aus Zink für die beschlagnahmten Prospektpfeifen aus Zinn) von Hindelang aus Ebenhofen sowie 1925 von Zitzmann aus Kempten.[12] Das heutige Instrument ging aus einem 1939 erfolgten Umbau mit Erweiterung durch Josef Zeilhuber aus Altstädten hervor. In Zusammenhang mit der Innenrestaurierung der Stiftskirche wurde es 1994/95 von Siegfried Schmid aus Immenstadt gereinigt. Die Disposition ist folgende:[13]

[7] Wie Fußn. 6, S. 19.

[8] Hermann Fischer/Theodor Wohnhaas, „Notizen zum Allgäuer Kunsthandwerker und Orgelbauer Anton Berger", in *Allgäuer Geschichtsfreund Nr. 81*, 1981, S. 125.

[9] Fischer/Wohnhaas, Organa Benedictina, a.a.O., S. 338.

[10] Lehrndorfer, a.a.O., S. 41.

[11] Disposition in Lehrndorfer, a.a.O., S. 46 und Fischer/Wohnhaas, Organa Benedictina, a.a.O., S. 340.

[12] Lehrndorfer, a.a.O., S. 47.

[13] Disposition nach OBM Siegfried Schmid, Immenstadt.

1. MANUAL:
C–a^{3}:

Prinzipal 16' (innen W)
Prinzipal 8' (W)
Schweizerpfeife 8'
Gedackt 8' (W)
Gamba 8' (W)
Dolce 8' (W)
Oktave 4' (W)
Spitzflöte 4' (W)
Rohrflöte 4' (W)
Quinte $2^{2}/_{3}$' (W)
Oktave 2' (W)
Mixtur 5f. $2^{2}/_{3}$' (W)
Scharff 4f. $1^{1}/_{3}$' (3 Ch. W)
Trompete 8'
Clairon 4'

2. MANUAL:
C–a^{3}:
(Schwellwerk)

Bordun 16' (W)
Prinzipal 8' (W)
Flöte 8'
Gedackt 8' (W)
Quintatön 8'
Salizional 8' (W)
Unda maris 8'
Prinzipal 4'
Traversflöte 4' (W)
Zartflöte 4'
Nasard $2^{2}/_{3}$' (W)
Flautino 2' (W)
Terzflöte $1^{3}/_{5}$'
Cimbel 4f. 1'
Rankett 16'
Oboe 8'
Regal 4'
– Tremulant

3. MANUAL:
C–a^{4}:

Nachthorn 16'
Geigenprinzipal 8'
Soloflöte 8' (Holz W)
Gemshorn 8'
Fernflöte 8'
Vox coelestis 8'
Prinzipal 4'
Bachflöte 4'
Kleingedackt 4'
Quinte $2^{2}/_{3}$'
Flachflöte 2'
Terz $1^{3}/_{5}$'
Septime $1^{1}/_{7}$'
Sifflöte 1'
Kornett 3f. 4' (z. T. W)
Cimbel 4f. $^{2}/_{3}$'
Fagott 16'
Horn 8'
Klarine 4'
Rohrschalmei 4'
– Tremulant

PEDAL:
C–f^{1}:

Prinzipalbass 16' (W)
Violonbass 16' (W)
Subbass 16' (W)
Zartbass 16' (Transm.)
Quintbass $10^{2}/_{3}$' (W)
Oktavbass 8'
Cellobass 8' (W)
Gedacktbass 8' (Tr.)
Flötenbass 4' (W)
Prinzipal 2' (Tr.)
Pedalmixtur 4f. $5^{1}/_{3}$' ($5^{1}/_{3}$'-Chor W)
Posaune 16'
Trompetenbass 8'

W = Walcker 1866

Normalkoppeln, Ober- und Unteroktavkoppel III–I, Zungeneinzelabsteller, Tutti, zwei freie Kombinationen, Handregister ab, Pedal piano an; elektrische Verbindung zu den Chororgeln.

Epistel- und Evangelien-Chororgel

Im Jahre 1694 komponierte der Kapellmeister P. Thomas Eisenhuet für die Stiftskirche Orgelwerke, die zwei Instrumente erforderten. Dies legt die Vermutung nahe, daß um diese Zeit bereits zwei Chororgeln existierten. Näheres ist jedoch nicht bekannt. Die Prospekte der beiden jetzigen Orgelgehäuse tragen das Wappen des Fürstabts Anselm von Reichlin-Meldegg und wurden in den 1730er Jahren gebaut; die Instrumente waren einmanualig. Nach der Säkularisation wurde die Basilika Pfarrkirche. Die beiden Chororgeln sollten nun das ganze Kirchenschiff mit Klang erfüllen und auch den Gemeindegesang begleiten, wofür sie aber nicht konzipiert worden waren. 1822 drehte der Orgelbauer Michael Pettrich aus Missen den Spieltisch der größeren nördlichen Evangelienorgel um und erweiterte das Pedalwerk um eine Bombarde. Schon 1829 mußte Martin Anwander aus Hindelang die Arbeiten im wesentlichen nochmals ausführen, da die Arbeit Pettrichs offensichtlich nichts getaugt hatte. In den folgenden Jahrzehnten arbeiteten an der Orgel außer Anwander auch Georg Steiner aus Görisried, Remig und Fidel Haaser aus Immenstadt und Aloys Bock (aus Kempten?). 1840 meinten Georg Steiner und der Augsburger Orgelbauer Joseph A. Bohl, daß „sich ein gewissenhafter Orgelbauer mit einer Reparatur überhaupt nicht mehr befassen würde, da eine auch noch so gut reparierte Orgel niemals so viel Tonstärke aufbringen könnte, als zur Begleitung des gerade damals aufkommenden Gemeindegesanges notwendig wäre".[14] Da man sich überdies seit den 1830er Jahren Gedanken um eine neue große Hauptorgel auf der Westseite machte, wurde an den Chororgeln nichts mehr gemacht. Die Instrumente verfielen, sie wurden nach und nach ausgeräumt, und zuletzt war außer den Gehäusen praktisch nichts mehr erhalten.[15] Schon um 1940 plante Dr. Franz Lehrndorfer den Bau einer einzigen Chororgel mit 24 Registern, verteilt auf beide Gehäuse.[16] Doch erst 1963 brachte Josef Zeilhuber aus Altstädten die Gehäuse wieder zum Klingen, jedoch in Form von zwei selbständigen mechanischen Instrumenten, elektrisch mit der Hauptorgel verbunden.[17] Nach der Kircheninnenrenovierung wurden die Chororgeln 1996/97 von Martin Gegenbauer aus Leutkirch gereinigt und technisch überholt. Dabei wurden die Werke so umdisponiert, daß sie zwar weiterhin getrennt spielbar sind, hinsichtlich Intention jedoch eine einzige große Chororgel bilden (also eine verspätete Verwirklichung der Idee von Dr. Franz Lehrndorfer).

Epistelorgel:

GROSSES HAUPTWERK:
Großgedackt 16'
Prinzipal 8'
Bourdon 8'
Oktav 4'
Spitzflöte 4'
Doublette 2'
Kornett 8'
Mixtur 2'
Trompete 8'

GROSSPEDAL:
Prinzipalbaß 16'
Oktavbaß 8'
Fagott 16'

[14] Lehrndorfer, a.a.O., S. 44.

[15] Ebenda S. 49. Vgl. auch Hans Gurski, „Zu den Chororgeln in St. Lorenz", in *Die Restaurierung der Basilika St. Lorenz in Kempten*, hrsg. vom Kath. Stadtpfarramt St. Lorenz, dem Staatlichen Hochbauamt Kempten und dem Bayerischen Landesamt für Denkmalpflege, München 1994.

[16] Disposition Lehrndorfer, a.a.O., S. 50.

[17] Dispositionen Fischer/Wohnhaas, Organa Benedictina, a.a.O., S. 341.

Evangelienorgel:

KLEINES HAUPTWERK:	OBERWERK:	KLEINPEDAL:
Prinzipal 8'	Gedackt 8'	Subbaß 16'
Gedackt 8'	Flöte 4'	Pommer 8'
Oktav 4'	Quinte $2^2/_3$'	Choralbaß 4'
Rohrflöte 4'	Prinzipal 2'	Trompetenbaß 8'
Waldflöte 2'	Terz $1^3/_5$'	
Quinte $1^1/_3$'	Cimbel 1'	
Mixtur 3–4f. 2'	Musette 8'	

Elektrische Verbindung zur Hauptorgel

I.2. **St. Mang**, St.-Mang-Platz 6, evangelische Kirche

Die erste Orgel wurde 1480 durch die Familie Vogt gestiftet. 1525 wurde die Kirche evangelisch. Im Bildersturm 1533 blieb die Orgel zwar erhalten, doch wurde sie „auf lange Zeit nicht mehr gespielt. 1579 mußte sie einem Neubau durch den aus dem Meißnischen stammenden, in Weil der Stadt ansässigen Orgelmacher Caspar Eggstain weichen. Das Werk wurde in fünf Monaten erstellt und kostete... 1000 Gulden, muß also ein stattliches Instrument gewesen sein... 1617 (wurde es) durch Daniel Hayl aus Irsee, den führenden schwäbischen Meister seiner Zeit, und seinen gleichnamigen Sohn einer Stimmung und kleineren Ausbesserungen unterzogen."[18] 1642 wurde sie ohne Schaden von der Westempore auf den Lettner vor dem Ostchor versetzt. 1667 führte der aus Clausthal/Harz gebürtige und in Augsburg ansässige Orgelbauer Christoph Löw (Leo) größere Reparaturen durch, darunter die Erneuerung der drei Bälge. In Zusammenhang mit der Barockisierung der Kirche 1766–68 wurde das Werk von einem unbekannten Orgelbauer erneuert.[19] 1839 und 1845 arbeitete der Füssener Joseph Pröbstl an der Orgel.[20] 1866 baute die Orgelbauwerkstätte Georg Friedrich Steinmeyer aus Oettingen ihr Opus 55 mit zwei Manualen und 28 Registern. Schon 1913 wurde dieses Instrument von derselben Firma durch ein neues ersetzt, Opus 1184, jetzt mit Taschenladen, pneumatischer Traktur und 34 Registern, wiederum verteilt auf zwei Manuale und Pedal. 1987 schließlich entstand durch die Orgelbauwerkstätte Gerhard Schmid, Kaufbeuren, das jetzige Werk mit folgender Disposition:[21]

[18] Franz Krautwurst, „Musik in Reichsstadt und Stift", in Volker Dotterweich (Hrsg.), *Geschichte der Stadt Kempten, Kempten 1989*, S. 306.

[19] Ebenda.

[20] Brenninger, Schwaben, S. 80.

[21] Festschrift zur Orgelweihe am Sonntag Kantate, 17. Mai 1987, S. 10f.

RÜCKPOSITIV:	HAUPTWERK:	SCHWELLWERK:	BRUSTWERK:
(1. Manual)	(2. Manual)	(3. Manual)	(4. Manual)
Holzgedackt 8'	Gedackt 16'	Bordun 16'	Rohrflöte 8'
Prästant 4'	Prinzipal 8'	Prinzipal 8'	Salicional 8'
Rohrquintade 4'	Spitzflöte 8'	Holzflöte 8'	Flöte 4'
Kleinpommer 2'	Oktave 4'	Gamba 8'	Prinzipal 2'
Sesquialter 2f.	Koppelflöte 4'	Schwebung 8'	Sifflöte 1'
Quinte $1^{1}/_{3}$'	Quinte $2^{2}/_{3}$'	Oktave 4'	Vox humana 8'
Scharf 3f. 1'	Oktave 2'	Schweizerpfeife 4'	– Tremulant
Krummhorn 8'	Mixtur 5f. $1^{1}/_{3}$	Nasat $2^{2}/_{3}$'	
– Tremulant	Trompete 8'	Blockflöte 2'	
		Terz $1^{3}/_{5}$'	
		Septime $1^{1}/_{7}$'	
		Oktave 1'	
		Pleinjeu 4f. 2'	
		Fagott 16'	
		Trompete harm. 8'	
		Clairon 4'	
		– Tremulant	

PEDAL:	KLEINPEDAL (ausgebaut bis g^3: 5. Manual):
Prinzipal 16'	Gedacktbaß 8'
Subbaß 16'	Choralbaß 4'
Quintbaß $10^{2}/_{3}$'	Mixturbaß 4f. $2^{2}/_{3}$'
Oktavbaß 8'	Trompete 8'
Großterz $6^{2}/_{5}$'	Feldtrompete 4'
Posaune 16'	

Schon 15 Jahre früher, 1972, baute Gerhard Schmid eine vollmechanische Chororgel mit folgender Disposition:[22]

HAUPTWERK:	BRUSTWERK:	PEDAL:
Prinzipal 8'	Holzgedackt 8'	Subbaß 16'
Spitzflöte 8'	Rohrflöte 4'	Gedacktbaß 8'
Oktave 4'	Kleinpommer 2'	Rohrpfeife 4'
Nasat $2^{2}/_{3}$'	Oktave 1'	Prinzipal 2'
Schwiegel 2'	Krummhorn 8'	
Mixtur 3–4f. $1^{1}/_{3}$'	– Tremulant	
Span. Trompete 8'		

Als drittes Instrument steht in St. Mang vorübergehend eine um 1850 von einem unbekannten Meister erbaute Orgel, deren Manualwerk eine Schleiflade und deren Pedalwerk eine Kegellade hat.[23] Es stand früher im Fürstensaal der Residenz und

[22] Orgelblatt Gerhard Schmid.

[23] Jürgen Eppelsheim, Ein früher Beleg der Registerkanzellenlade, in Mundus Organorum, Festschrift Walter Supper zum 70. Geburtstag, im Auftrag der Gesellschaft der Orgelfreunde hrsg. v. Alfred Reichling, Berlin 1978, S. 104.

kam 1974 in die evangelische Kirche von Peiting-Herzogsägmühle. Die Disposition ist folgende:

MANUAL: Prinzipal 8', Coppel 8', Salicional 8', Oktav 4', Flöte 4', Mixtur 2'
PEDAL (18 Töne): Subbaß 16', Oktavbaß 8', Pedalkoppel

I.3. **St. Anton**, Immenstädter Str. 50, katholische Stadtpfarr- und Kapuzinerklosterkirche

In die 1911/12 erbaute Kirche kam erstmals 1928 eine Orgel, und zwar das Opus 155 der Gebrüder Hindelang, Ebenhofen, eine pneumatische Kegelladenorgel mit zwei Manualen und 31 Registern. Das heutige Instrument wurde 1978/79 von Gerhard Schmid, Kaufbeuren, mit mechanischer Spiel- und elektropneumatischer Registertraktur erbaut:[24]

RÜCKPOSITIV:	HAUPTWERK:	SCHWELLWERK:	PEDAL:
(1. Manual)	(2. Manual)	(3. Manual)	
Holzgedackt 8'	Gedacktpommer 16'	Bordun 16'	Prinzipal 16'
Prästant 4'	Prinzipal 8'	Holzflöte 8'	Subbaß 16'
Rohrquintade 4'	Spitzflöte 8'	Weidenpfeife 8'	Großquinte $10^2/_3$'
Kleinpommer 2'	Oktave 4'	Gamba 8'	Oktavbaß 8'
Oktave 1'	Koppelflöte 4'	Prinzipal 4'	Gedacktbaß 8'
Cymbel 3f. fi'	Gemsquinte $2^2/_3$'	Schweizerpfeife 4'	Großterz $6^2/_5$'
Krummhorn 8'	Oktave 2'	Nasat $2^2/_3$'	Choralbaß 4'
– Tremulant	Mixtur 5f. $1^1/_3$'	Blockflöte 2'	Rauschbaß 4f. $2^2/_3$'
	Trompete 8'	Terz $1^3/_5$'	Posaune 16'
		Septime $1^1/_7$'	Trompete 8'
		Plein jeu 5f. 2'	Clairon 4'
		Dulcian 16'	
		Oboe 8'	
		Schalmey 4'	
		– Tremulant	

Normalkoppeln, 4 freie Kombinationen, Tutti, Zungenabsteller

I.4. **Christi Himmelfahrt**, Keselstraße 54, katholische Stadtpfarrkirche

In die 1969–71 erbaute Kirche kam 1972 eine Orgel von Gerhard Schmid aus Kaufbeuren mit mechanischer Spiel- und Registertraktur:

[24] Festschrift zur Orgelweihe am 6. Mai 1979.

HAUPTWERK:	POSITIV: (schwellbar)	PEDAL:
Gedacktpommer 16'	Holzgedackt 8'	Subbaß 16'
Prinzipal 8'	Spitzgambe 8'	Oktavflöte 8'
Spitzflöte 8'	Rohrflöte 4'	Rohrpfeife 4'
Oktave 4'	Nasat $2^2/_3$'	Prinzipal 2'
Schwiegel 2'	Kleinpommer 2'	Trompete 8'
Mixtur 4f. $1^1/_3$'	Terz $1^3/_5$'	
	Septime $1^1/_7$'	
	Oktave 1'	
	Vox humana 8'	
	– Tremulant	

Das Werk war so konzipiert, daß das Positiv auch in die tiefer gelegene Sakramentskapelle abstrahlen konnte. 1992 reinigte und überholte Peter Karhausen aus Aitrang die Orgel. Bei dieser Gelegenheit nahm er auch einige kleinere Dispositionsänderungen vor und er verschloß wegen der ständigen Zugluft zwischen den beiden Kirchenräumen das Gehäuse gegen die Sakramentskapelle. Letztere versah er mit einem eigenen kleinen Positiv mit folgender Disposition:

Salicional 8', Rohrflöte 8', Prästant 4', Spillpfeife 2', Subbaß 16'

I.5. Christuskirche, Magnusstraße 3, evangelische Kirche

Orgelbauwerkstätte Steinmeyer, Oettingen, Opus 1604, 1935:[25]

1. MANUAL (C–g^3):	2. MANUAL (C–g^3):	PEDAL (C–f^1):
Koppelflöte 8'	Singend Gedackt 8'	Subbaß 16'
Praestant 4'	Dulzflöte 8'	Baßflöte 8' (Transm. Koppelfl.)
Gemshorn 2'	Blockflöte 4'	Bauernflöte 2' (Transm. Koppelfl.)
Mixtur 3f. 1'	Sesquialter 2f.	
	Prinzipal 2'	
	Flageolet 1'	
	– Tremulant	

Normalkoppeln, Unteroktavkoppel (nur für Singend Gedackt), Oberoktavkoppel II–P, Tutti

Im Jahre 1999 wird diese Orgel durch ein Instrument der Orgelbauwerkstätte Eichler, Darmstadt, mit folgender Disposition ersetzt werden:[26]

[25] Freundliche Mitteilung Bezirkskantor Frank Müller, Kempten.
[26] Freundliche Mitteilung Bezirkskantor Frank Müller, Kempten.

1. MANUAL (C–g^3):	2. MANUAL (C–g^3):	PEDAL (C–f^1):
Koppelflöte 8' (Steinm.)	Metallgedeckt 8'	Subbaß 16' (Steinm.)
Prinzipal 4'	Dulzflöte 8' (Steinm.)	Gedecktbaß 8'
Flöte 4'	Flöte 4' (WS oder Tr.)	(Violon 8'
Quinte $2^2/_3$'	Quinte $2^2/_3$' (WS oder Tr.)	
Gemshorn 2'	Gemshorn 2' (WS oder Tr.)	
Mixtur 3–4f. 2'	Terz $1^3/_5$'	
	– Tremulant	

(WS = Wechselschleifen; Tr. = Transmission)

I.6. **St. Franziskus**, Ellharter Straße, katholische Stadtpfarrkirche

Rudolf Kubak, Augsburg, Opus 54, 1979, Schleifladen, vollmechanische Traktur:

HAUPTWERK (C–g^3):	BRUSTWERK (C–g^3):	PEDAL (C–f^1):
Prinzipal 8'	Bordun 8'	Subbaß 16'
Rohrflöte 8'	Amarosa 8'	Oktavbaß 8'
Oktav 4'	Fluet 4'	Pommerbaß 4'
(Traverse 4' vorb.)	Schwiegel 2'	Gemsbaß 2'
Nasard 2 2/3'	Quint 1 1/3'	Fagott 16'
Oktav 2'	(Oktav 1' vorb.)	
Mixtur 4f. $1^1/_3$'	Dulcian 8'	
– Tremulant	– Tremulant	

I.7. **Heilig Kreuz**, Heiligkreuzer Straße 100, katholische Stadtpfarr- und Wallfahrtskirche

1730–33 ließ Fürstabt Anselm von Reichlin-Meldegg (s. St. Lorenz) an den Zentralbau von 1710 ein Langhaus anbauen.[27] 1742 soll auf die rückwärtige Empore dieses neuen Langhauses das heute noch erhaltene Gehäuse der 1711 entstandenen Orgel übertragen worden sein.[28] Dabei wurde es mit einem neuen zwölfregistrigen Werk versehen.[29] 1836 reparierte Joseph Nägele aus Seebach das Instrument. 1892 war es wieder in schlechtem Zustand und Josef Fritz aus Kempten lieferte den Kostenvoranschlag für eine Reparatur, die jedoch nicht zur Ausführung kam.[30] 1904 bauten die Gebrüder Hindelang aus Ebenhofen in das historische Gehäuse als Opus 72 das jetzige Werk mit pneumatischen Kegelladen. 1988 wurde es von Gerhard Schmid aus Kaufbeuren, 1997 von Siegfried Schmid aus Immenstadt überholt.

[27] Georg Dehio, „Handbuch der Deutschen Kunstdenkmäler", Bayern III: Schwaben, bearb. v. Bruno Bushart und Georg Paula, München 1989, S. 430.

[28] Michael Petzet, „Bayerische Kunstdenkmale, Kurzinventar Stadt und Landkreis Kempten", München 1959, S. 98.

[29] Rudolf Geiss, „Katholische Pfarr- und Wallfahrtskirche Heiligkreuz", Schnell & Steiner Kunstführer Nr. 1827, München und Zürich 1990, S. 7.

[30] Ebenda, S. 8.

1. MANUAL:	2. MANUAL:	PEDAL:
Bordun 16'	Geigenprinzipal 8'	Subbaß 16'
Prinzipal 8'	Flauto harmonique 8'	Violon 16'
Flauto major 8'	Liebl. Gedekt (!) 8'	Oktavbaß 8'
Gedekt (!) 8'	Aeoline 8'	Cello 8'
Gamba 8'	Vox cölestis (!) 8'	Posaune 16'
Salicional 8'	Fugara 4'	
Oktav 4'	Cornett $2^2/_3$'	
Rohrflöte 4'	Oboe-Clarinette 8'	
Mixtur $2^2/_3$'		
Trompete 8'		

Normalkoppeln, Sub- und Superoktavkoppeln II–I, PP, P, F, FF, TT, A

Auf der südlichen Chorempore ist noch der Prospekt der ersten selbständigen Orgel von Johann Nepomuk Holzhey aus Ottobeuren mit einem Manual und sechs oder sieben Registern aus dem Jahre 1769 erhalten. Das Werk wurde nach der Säkularisation nicht mehr gebraucht und 1830 an die evangelische Gemeinde Untermaxfeld bei Neuburg an der Donau abgegeben.[31]

I.8. Johanneskirche, Seeanger 10, evangelische Kirche

Paul Ott, Göttingen, 1970, Schleifladen, mechanische Spiel- und elektrische Registertraktur:[32]

HAUPTWERK:	RÜCKPOSITIV:	PEDAL:
Quintade 16'	Holzgedackt 8'	Subbaß 16'
Prinzipal 8'	Quintade 8'	Oktavbaß 8'
Rohrflöte 8'	Gemshorn 4'	Gedacktpommer 8'
Oktav 4'	Prinzipal 2'	Choralbaß 4'
Gedackt 4'	Nasat $1^1/_3$'	Pommer 2'
Nasat $2^2/_3$'	Scharf 3fach	Baßzink 4fach
Schwiegel 2'	Krummhorn 8'	Kleinmixtur 2fach
Sesquialtera 3fach	– Tremulant	Trompete 8'
Mixtur 4–5fach		
– Tremulant		

I.9. St. Magnus, Kempten-Lenzfried, Franziskanerweg 3, katholische Stadtpfarrkirche

Josef Zeilhuber, Altstädten, 1952/53, Schleifladen, elektrische Spiel- und Registertraktur:

[31] Ebenda, S. 8 und Ulrich Höflacher, „Johann Nepomuk Holzhey – Ein oberschwäbischer Orgelbauer“, Ravensburg 1987, S. 25.

[32] Freundliche Mitteilung Bezirkskantor Frank Müller, Kempten.

1. MANUAL ($C–g^3$):	2. MANUAL ($C–g^3$):	PEDAL ($C–f^1$):
Prinzipal 8'	Nachthorn 8'	Prinzipalbaß 16'
Copula 8'	Spitzflöte 8'	Subbaß 16'
Hohlflöte 4'	Ital. Prinzipal 4'	Flötbaß 8'
Oktave 2'	Pommer 4'	Choralbaß 4'
Mixtur $1^1/_3$'	Waldflöte 2'	Cornettbaß $2^2/_3$'
	Spitzquinte $1^1/_3$'	
IM SCHWELLKASTEN:	Zimbel $^2/_3$'	
Salizional 8'	Krummhorn	
Schwebung 8'	– Tremulant	
Oboe 8'		

Eine freie Kombination, Walze, Schwelltritt, Tutti, Handregister aus Walze, Pianopedal an, Zungen ab

I.10. Mariä Heimsuchung, Kempten-Mariaberg, Mariabergerstraße 217, katholische Kapelle

Rudolf Kubak, Augsburg, Opus 72, 1983, Schleifladen, vollmechanische Traktur:

1. MANUAL:	Copel 8', Prinzipal 4', Oktav 2', Mixtur 1 1/3' 2f.
2. MANUAL:	Copel 8'
PEDAL:	Subbaß 16'

I.11. Mariä Himmelfahrt, Kempten-St. Mang, Friedrich-Ebert-Straße 2, katholische Stadtpfarrkirche

Von der im Jahre 1938 von Josef Zeilhuber aus Altstädten auf 27 Register konzipierten zweimanualigen elektropneumatischen Kegelladenorgel wurde nur ein Teilbau mit folgenden zwölf Registern ausgeführt:

1. MANUAL:	2. MANUAL:	PEDAL:
Soloflöte 8'	Gamba 8'	Subbaß 16'
Dolce 8'	Gedeckt 8'	Oktavbaß 8'
Oktav 4'	Quintatön 4'	
Superoktav 2'	Flachflöte 2'	
	Echomixtur 4f. 2'	
	Trompete harm. 8'	

Normalkoppeln, Ober- und Unteroktavkoppel II–I, Oberoktavkoppel II–P, eine freie Kombination, Tutti, Zungen ab, Crescendo ab, Pianopedal an, Walze

Das Werk wurde im Jahr 1995 in Zusammenhang mit der Kirchenrenovierung abgetragen.

I.12. Maria, Hilfe der Christen, Kempten-Eich, katholische Filialkirche von St. Anton

Max Offner, Kissing, 1964, mechanische Schleifladenorgel:[33]

1. MANUAL:	2. MANUAL:	PEDAL:
Spitzflöte 8'	Lieblich Gedeckt 8'	Subbaß 16'
Ital. Prinzipal 4'	Rohrflöte 4'	Gedecktbaß 8'
Waldflöte 2'	Schwiegel 2'	Baßflöte 4'
Cymbel 1'	Sifflöte $1^1/_3$'	

Normalkoppeln, Tutti, eine freie Kombination

I.13. Maria von Magdala, Lindauer Straße 3, altkatholische Kirche

Truhenorgel von Christoph Kaps, München, aus dem Jahr 1993:[34]

MANUAL (C–d^3): Bordun 8', Spitzflöte 4', Oktave 2', Quinte $1^1/_3$' (ab b°); kein Pedal

I.14. Markuskirche, Bussardweg 1, evangelische Kirche

Siegfried Schmid, Immenstadt, Opus 6, 1994, Schleifladen, mechanische Spiel- und Registertraktur:

1. MANUAL:	2. MANUAL:	PEDAL:
Bordun 8'	Holzgedackt 8'	Subbaß 16'
Prinzipal 4'	Rohrflöte 4'	Gedacktbaß 8'
Nasard $2^2/_3$'	Prinzipal 2'	(Verlängerung von 16')
Waldflöte 2'	Larigot $1^1/_3$'	
Terz $1^3/_5$'		
Mixtur 3f. $1^1/_3$'		

I.15. Matthäuskirche, Hochbrunnenweg 2, evangelische Kirche

Eberhard Friedrich Walcker, Ludwigsburg, Opus 5617, 1973, Schleifladen, mechanische Spiel- und Registertraktur:

1. MANUAL (C–g^3):	2. MANUAL (C–g^3):	PEDAL (C–f^1):
Gedeckt 8'	Rohrpommer 8'	Subbaß 16'
Prästant 4'	Koppelflöte 4'	Gedecktbaß 8'
Flachflöte 2'	Oktave 2'	Choralbaß 4'
Sesquialter $2^{f.}$	Zimbel 2f.	
Mixtur 3f.		

[33] Freundliche Mitteilung Herr David Wiesner, Kempten.

[34] Freundliche Mitteilung Herr Karlhorst Gessenharter, Kempten.

I.16. St. Michael, Memminger Straße 119, katholische Stadtpfarrkirche

Josef Zeilhuber, Altstädten, 1967, Schleifladen, mechanische Spiel- und elektropneumatische Registertraktur:

1. MANUAL:	2. MANUAL: (schwellbar)	3. MANUAL:	PEDAL:
Nachthorngedeckt 16'	Koppel 8'	Gedeckt 8'	Prinzipalbaß 16'
Prinzipal 8'	Quintade 8'	Gemshorn 8'	Subbaß 16'
Spitzflöte 8'	Prinzipal 4'	Ital. Prinzipal 4'	Oktavbaß 8'
Oktave 4'	Nachthorn 4'	Blockflöte 2'	Gedecktbaß 8'
Nasat $2^2/_3$'	Sesquialter 2f.	Quinte $1^1/_3$'	Pommer 4'
Schwiegel 2'	Oktave 2'	Zimbel $^2/_3$'	Pedalmixtur $2^2/_3$'
Mixtur 1 1/3'	Scharf 1'	Krummhorn 8'	Posaune 16'
Trompete 8'	Rohrschalmey 8'	– Tremulant	

Normalkoppeln, Walze, Tutti, Zungen ab (generell und einzeln), Handregister aus Walze, zwei freie Kombinationen.

I.17. Neuapostolische Kirche, Immenstädter Straße 28

Max Offner, Kissing, 1991, Schleifladen, mechanische Spiel- und elektrische Registertraktur:

1. MANUAL (C–g^3):	2. MANUAL (C–g^3):	PEDAL (C–f^1):
Prinzipal 8'	Gedeckt 8'	Subbaß 16'
Spitzflöte 8'	Salicet 8'	Oktavbaß 8'
Oktave 4'	Hohlflöte 4'	Bourdon 8'
Oktave 2'	Blockflöte 2'	Pommer 4'
Mixtur $1^1/_3$'	Terz $1^3/_5$'	Fagott 16'
Fagott 8'	Nasat $1^1/_3$'	
	Krummhorn 8'	
	– Tremulant	

Acht freie Kombinationen

I.18. Neuapostolische Kirche, Kremserstraße 17

Orgelbau Steirer, Bietigheim-Bissingen, 1954, elektrische Spiel- und Registertraktur:

1. MANUAL (C–g^3):	2. MANUAL (C–g^3):	PEDAL (C–f^1):
Prinzipal 8'	Gedeckt 8'	Subbaß 16'
Spitzflöte 8'	Salicional 8'	Oktavbaß 8'
Oktave 4'	Rohrflöte 4'	
Holzflöte 2'	Nasard $2^2/_3$'	
Mixtur $1^1/_3$'	Prinzipal 2'	
	Terz $1^3/_5$'	

Zwei freie Kombinationen, Walze, Tutti

I.19. St. Ulrich, Schumacherring 65, katholische Stadtpfarrkirche

Max Offner, Kissing, 1. Abschnitt 1967, 2. Abschnitt 1980, Schleifladen, mechanische Spiel- und elektrische Registertraktur:

RÜCKPOSITIV:	HAUPTWERK:	SCHWELLWERK:	PEDAL:
(1. Manual, C–g^3)	(2. Manual, C–g^3)	(3. Manual, C–g^3)	(C–f^1)
Gedeckt 8'	Pommer 16'	Weitgedeckt 8'	Prinzipal 16'
Quintade 8'	Prinzipal 8'	Weidenpfeife 8'	Subbaß 16'
Prästant 8'	Koppelflöte 8'	Weitprinzipal 4'	Zartbaß 16'
Rohrflöte 8'	Gemshorn 4'	Spitzflöte 4'	Gedecktbaß 8'
Blockflöte 2'	Nasat $2^2/_3$'	Waldflöte 2'	Pommer 4'
Gemsquint $1^1/_3$'	Oktave 2'	Terz $1^3/_5$'	Nachthorn 2'
Terz-Zimbel 3–4f. $^2/_5$'	Mixtur 5f. $1^1/_3$'	Septime $1^1/_7$'	Rauschbaß 4f. $5^1/_3$'
Krummhorn 8'	Trompete 8'	Oktävlein 1'	Posaune 16'
– Tremulant	Clarine 4'	Scharff 4f. $^2/_3$'	Trompete 4'
		Rohrschalmei 8'	
		– Tremulant	

Zwei freie Kombinationen, Tutti, Walze, Schwelltritt, Zungen ab

II. Schulen, Altenheime, Krankenhäuser

II.1. Maria-Ward-Schule, ehemaliges Bischöfliches Studienseminar St. Magnus, Fürstenstraße 33

In der Hauskapelle der Maria-Ward-Schule steht als Hauptorgel eine elektropneumatische Kegelladenorgel von Alfons Zeilhuber, Altstädten, aus dem Jahre 1955. Das Instrument wurde 1983 gereinigt und überholt. Die Disposition ist folgende:

HAUPTWERK:	SCHWELLWERK:	PEDAL:
Prinzipal 8'	Rohrgedeckt 8'	Subbaß 16'
Spitzflöte 8'	Salizional 8'	Flötenbaß 8'
Coppel 8'	Vox coelestis 8'	Pommer 4'
Nachthorn 4'	Prinzipal 4'	Flöte 2'
Nasat $2^2/_3$'	Waldflöte 2'	
Oktave 2'	Spitzquinte $1^1/_3$'	
Mixtur 4f. $1^1/_3$'	Zimbel 3f. 1'	
	Krummhorn 8'	
	– Tremolo	

Im Altarraum steht das Meisterstück von Alfons Zeilhuber aus dem Jahre 1959, ein mechanisches Positiv, bestückt mit Koulen-Pfeifen. Die Disposition ist folgende:

Gedeckt 8', Traversflöte 4', Oktave 2', Pedal angehängt

In der Aula der Schule steht das Opus 126 von Ludwig Eisenbarth, Passau, aus dem Jahre 1969, eine Schleifladenorgel mit mechanischer Spiel- und elektrischer Registertraktur sowie folgender Disposition:

HAUPTWERK:	POSITIV: (schwellbar)	PEDAL:
Rohrflöte 8'	Nachthorngedeckt 8'	Subbaß 16'
Prinzipal 4'	Quintade 4'	Praestant 8'
Nasat $2^2/_3$'	Prinzipal 2'	Spitzflöte 4'
Waldflöte 2'	Quinte $1^1/_3$'	Sifflöte 2'
Mixtur $1^1/_3$'	Terz $^4/_5$'	
Dulcian 8'	Cimbel 3f. fi'	

II.2. Altenheim der Margarethen- und Josefinenstiftung, Adenauerring 39

Siegfried Schmid, Immenstadt, Opus 8, 1996, Schleifladen, vollmechanische Traktur:

1. MANUAL:	2. MANUAL:	PEDAL:
Bordun 8'	Gedackt 8'	Subbaß 16'
Prästant 4'	Rohrflöte 4'	
Schwiegel 2' (Vorabzug aus Mixtur)		
Mixtur 3f. 2'		

II.3. Altenheim „Wilhelm-Löhe-Haus“, Freudental 7–9

Klaus Becker, Kupfermühle bei Hamburg, 1985/86 gebraucht erworben, Schleifladen, vollmechanische Traktur:

1. MANUAL:	2. MANUAL:	PEDAL:
Metallgedeckt 8'	Holzgedeckt 8'	Dulzian 16'
Prinzipal 4'	Rohrflöte 4'	Pommer 8'
Spitzflöte 4'	Prinzipal 2'	Quintade 4'
Gemshorn 2'	Terz $1^3/_5$'	
Scharf 3f. 1'	Quinte $1^1/_3$'	
	– Tremulant	

II.4. Seniorenbetreuungszentrum „Marienheim“, Rübezahlweg 1

Gerhard Schmid, Kaufbeuren, 1986, Schleifladen, vollmechanische Traktur:

Gedeckt 8', Rohrflöte 4', Prinzipal 2', Quint $1^1/_3$', Subbaß 16'

II.5. Klinikum Kempten-Oberallgäu, Robert-Weixler-Straße 50

Josef Zeilhuber, Altstädten, 1961, Schleiflade mit Teilung bei h^0/c^1, vollmechanische Traktur:

Gedeckt 8', Prinzipal 4', Rohrflöte 4'; Schwiegel 2', Mixtur 2–3f. $1^1/_3$', Pedal angehängt

III. Aussegnungshallen, Friedhofskapellen

III.1. Aussegnungshalle, Katholischer Friedhof, Gottesackerweg

Josef Maier, Hergensweiler, 1996, Schleifladen, vollmechanische Traktur:

1. MANUAL C–f^3 (schwellbar):	Bordun 8', Rohrflöte 4'
2. MANUAL C–f^3:	Prinzipal 8', Viola da Gamba 8', Flöte 4', Quinte $2^2/_3$' ab c^1
PEDAL C–d^1:	Subbaß 16'

III.2. Aussegnungshalle, Städtischer Friedhof, Gottesackerweg

Franz Lang, Irsee, 1981, Schleifladen, vollmechanische Traktur:

Gedeckt 8', Gamba 8', Praestant 4', Rohrfloet 4', Pommer 2', Oktav 1', Subbaß 16'

III.3. Seelenkapelle, Alter katholischer Friedhof, Kapellenplatz 2

In die Kapelle des alten, inzwischen aufgelassenen katholischen Friedhofs bauten die Gebrüder Hindelang aus Ebenhofen im Jahr 1913 als Opus 115 eine pneumatische Kegelladenorgel mit folgender Disposition:

1. MANUAL:	2. MANUAL:	PEDAL:
Prinzipal 8'	Viola di Gamba 8'	Subbaß 16'
Tibia 8'	Gedeckt 8'	Stillgedeckt 16'
Aeoline 8'	Dolce 8'	
Oktav 4'	Traversflöte 4'	
Mixtur $2^2/_3$'		

Normalkoppeln, Sub- und Superoktavkoppeln II–I, Piano, Mezzoforte, Forte, Tutti, Piano Pedal an

IV. Hausorgeln

IV.1. Hausorgel Familie Brack

Martin Gegenbauer, Leutkirch, 1984, Schleifladen, vollmechanische Traktur:[35]

1. MANUAL (C–g^3):	2. MANUAL (C–g^3):	Pedal (C–f^1):
Holzspitzflöte 8'	Holzgedackt 8'	Subbaß 16'
Prinzipal 4'	Holzrohrflöte 4'	Coppel 8'
Waldflöte 2'	Großquint $2^2/_3$'	Choralflöte 4'
Mixtur 3f. $1^1/_3$'	Prinzipal 2'	
Trompete 8'	Tierce $1^3/_5$'	
	Quintlein $1^1/_3$'	
	Oktävlein 1'	
	– Tremulant	

IV.2. Hausorgel Familie Lobensteiner

Johannes Rohlf, Ruit auf den Fildern, 1978, Schleifladen, vollmechanische Traktur:[36]

1. MANUAL:	2. MANUAL:	PEDAL:
Gedackt 8'	Bordun 8'	Subbaß 8'
Rohrflöte 4'	Flöte 4'	(C–F aus Gedackt 8' von I)
– Tremulant	Prinzipal 2'	
	– Tremulant	

Schiebekoppeln II–I und I–P; II mit Schiebejalousie versehen und von I und P abhebbar

IV.3. Hausorgel Familie Spyth

Martin Gegenbauer, Leutkirch, 1985, Schleifladen, vollmechanische Traktur:[37]

1. MANUAL (C–g^3):	2. MANUAL (C–g^3):	Pedal (C–f^1):
Holzflöte 8'	Gedackt 8'	Subbaß 16'
Prinzipal 4'	Rohrflöte 4'	
Flachflöte 2'	Sesquialter $2^2/_3$' + $1^3/_5$'	
Mixtur 2–3f. $1^1/_3$'	Prinzipal 2'	
Krummhorn 8'	Quint $1^1/_3$'	
	– Tremulant	

[35] Freundliche Mitteilung Herr Hermann Brack, Kempten.
[36] Freundliche Mitteilung Herr Reinhard Lobensteiner, Kempten.
[37] Freundliche Mitteilung Herr Alfred Spyth, Kempten.

Gerhard Weinberger

Orgelunterricht bei Franz Lehrndorfer – einige persönliche Erinnerungen

Nach einem Orgelkonzert Lehrndorfers in der Abteikirche des niederbayerischen Benediktinerklosters Rohr im Jahr 1965 fragte mein Vater Lehrndorfer, ob ich ihm denn einmal vorspielen dürfte. Und so kam es, daß ich – damals noch Gymnasiast in der 12. Klasse des Eichstätter Gabrieli-Gymnasiums – einige Wochen später auf der Orgelbank von Lehrndorfers alter Hausorgel an der Münchener Leonrodstraße saß und einige Orgeltöne zum Besten gab. Meine Aufregung vor und in dieser Stunde war natürlich groß, aber Lehrndorfer half mir durch seine freundliche, natürliche Art, die Ruhe ausstrahlte, und versuchte, die Atmosphäre durch witzige Bemerkungen zu entspannen. Da meine musikalische Vorbildung nicht allzu schlecht war, bestand ich auch die Lehrndorferschen Tests, und die Freude sowohl bei mir als auch bei meinen Eltern war groß, als Lehrndorfer seine Bereitschaft erklärte, mich in Privatunterricht zu nehmen und die nächsten zwei Jahre für die Aufnahmeprüfung an der Hochschule für Musik in München vorzubereiten. Eine entscheidende Weiche in meinem Leben war gestellt.

Die Orgelszene in München wurde damals durch zwei herausragende Organisten geprägt: auf evangelischer Seite der geniale Bachinterpret Karl Richter, der mit seinen Chor-, Orchester- und Orgelkonzerten Furore machte; auf katholischer Seite der aufwärtsstrebende Franz Lehrndorfer, hervorragender Orgelvirtuose und begnadeter Improvisator, der gerade den Staatlichen Kunstförderpreis erhalten hatte und seit drei Jahren an der Musikhochschule unterrichtete. Bei aller Hochachtung vor Karl Richter – bei Lehrndorfer kam zum großen organistischen Können, daß er den weitaus besseren Ruf als Pädagoge hatte.

Die ersten Orgelstunden bei Lehrndorfer sind mir noch in guter Erinnerung. „Das erste, was er hierbey that, war, seine Schüler die ihm eigene Art des Anschlags... zu lehren“, berichtet uns J.N. Forkel über J.S. Bachs Unterricht. So war es auch bei Lehrndorfer: Es begann mit Anschlagübungen, die in verschiedenen Varianten durchgeführt werden mußten. Daran schloß sich nahtlos das Studium von Choralvorspielen aus dem Orgelbüchlein von J.S. Bach – der Orgelschule Bachs par excellence, „worinne einem anfahenden Organisten Anleitung gegeben wird, auff allerhand Arth einen Choral durchzuführen, anbey auch sich im Pedalstudio zu habilitiren, indem in solchen darinne befindlichen Chorälen das Pedal gantz obligat tractiret wird“, wie Bach selbst in seinem Vorwort zum Orgelbüchlein schreibt. Als erstes mußte ich das Choralvorspiel „Alle Menschen müssen sterben“ studieren. Lehrndorfer trug über jede Note einen genauen Finger- und Fußsatz ein. Ich mußte das Stück auswendig lernen und außerdem in einige Tonarten transponieren. Ähnliches wiederholte sich bei zahlreichen weiteren Choralvorspielen. Im Unterricht war Lehrndorfer immer sehr gütig und mild im Ton, in der Sache aber äußerst genau und streng. Nicht die kleinste rhythmische Ungenauigkeit ließ er durchgehen. In dem kleinen Raum, in dem der Unterricht stattfand, und auf der kleinen, aber präzis gehenden Orgel hörte man wirklich alles – es war keineswegs angenehm, dort zu spielen, aber eine gute Übung! Einmal bat er mich, den Choral „Liebster Jesu, wir sind hier“ (BWV 706/1, aus der Kirnberger-Sammlung) bis zur nächsten Orgelstunde auswendig zu lernen, und zwar nur durch Lesen, nicht durch Spielen.

Was den Schwierigkeitsgrad der zu erlernenden Stücke anbetrifft, so baute Lehrndorfer den Unterricht langsam und systematisch auf. Nach dem Studium von zahlreichen Orgelbüchlein-Chorälen ging er über zu kleineren freien Werken von Bach wie z.B. dem „kleinen“ Präludium und Fuge e-moll, BWV 533, oder Präludium und Fuge g-moll, BWV 535. Immer wurden Finger- und Fußsatz, bewußter und gleichmäßiger Anschlag, Artikulation, Tempo, musikalische Gestaltung etc. genau kontrolliert. Sehr bald schon gab er mir eine Triosonate auf (Nr. 5 in C-Dur). Die Arbeit an der Sonate nahm Monate in Anspruch. Oft kam ich in die Orgelstunde, hatte viel geübt (ich mußte sie auch auswendig lernen) und dachte, ich könnte die Sonate nun sehr gut. Und wieder mußte ich feststellen, daß er hier und da noch eine Kleinigkeit auszusetzen hatte. Ich denke heute gerne an diese manchmal „harte“ Zeit zurück, denn ich habe unendlich viel gelernt.

Heutzutage vermisse ich bei vielen Orgellehrern diese Bereitschaft, den Unterricht langsam, systematisch und kontinuierlich aufzubauen. Andererseits fehlt vielen Orgelstudierenden die Geduld für eine gesunde musikalische Entwicklung. Sehr schnell wollen sie große Stücke spielen, obwohl sie musikalisch dazu noch nicht in der Lage sind. Bei allem Staunen über großartige technische Leistungen junger Organisten merkt man oft sehr schnell, wie aufgesetzt die musikalische Gestaltung ist und wie wenig ein Stück musikalisch durchgearbeitet und geistig verarbeitet worden ist.

Natürlich mußte ich bei Lehrndorfer auch bald Werke aus anderen Stilepochen spielen. Von Max Reger gab er mir verschiedene Stücke aus op. 59 auf. Großen

Wert legte er auf die Ausarbeitung eines guten Fingersatzes, den er oft selbst eintrug. Das erste „moderne“ Stück, das ich bei ihm studierte, war die Choral-Passacaglia „Die Sonn' hat sich mit ihrem Glanz gewendet“ op. 61 von Karl Höller – ein klangvolles Werk, das ich bis heute gerne im Konzert spiele. Es ist nicht allzu schwer und man kann besonders musikalisch viel an ihm arbeiten.

Wenn Lehrndorfer im Unterricht merkte, daß die Entwicklung gute Fortschritte machte, dann forderte er den Schüler auch gerne heraus, indem er ihm ein Stück gab, das etwas über seinem gegenwärtigen Leistungsstand lag. Er warf den Schüler also gleichsam „ins kalte Wasser“. Mit Regers „Fantasie und Fuge d-moll“ op. 135b sollte es mir selbst auf diese Weise passieren. Im Mai 1967, also noch während meines Privatstudiums bei Lehrndorfer, begann ich damit. Es war der erste „große Reger“ und gleichzeitig der Beginn einer beträchtlichen Reihe von großen Regerwerken, die ich bei Lehrndorfer dann im Rahmen meines Orgelstudiums an der Hochschule für Musik zwischen 1967 und 1972 studierte.

Obwohl ich mir bewußt bin, daß das Thema „Franz Lehrndorfer als Regerinterpret“ viel Stoff für einen eigenen Artikel geben würde, möchte ich hier in Kürze einige Facetten seines Regerspiels aufzeigen. Bei ihm ein großes Orgelwerk Regers zu studieren, war ein Erlebnis. Zu Regers Orgelmusik besitzt er, so glaube ich, eine besondere Affinität. Er versteht es, den grüblerischen Charakter hochexpressiver langsamer Sätze musikalisch ebenso vollgültig darzustellen wie die ausladenden virtuosen Passagen. Das Ausregistrieren (und „Auskosten“) feinster dynamischer Differenzierungen im *ppp*-Bereich konnte man bei ihm ebenso lernen wie den packenden Zugriff in einem virtuosen Vivacissimo. Bei allem aber waren Deutlichkeit und Durchsichtigkeit oberstes Gebot. Oft änderte er die vorgegebene Manualverteilung, wenn Mittelstimmen nicht hörbar waren, oder er arbeitete Tenorkantilenen auf einem gesonderten Manual heraus. All dies geschah nicht vor dem Hintergrund einer gewissen „Schule“, wie z.B. der „Leipziger Schule“, die damals in München durch Karl Richter, in Köln durch Michael Schneider oder in Hamburg durch Heinz Wunderlich vertreten wurde, sondern war Ergebnis seines eigenen Nachdenkens und Ausprobierens. Wenn z.B. die Straube-Schule das Thema der Fuge von Regers Choralphantasie über „Wachet auf“ im *pp* mit einer staccato-Artikulation und in einer 8'-, 4'-, 1'-Registrierung spielte („die Englein, die vom Himmel herunterkommen“), dann war Lehrndorfers Interpretation, nämlich im forte (des Nebenwerks) mit 8'-, 4'-, 2'-Registrierung und legato (oder der Deutlichkeit halber etwas artikuliert) – so wie Reger vorschreibt – mindestens genauso „authentisch“. Daß Lehrndorfer durch seine ureigene Art, Reger zu interpretieren, zu einem der großen Regerspieler unserer Zeit wurde, ist bekannt.

Im Hinblick auf das Repertoire war Lehrndorfers Unterricht weitgefächert. Neben vorbachschen Meistern studierte ich bei ihm Werke der Klassik, für die er immer eine besondere Vorliebe hatte (z.B. fertigte er von den beiden großen Mozartfantasien KV 594 und KV 608 eigene Einrichtungen an), Werke von Franck, Vierne, Dupré, Duruflé, Messiaen u.v.a. Der stilistisch sichere, musikalisch intensive und klanglich farbige Interpretationsansatz überzeugte mich dabei im Unterricht jedesmal von neuem.

Eine besondere Stellung nahmen die Orgelwerke Karl Höllers ein, der zu jener Zeit Präsident der Hochschule für Musik, München, war. Nahezu sämtliche Werke von ihm konnte ich während meiner Studienzeit bei Lehrndorfer erarbeiten. Der gute Kontakt Lehrndorfers zu dem Reger-Enkelschüler Höller (und nicht zuletzt die Tatsache, daß mein Vater Studienkollege von Höller war) brachte es mit sich, daß Höller selbst in der „Endphase“ dazukam und mit mir seine Werke durcharbeitete.

Im Mittelpunkt der künstlerischen Arbeit an der Orgel standen natürlich die Orgelwerke Johann Sebastian Bachs – sind seine Werke für einen Organisten schließlich nicht nur das Schönste, sondern auch das Schwierigste. Zu jeder Zeit war die Interpretation seiner Werke Gegenstand ganz unterschiedlicher Meinungen. Selbstverständlich spielte man vor 30 Jahren Bach anders als heute. Die Musikwissenschaft hat uns geholfen, viele Dinge heute anders zu sehen als damals. Aber vermutlich werden wir in 30 Jahren manches auch wieder anders sehen als heute! Wie ich bereits am Anfang erwähnte, prägten vor allem zwei Organisten die damalige Münchener Orgelszene: Karl Richter und Franz Lehrndorfer. Damit standen sich zwei nicht nur durch die Konfession unterschiedliche Persönlichkeiten gegenüber, sondern auch zwei ganz verschiedene Orgelschulen. Der Ramin-Schüler Richter verkörperte dabei die sogenannte Leipziger Schule. Lehrndorfers Interpretationsansatz bei Bach war ein anderer: Unbelastet von irgendeiner Tradition, aber mit einem sicheren musikalischen Geschmack bot er als Pendant einen „katholischen“ Bach – farbig, klanglich opulent, virtuos. Seine Interpretation ist immer in Entwicklung geblieben, sie stand nie still. Er kannte die Quellen, ohne daß er daraus predigte. Er spielte im Laufe der Jahre einen immer „moderneren“ Bach. Wenn heutzutage manche Exegeten der historischen Aufführungspraxis musikalische Gestaltung nur noch mit dem „Kopf“ machen und die Orgelstunde dann mehr zu einer Theoriestunde wird, dann erinnere ich mich gerne an den lebendigen, fundierten, ja oft auch amüsanten (und durch so manche Anekdote aufgelockerten) Orgelunterricht von Franz Lehrndorfer und seine sensible Art, Musik zu machen und Musik zu vermitteln.

Ad multos annos et multos discipulos!

Diskographie Franz Lehrndorfer

zusammengestellt von Stefan Lehrndorfer

Derzeit erhältliche CD's

1. Orgel solo

Glocken und Orgeln (Axel-Gerhard-Kühl, Haselbach)
(Dom zu München)
Franz Lehrndorfer an den drei Jann-Orgeln
Stanley – Bruhns – Böhm – Guilmant – Improvisation

Die neue Münchner Domorgel
(Calig, Augsburg)
Improvisationen (Maria, breit den Mantel aus – Meditation und „Ite missa est" – Großer Gott, wir loben dich – Intermezzo – Symphonische Phantasie)

Celestial Christmas 5 (Celestial Harmonies, Unterhaching)
(Dom zu München)
Böhm – Bach – Murschhauser – Metsch – Grünberger – Guilmant – Karg-Elert – Lehrndorfer

The Concert (Celestial Harmonies, Unterhaching)
(Das Programm des Einweihungskonzerts der Jann-Orgel im Dom zu München)
Lully – Frescobaldi – Clérambault – Bach – Liszt – Reger – Messiaen – Lehrndorfer

Improvisationen über Weihnachtslieder
(Calig, Augsburg)
O du fröhliche – Kommet ihr Hirten – Zu Bethlehem geboren – Vom Himmel hoch

Es klappert die Mühle (Calig, Augsburg)
Orgelimprovisationen über Volkslieder

Die heitere Orgel (Calig, Augsburg)
Improvisationen über Kinderlieder

Johann Sebastian Bach (Calig, Augsburg)
(St. Quirin, Tegernsee)
Toccata C-Dur – Toccata E-Dur – Schübler-Choräle

Max Reger Orgelwerke (Calig, Augsburg)
(Dom zu Eichstätt)
Zweite Sonate d-moll – Gloria – Benedictus – Weihnachten – Phantasie über „Wachet auf, ruft uns die Stimme"

Joseph Haas (Wergo, Mainz)
Suite A-Dur, op. 25
Karl Höller
Ciacona, op. 54
Paul Hindemith
Sonate Nr. 2

Die Orgeln der Benediktinerabtei Ottobeuren
(Bayer, Bietigheim-Bissingen)
Kolb – Metsch – Rathgeber – Schnizer – Königsperger – v. Pasterwitz

Orgelmusik in Ottobeuren
(Klosterladen Ottobeuren)
Bach – Buxtehude – Schnizer

2. Orgel und verschiedene Besetzungen

Franz Xaver Schnizer (Carus, Stuttgart)
(Basilika Ottobeuren)
Missa C-Dur (Orgelsolomesse)
mit dem Tölzer Knabenchor
Orgel: Franz Lehrndorfer

Die Rosenkranz-Sonaten
(deutsche harmonia mundi, Freiburg)
(Basilika Ottobeuren / Basilika Benediktbeuern)
Heinrich Ignaz Franz Biber

Posaune und Orgel (Koch International Gesellschaft, Planegg)
(Klosterkirche Niederalteich)
Hasse – Fesch – Vivaldi
Posaune: Armin Rosin
Orgel: Franz Lehrndorfer

Posaune in unserer Zeit (Fono Schallplattengesellschaft mbH, Münster/Westfalen)
(Katholische Pfarrkirche Bad Tölz)
Koetsier – Bach – Genzmer – Heilmann
Posaune: Armin Rosin
Orgel: Franz Lehrndorfer

Baroque Trombone (Hänssler, Stuttgart)
Brass Philharmony Stuttgart
Posaune: Armin Rosin
Orgel: Franz Lehrndorfer

Bach-Trompeten-Gala
(deutsche harmonia mundi, Freiburg)
Bach-Trompetenensemble München
Orgel: Franz Lehrndorfer
Leitung: Arnold Mehl

Trio Armin Rosin (Hänssler, Stuttgart)
Castello – Riccio
Orgel: Franz Lehrndorfer

Wolfgang Amadeus Mozart
(Musica Bavarica, München)
„Exultate, jubilate“ (zweite, Salzburger Fassung)
Leitung: Franz Lehrndorfer

Schallplatten (nicht mehr im Handel)

1. Orgel solo

Improvisationen über Weihnachtslieder
(Calig, Augsburg)
(jetzt CD)

Die heitere Orgel (Calig, Augsburg)
(jetzt CD)
Improvisationen über Kinderlieder

Orgelmusik in Ottobeuren
(Intercord, Stuttgart)
(jetzt CD)
Bach – Buxtehude

Barocke Orgelmusik aus Benediktinerklöstern
(Carus, Stuttgart)
(jetzt CD)
Franz Lehrndorfer an den drei Orgeln der Benediktinerabtei Ottobeuren

Johann Sebastian Bach (Calig, Augsburg)
(jetzt CD)
Toccata C-Dur, Toccata E-Dur, Schübler-Choräle

Joseph Haas, Karl Höller, Paul Hindemith
(Wergo, Mainz)
(jetzt CD)

F. Lehrndorfer an den Orgeln der Basilika Waldsassen (Katholisches Pfarramt Waldsassen)
Reger – Improvisation

Historische Orgeln Bayern
(Christophorus, Freiburg)
(Ottobeuren, Benediktbeuern, Ettal)

J.S. Bach Berühmte Orgelwerke
(Intercord, Stuttgart)

Festliche Orgelmusik in Ottobeuren
(Fono Schallplattengesellschaft mbH, Münster/Westfalen)
Muffat – Seeger – Schnizer – Mozart – Albrechtsberger – Kurcharz – Schlick – Beethoven – Froberger – v. Pasterwitz – Königsperger
(Zwei Platten)

Orgelmusik aus dem Münchner Dom
(Calig, Augsburg)
auch als **CD** erschienen
Bach – Liszt – Improvisation
(Deutscher Schallplattenpreis 1981)

Die Barockorgel in der Basilika Benediktbeuern
(Calig, Augsburg)
auch als **CD** erschienen
Bach – Neufville – Valeri – Spergher

Steingaden – Wieskirche
(Musica Bavarica, München)
Hiebler – Haemmerlein

Diessen am Ammersee
(Musica Bavarica, München)
Orgelwerke von Radhart Mayr

Rottenbuch (Musica Bavarica, München)
Orgelwerke von Ferdinand Michl

München Residenz (Musica Bavarica, München)
Guami – Kerll – Gabrieli –
Holzner – Michel – Moßmayr

Musik aus der Benediktinerabtei Ottobeuren
(Musica Bavarica, München)
Orgelwerke von Franz Schnizer

A Survey of the World‘s Greatest Organ Music – Germany: (Vox productions inc., New York, USA)

Volume II:
Platte 1, aufgenommen in Jettingen mit Werken aus dem Augsburger Kreis
Platte 2, aufgenommen in Benediktbeuern, mit Werken aus dem Münchener Kreis
Platte 3, aufgenommen in Meeder, mit Werken aus dem Nürnberger Kreis

Volume III:
Platte 1, aufgenommen in Goslar/Grauhof
Walther – Vogler – Telemann – Gronau – J.L. Bach – Kauffmann
Platte 2, aufgenommen in Minden
Lübeck – Reinken – J.B. Bach – Kuhnau – Böhm
Platte 3, aufgenommen in Landshut
Krebs – Homilius – W.F. Bach – C.Ph.E. Bach – Kellner – J.Chr. Bach – Kirnberger – J.E. Bach

Volume IV:
Platte 1 und 2, aufgenommen in Ottobeuren
Muffat – Seger – Schnizer – Mozart – Albrechtsberger – Kucharz – Schlick – Beethoven – Froberger – Pasterwitz – Königsperger
Platte 3, aufgenommen auf der Domorgel in Linz
Brahms – Schumann – Mendelssohn

2. Orgel und verschiedene Besetzungen

MÜNCHEN (Axel-Gerhard-Kühl, Haselbach)
Glocken – Orgeln – Glockenspiel
Kerll – Murschhauser – Improvisation

Franz Xaver Schnizer (Carus, Stuttgart)
(Basilika Ottobeuren)
Missa C-Dur (Orgelsolomesse)
mit dem Tölzer Knabenchor
Orgel: Franz Lehrndorfer

Orgelimprovisation 69 (Christophorus, Freiburg)
über „Es sungen drei Engel"

Kein schöner Land (Carus, Stuttgart)
Limburger Domsingknaben
Volksliedsätze von Franz Lehrndorfer
Improvisation über die elsässische Volksweise „Schwefelhölzle"
Franz Lehrndorfer: Orgel und Celesta

Italienisches Barock (Calig, Augsburg)
Reinhold Buhl: Cello
Franz Lehrndorfer: Orgel

Festliche Musik für mehrere Orgeln, Bläser und Pauken (Fono Schallplattengesellschaft, Münster/Westfalen)

Ave Maria, dich lobt Musica (Christophorus, Freiburg)
Mariengesänge zur Advents-, Weihnachts- und Osterzeit, Karwochenlied
Kammerchor der Staatlichen Hochschule für Musik, München
Leitung: Fritz Schieri
Franz Lehrndorfer: Orgelimprovisationen

Virtuose Posaune (Hänssler, Stuttgart)
(jetzt CD)
Armin Rosin: Posaune
Franz Lehrndorfer: Orgel

Posaune in unserer Zeit (Fono Schallplattengesellschaft mbH, Münster/Westfalen)
(jetzt CD)
Armin Rosin: Posaune
Franz Lehrndorfer: Orgel

„Liebe kennt keine Furcht" (Calig, Augsburg)
Bischof Georg Moser spricht Kurzmeditationen
Franz Lehrndorfer: Orgelimprovisationen

Orgelkonzerte von Haydn, Brixi, Auffmann
(Vox productions inc., New York, USA)
Die Stuttgarter Solisten
Franz Lehrndorfer: Leitung und Orgel

J. Haydn: Vier Orgelkonzerte (Fono Schallplattengesellschaft mbH, Münster/Westfalen)
Württembergisches Kammerorchester
Franz Lehrndorfer: Orgel
Jörg Faerber: Leitung

Konzertmitschnitte aus der Kirche St. Franziskus-Xaverius in Düsseldorf:
(Otto Fresen, Düsseldorf)

Internationale Orgeltage 70
Improvisation über „Lobe den Herren"

Internationale Orgeltage 71
J. Baur: Triptychon „Christ ist erstanden"
Improvisation über „Lobet den Herren alle"

Internationale Orgeltage 72
M. Reger: „Ein' feste Burg ist unser Gott"

Internationale Orgeltage 73
M. Reger: Phantasie und Fuge über BACH

Internationale Orgeltage 73
M. Reger: Zweite Sonate in d op. 60
Improvisation in vier Sätzen

Internationale Orgeltage 74
H. Genzmer: Weihnachtskonzert in vier Sätzen (Uraufführung)

Internationale Orgeltage 75
H. Schubert: Magnificat

Internationale Orgeltage 76
Improvisation über „Hinunter ist der Sonne Schein"

Internationale Orgeltage 76
K. Höller: Victimae paschali laudes
Triptychon op. 64 (Uraufführung)
H.L. Schilling: Carillon für Schlagwerk und Orgel
H. Genzmer: Konzert für Orgel und Schlagzeug

Internationale Orgeltage 77
H. Schubert: Responsoria nocturna
für Flöte und Orgel (Uraufführung)
S. Karg-Elert: Sinfonischer Choral „Jesu meine Freude“

Internationale Orgeltage 78
J. Baur: Meditazione sopra Gesualdo per organo
Fantasia grande in sette stazione (1977)
(Uraufführung)
R.M. Helmschrott: Gregorianische Hymnen
für vier Bläser und Orgel (1978)
(Uraufführung)

Internationale Orgeltage 79
H. Schubert: Sonata da chiesa sopra tuba mirum
für Posaune und Orgel (Uraufführung)
B. Hummel: Marianische Fresken op. 42, 2 und 3
Ave maris stella – Regina caeli
H.L. Schilling: Tympanum triplum
für Posaune, Schlagzeug und Orgel
(Uraufführung)

Sonstiges

Bach (Vox productions inc., New York, USA)
Two Concerti for
3 Cembali and String Orchestra
4 Cembali and String Orchestra

Als wir einst in Regensburg waren
(Calig, Augsburg)
Ehemalige Domspatzen singen
Sätze von Franz Lehrndorfer u.a.

Kein schöner Land
(Deutsche Grammophon GmbH, Hamburg)
(auch als **CD** erschienen)
Regensburger Domspatzen singen
Sätze von Franz Lehrndorfer u.a.

O du fröhliche
(Deutsche Grammophon GmbH, Hamburg)
(auch als **CD** erschienen)
Regensburger Domspatzen singen
Sätze von Franz Lehrndorfer u.a.

Musikalische Veröffentlichungen von Franz Lehrndorfer

Zusammengestellt von Stefan Lehrndorfer

1. Orgelwerke

O du fröhliche (Jubilate, Eichstätt)
Meditationen und Variationen

Variationen (Jubilate, Eichstätt)
über „Zu Bethlehem geboren"

Acht Choralvorspiele (Jubilate, Eichstätt)
zu Weihnachtsliedern

Aus den „Augsburger Orgelheften":
(Böhm, Augsburg)
– Gehet hin in Frieden – Ite missa est
(zur Entlassung)
– Postludium.
– Sonne der Gerechtigkeit (Choralvorspiel)
– Wir wollen alle fröhlich sein (Variationen)
– Zu Bethlehem geboren

Acht Variationen (opus, München)
über „Maria, dich lieben"

2. Vokalwerke

a) Geistlich

Zu Bethlehem geboren (Jubilate, Eichstätt)

In dulci jubilo (Jubilate, Eichstätt)

Schlaf, Jesulein, schlaf (Jubilate, Eichstätt)

Schlaf sanft und wohl (Jubilate, Eichstätt)

Still leuchtete der Sterne Pracht (Jubilate, Eichstätt)

O du fröhliche (Jubilate, Eichstätt)

Schlaf wohl, du Himmelsknabe (Jubilate, Eichstätt)

O Lamm Gottes unschuldig (Jubilate, Eichstätt)

Das Heil der Welt (Böhm, Augsburg)

Ich will dich lieben, meine Stärke (Böhm, Augsburg)

O Jesulein zart (Böhm, Augsburg)

O laufet, ihr Hirten (Böhm, Augsburg)
(mit Sopran solo und Melodieinstrument)

Laßt uns das Kindlein wiegen (Böhm, Augsburg)
(mit Sopran solo und Orgel)

Missa in C (opus, München)

Missa „In gloria Dei" (opus, München)

Missa „mundi" (i.V.) (opus, München)

b) Weltlich

Das Waldhorn: (Böhm, Augsburg)
Wie lieblich schallt

Der Lindenbaum: (Böhm, Augsburg)
Am Brunnen vor dem Tore

Ein Jäger längs dem Weiher ging (Böhm, Augsburg)

Ein Veilchen auf der Wiese stand (Böhm, Augsburg)

Es dunkelt schon in der Heide (Böhm, Augsburg)

Goldne Abendsonne (Böhm, Augsburg)

Vöglein im hohen Baum (Böhm, Augsburg)

Wenn ich ein Vöglein wär (Böhm, Augsburg)

Sah ein Knab ein Röslein stehn (Jubilate, Eichstätt)

Zogen einst fünf wilde Schwäne (Jubilate, Eichstätt)

Kein schöner Land in dieser Zeit (Jubilate, Eichstätt)

Ich geh' durch einen grasgrünen Wald (Jubilate, Eichstätt)

Kein Feuer, keine Kohle (Jubilate, Eichstätt)

Das Lieben bringt groß' Freud'
(Jubilate, Eichstätt)

3. Bearbeitungen und Editionen

Drei Bearbeitungen (Jubilate, Eichstätt)
nach Werken von Bach und Heinichen

Bearbeitungen (Jubilate, Eichstätt)
nach Werken von Corelli, Tartini und Stecher

Bearbeitungen (Jubilate, Eichstätt)
nach Werken von Christian Gotthilf Tag

W.A. Mozart (Jubilate, Eichstätt)
Intrada und Fuge C-Dur
(Bearbeitung)

John Stanley (Jubilate, Eichstätt)
Concerto II
(Bearbeitung)

Concerto in D (opus, München)
nach A. Vivaldi
(Bearbeitung)

Concerto Pastorale (opus, München)
nach J.M. Molter
(Bearbeitung)

Concerto in D (opus, München)
nach J. Stanley
(Bearbeitung)

Suite in D für Orgel und Trompete
(opus, München)
nach J. Stanley
(Bearbeitung)

Zwei Hallelujagesänge (opus, München)
für hohe Stimme und Orgel nach G.F. Händel
(Bearbeitung)

Drei Hallelujagesänge (opus, München)
für hohe Stimme und Orgel nach G.F. Händel
(Bearbeitung)

Sex Melea s(eu) Ariae… (opus, München)
nach J.J. de Neufville
(Edition)

Sechs Sonaten für Cembalo oder Orgel op. 1
(Carus, Stuttgart)
Franz Xaver Schnizer
(Edition)

Marienantiphon „Alma redemptoris mater“
(Carus, Stuttgart)
Franz Xaver Schnizer (i.V.)
(Edition)

Missa in C (Carus, Stuttgart)
Franz Xaver Schnizer
(Edition)

Absolventenverzeichnis der Orgelklasse Lehrndorfer an der Musikhochschule München

Zusammengestellt von Klemens Schnorr

(Absolventen mehrerer Studiengänge sind dem Jahr des zuletzt erreichten Studienabschlusses zugeordnet)

1964
Hubert Huber
Alois Kirchberger
Franz Lörch

1965
Ricarda Kreuzer OSF

1966
Friedemann Herz
Ulrich Kraus
Konrad Lindauer
Heinz Meister

1967
Hubert Meister
Herbert Paulmichl (Italien)
Armin Roidl

1968
Wolfgang Kärner
Wolfgang Schrott

1969
Walburga Mittel
Peter Schneider
Franz Strauß
Wolfgang Zoubek

1970

Antonio Santos (Portugal)
Dieter Oswald Weber

1971

Edgar Krapp
Christoph Ludwig
Eduard Miedl
Christopher Stembridge (Großbritannien)
Reinhold Volpert

1972

Dietmar Gräf
Wolfram Menschick
Josef Trompke
Gerhard Weinberger

1973

Rudolf Kelber
Karl-Heinz Obernier
Elfriede Singheiser
Richard Waldmüller

1974

Roman Hofer OSB (Schweiz)
Stephan Schmitt
Rita Weindauer, geb. Prestele

1975

Ingeborg Lamprecht
Reinhard Munz
Rudolf Pscherer
Karl Wagner

1976

Winfried Englhardt
Josef Ertl

Felix Glombitza
Annegret Grabenhorst
Iver Kleive (Norwegen)
Klemens Schnorr
Peter Schüßler

1978

Elisabeth Englhardt, geb. Sperer
Harald Feller
Josef Fleschhut
Gertrud Längle-Hofer (Österreich)
Wolfgang Thoma

1979

Susanne Riester, geb. Köhler
Friedemann Winklhofer

1980

Anselm Ebner
Irmgard Feuerer
Halgeir Schiager (Norwegen)

1981

Michael Hamberger
Franz Hauk
Gerd Kaufmann

1982

Gabriel Dessauer
Wolfgang Hörlin
Edith Mayrhofer-Hildmann
Sigrid Wildt, geb. Schwab

1983

Marlene Hinterberger, geb. Berger

1984
Winfried Bönig
Willibald Guggenmos
Hervé Laclau (Frankreich)
Josef Still

1985
Peter Ihle
Michaela Prentl-Steidele
Petra Sälzle
Maria Steffek, geb. Schwab

1986
Ursula Grottschreiber, geb. Schaffer
Wilhelm Hafner
Mirjam Hantke-Zimnol, geb. Ade
Odilo Klasen
Stefan Lehrndorfer
Sergio Mirabelli (Italien)

1987
Christian Brembeck
Markus Oberniedermayr

1988
Barbara Haas
Gunter Kennel
Thomas Kuhlmann
Hans Leitner
Corinna Lüers
Martin Poruba (Tschechien)

1989
Regina Doll-Veihelmann
Elisabeth Zeilinger, geb. Totin (Ungarn)

1990
Tomasz Adam Nowak (Polen)
Michael Weiger
Yasuhiro Yamada (Japan)
Ruth Zschacke, geb. Spitzenberger

1991
Almuth Bretschneider
Gudrun Forstner
Christoph Herrmann
Maria Rosa Resende (Portugal)
Iris Werdich, geb. Schöllhorn

1992
Anne Horsch
Alexander Pointner
Heinz Riedmann
Ludwig Ruckdeschel
Beatrice Weinberger, geb. Matschke

1993
Susanne Beutlhauser, geb. Heinrich
Tobias Breitner
Andreas Fischer
Brigitte Fruth
Markus Willinger

1994
Christian Heiß

1995
Martin Bernreuther
Thomas Rothfuß
Elisabeth Zawadke

1996
Melanie Jäger-Waldau, geb. Schulz
Matthias Roth

CD-BEILAGE

Franz Lehrndorfer, Drei Orgelimprovisationen

[1] Improvisation über „Wie schön leucht' uns der Morgenstern“ (22' 26“)
Konzertmitschnitt vom 25. Oktober 1964
Rieger-Orgel der Barfüßer-Kirche Augsburg
(Aufnahme: Ulrich Kraus)

[2] Improvisation über Themen von J.S. Bach (aus Kantate 65 „Sie werden aus Saba alle kommen“), Max Reger (aus der „Suite im alten Stil“ F-Dur, op.93) und den Choral „O Haupt voll Blut und Wunden“ (23' 45“)
Konzertmitschnitt der Internationalen Orgeltage Düsseldorf
vom 25. September 1973
Klais-Orgel von St. Franziskus Xaverius, Düsseldorf
(Aufnahme: Otto Fresen)

[3] Improvisation über „Nun, Brüder, sind wir frohgemut“ (18' 35“)
Aufgenommen am 24. Oktober 1973
Zeilhuber-Orgel im Liebfrauendom München
(Aufnahme: Bayerischer Rundfunk)

Orgelfreunde, die noch nicht wissen, was eine „Terza mano“ ist oder ein „Mele“, sollten mit uns in die Lombardei fahren, oder aber nach Visperterminen ins Wallis, 1.540 m hoch.

Wer aber 25chörige Mixturen liebt oder den Klang einer „Tuba mirabilis“ mit 25 Inch (635 mm) Winddruck: In Santanyi (Mallorca) oder in der Yale University, New Haven, CT, USA, ist dies alles zu sehen, zu hören oder selbst zu spielen.

Als Hilfsorganist der Universitätskirche St. Ludwig in München organisiere ich seit 15 Jahren Orgelreisen. Und schon der Start war rauschend: Der Organist der ersten Reise, nach Südtirol, war Franz Lehrndorfer.

Organisator und Teilnehmer danken ihm dafür noch heute!

Theodor Müller Reisen

Diplom-Kaufmann Theodor Müller
Georgenstraße 19, 80799 München
Tel. 0 89/33 36 48, Fax 0 89/34 62 72

Franz Lehrndorfer im Jubilate-Verlag Eichstätt

Friedhofgasse 8, D - 85072 Eichstätt, Telefon 08421/5332, Fax 08421/4052

Geistliche Chormusik

		DM
RM 504	O Lamm Gottes unschuldig	1,40
RM 501	Zu Betlehem geboren / In dulci jubilo	2,10
RM 502	Schlaf Jesulein, schlaf / Schlaf sanft Still leuchtete der Sterne Pracht / O du fröhliche	3,90
RM 503	Schlaf wohl, du Himmelsknabe	2,10

Volksliedsätze

RM 701	Sah ein Knab ein Röslein stehn / Zogen einst fünf wilde Schwäne	2,10
RM 703	Kein schöner Land / Ich geh´ durch einen grasgrünen Wald	2,10
RM 704	Kein Feuer, keine Kohle / Das Lieben bringt groß Freud	2,10

Orgelwerke

RM 1001	O du fröhliche Meditation und Variationen	11,80
RM 1003	Variationen über "Zu Betlehem geboren"	18,80
RM 1009	Acht Choralvorspiele zu Weihnachtsliedern	21,80
RM 1002	Drei Bearbeitungen nach Werken von Bach und Heinichen	13,80
RM 1007	Bearbeitungen nach Werken von Corelli, Tartini und Stecher	19,80
RM 1008	Bearbeitungen nach Werken von Christian Gotthilf Tag	20,80
RM 1010	Bearbeitung der Intrada und Fuge in C von W.A.Mozart	15,80
RM 1013	Bearbeitung des Concerto II von John Stanley	19,80

Franz Lehrndorfer im opus–Verlag, München

Gerlosstr. 2a, D – 81671 München, Fon&Fax 089/407709

Geistliche Chormusik

		DM
CH 11001	Missa in C (SATB)	3,80
CH 11002	Missa „In gloria Dei" (SATB)	3,80
SO 10010	Zwei Hallelujagesänge nach G.F. Händel für hohe Stimme und Orgel (Bearbeitung)	9,80
SO 10011	Drei Hallelujagesänge nach G.F. Händel für hohe Stimme und Orgel (Bearbeitung)	14,80

Orgelwerke

OG 11002	Acht Variationen über „Maria, dich lieben"	17,80
OG 11001	Concerto in D nach A. Vivaldi (Bearbeitung)	17,80
OG 11004	Concerto Pastorale nach J.M. Molter (Bearbeitung)	17,80
OG 11005	Concerto in D nach J. Stanley (Bearbeitung)	17,80
TO 11001	Suite in D nach J. Stanley für Orgel und Trompete (Bearbeitung)	25,80
OG 11003	J.J. de Neufville: Sex Melea s(eu) Ariae... (Bearbeitung für Orgel oder Cembalo)	27,80

Neu bei CALIG:

Franz Lehrndorfer improvisiert über Volkslieder

an der Konzertorgel der Musikhochschule München

Improvisationen über Horch, was kommt von draußen rein • Summ, Bienchen, summ • Es klappert die Mühle • Alle Vögel sind schon da • Hänschen klein • Muß i denn zum Städele hinaus u.v.a.

„Die Improvisationskunst des Münchner Domorganisten ist seit Jahrzehnten unbestritten; es wird wohl kaum Orgelmusikliebhaber geben, die noch nicht durch Rundfunk, Tonträger oder im Konzert diese Fähigkeit Lehrndorfers bewundern konnten."

(Musik in Bayern)

CAL 50 997 • Erhältlich im Fachhandel, Vertrieb: KOCH International • CALIG ist ein Produkt der Weltbild Verlag GmbH Augsburg.